高职高专“十一五”规划教材·市场营销系列

GAOZHI GAOZHUAN “SHIYIWU” GUIHUA JIAOCAI

国际贸易单证实务

主　编　蒋　燕　汪奠才

副主编　周惠娟　谢海燕　邓小莉

教材研制人员：（以姓氏笔画为序）

杨继唐　余　谦　李　雷

黄　晶

WUHAN UNIVERSITY PRESS

武汉大学出版社

高职高专“十一五”规划教材·市场营销系列

前　　言

本教材是湖北高职“十一五”规划教材，是在湖北省教育厅立项的湖北省教育科学“十一五”规划专项资助重点课题《高职营销专业课程改革研究》（湖北高职“四个建设”系列规划课题）的成果基础上合作研制而成的。

本教材力求将国际贸易单证理论知识与实务操作融为一体，并注重培养国际贸易单证实务操作技能。本书具有以下特点：

1. 体例新颖。本教材各章内容均按照导入思考、正文、本章小结和强化训练的顺序依次安排。其中，在正文内容中，凡是涉及单证的内容均设计了课内实践，凸显高职“高技能型人才”的培养目标及要求。

2. 实操性强。本教材内容贴近实际。导入思考大多以单证典型案例为主，不仅可激发学生的学习兴趣，而且可诱导其对企业单证实务进行思考；本教材课内实践形式多样，内容紧密结合国际商务单证员资格考试的技能要求；本教材所使用的单证来自于外贸公司、银行和货代公司等，单证业务贴近企业实际，可实现学生动手能力与职业岗位能力的近距离对接。

3. 题型多。本书配有大量的强化训练题，形式多样，有选择题、填空题、问答题及实务操作题等，能够使读者得到全面的训练，且内容均以单证员、货代员或报关员资格考试为基础，这对参加这类资格考试的人有很大的帮助。

在本教材的研制过程中，我们感到：高职教材研制不仅需要一个良好的创作团队，还需要一个良好的政策环境。在教材研制中，湖北省高等教育学会和湖北省高等教育学会高职高专教育管理专业委员会为我们架起了桥梁；湖北省各高职院校为我们提供了通路。脚下的路，要靠我们自己走。

高职高专“十一五”规划教材

《国际贸易单证实务》研制组

2008 年 5 月

目　录

第一章　国际贸易单证概述

【导入思考】

中国某公司与尼加拉瓜买方签订了一份合同，目的港是尼加拉瓜的南圣胡安（SAN JUAN DELSUR）。货物按期装运出口，单据已经议付。

3个月后，买方来电称没有收到合同项下货物，要求我方查清情况。我方仔细调查后，发现该货已经卸至波多黎各的圣胡安港，而非尼加拉瓜的南圣胡安港。导致该错误的原因在于：我方单证员在缮制单据目的港内容时，只打了SAN JUAN，而漏了DELSUR。

事实上，以圣胡安命名的港口很多，如阿根廷圣胡安、尼加拉瓜圣胡安、委内瑞拉圣胡安及波多黎各圣胡安等，而从尼加拉瓜的南圣胡安港到波多黎各的圣胡安港，中间隔着浩瀚的加勒比海。我方被迫花大代价把上述货物转运到南圣胡安，并向买方表示歉意。买方因为金额不大，总共才2万美元，所以没有向我们索赔，但从此不跟我方做生意了！

作为国际商务单证员，我们应从该案中吸取什么教训？

第一节　国际贸易单证概念

一、单证的概念

国际贸易单证指在国际贸易业务中所使用的各种单据和证书，用这些单据和证书处理货物的交付、运输、保险、商检、结汇、报关等工作。

国际贸易单证工作是随着国际贸易的发展而发展起来的。货币还没有出现以前，买卖双方只能进行易货贸易，也就是不同的货物之间进行交换，例如人类文明的初期就曾用粮食来换取牲畜等。货币出现以后，出现了“现金结算”，人类的活动范围越来越广泛，交易不仅仅局限在本国内部，在国际贸易中，买卖双方所在的地理位置遥远，现金结算方式存在较大弊端。随着航海事业和保险业的发展，“非现金结算”方式应运而生。买卖双方凭单交货，凭单付款，这样商品的买卖就可以通过国际贸易单证的流转来实现。单证与货款的对流原则已经成为国际贸易当中商品买卖和支付的一般原则。当国际贸易的买卖双方签订了进出口贸易合同以后，单证工作基本上就贯穿于合同履行的每一个环节，包括商品的交付、运输、商检、报关、结汇等。单证工作的专业性和时间性强、工作量大、任务繁重、涉及面广，与单证有关的工作包括审证、制单、审单、交单、考核和归档等一系列的业务活动。国际贸易单证大大方便了国际商品的买卖与转移，因而单证在国际贸易中起到了非常重要的中介作用。

二、单证的种类

国际贸易业务涉及的单证很多，根据不同的分类标准可以分成不同的类别。

1. 根据贸易双方涉及的单证划分

根据贸易双方涉及的单证可以分为进口单证和出口单证。

（1）进口单证，即进口国企业以及有关部门涉及的单证，包括进口许可证、信用证、进口报关单、成交合同，还有保险单证等。

（2）出口单证，即出口国企业以及有关部门涉及的单证，包括出口许可证、出口报关单、包装单据、出口货运单据、商业发票、保险单证、汇票、检验检疫证、原产地证明等。

2. 根据单证的性质划分

根据单证的性质可分为金融单证和商业单证。

金融单证即汇票、本票、支票或其他类似用以取得货款的凭证。

商业单证即发票、运输单据、契据或其他类似的单证及任何非金融单证。

3. 根据单证的用途划分

根据单证的用途可以分为资金单证、商业单证、货运单证、保险单证、官方单证、附属单证。

（1）资金单证，指汇票、本票、支票等票据，以及其他代表一定货币债权的凭证。

（2）商业单证，即出口商出具的单证，有很多种类，如商业发票、形式发票、装箱单、重量单等。

（3）货运单证，即各种运输单证的统称，包括海运提单、空运单、公路铁路运输单据、内河运输单据、专递和邮政收据、报关单、报检单、托运单等。

（4）保险单证，主要是国际货物运输保险单据，有保险单、预保单、保险证明、投保单。

（5）官方单证，即官方机构出具的单据和证明，如海关证明、领事发票、原产地证明、检验检疫证等。

（6）附属单证包括寄单证明、寄样证明、装运通知、船舱证明等。

4. 根据业务环节划分

根据出口贸易环节可以分为托运单证、结汇单证。托运单证主要是为了保证货物安全出运的单证，结汇单证是保证安全取得货款的单证。

第二节　单证缮制的基本要求

在国际贸易中，作为合同双方的进口方与出口方都要做单证工作，一般要经历审证、制单、审单、交单和同意归档几个环节，在这几个环节中，我们必须做到“四个一致”，即信用证要和合同一致、各种国际贸易单证要和信用证一致、各个国际贸易单证之间一致、所有单证中描述的货物要与实际交易的货物保持一致。

一、单证要与有关国际惯例和法律相符

目前，各国银行开来的信用证，绝大多数在证内注明按照国际商会《跟单信用证统一惯例》（UCP600）解释。银行在审单时，除信用证另有特殊规定外，都以 UCP600 作为审单依据。因此，在缮制单据时，应注意不要与 UCP600 的规定有抵触，否则，就会被银行当成出单不符而退还或拒付。此外，在缮制单据时，还应注意进口国对单据或进口货物有无特殊规定。目前，有不少国家对出口的单据都规定有特殊的要求，如果出单时疏忽了进口国的这些规定，就很有可能遭到进口国当局的拒绝接受。

二、完整

单证完整的一种意义是指成套单证的完整性。

单证在通过银行议付或托收时，一般都是成套、齐全而不是单一的。例如在 CIF 交易中，卖方向买方提供的单证至少应有发票、提单和保险单。在以信用证为支付方式的情况下，进口商只有按照规定备齐所需单证，银行才能履行议付、付款或者承兑的责任。目前国外有些地区开来的信用证所列条款日趋繁复，所需单证类别甚多，除发票、提单、保险单等主要单据外，还有各种附属证明，如检验证书、重量单、装箱单、产地证、邮政收据等，这些单证都需要经过一定手续和事先申请才能取得。在单证制作和审核过程中，必须密切注意，及时催办，防止遗漏和误期，以保证全套单证的完整无缺。

单证完整的另一种意义是要求每一种单证的所填内容必须完备齐全。

任何单证都有其特定作用，这种作用是通过单证本身的特定内容及格式、项目、文字、签章等来体现的，如果格式使用不当，项目漏填，文理不通，签章不全，就不能构成有效文件，也就不能为银行所接受。例如，签署一般只需

要一个章即可，但如果漏了盖章，这份单据便成为“未签署”的单据，而未经签署的单据是无效的。背书是单据的转移得以实现的手段，不同的背书形式直接影响到单据的流通价值和作用。如格式 A 产地证的“原产地标准”栏，虽然仅需填一个字母或者再加上税则号码或进口成分，但如果漏填或填写不正确，便会使证书变成一张废纸，毫无作用。所以单证的齐全和完整是构成单证合法性的重要条件之一，必须十分重视。

此外，完整还要求出口方所提供的各种单证的份数要如数交齐，不能短缺。

三、及时

进出口单证工作的时间性很强，各种单证都要有一个适当的出单日期。及时出单是指各种单据的出单日期必须合理、可行，也就是说，每一种单据的出单日期不能超过信用证规定的有效期限或按商业习惯的合理日期。例如，保险单的日期必须不迟于提单的签发日期或同一时期，提单日期不得迟于最迟装船日期，装运通知必须在货物装运后立即发出等，这些日期如果搞错了同样会造成出单不符。

及时出单还反映在交单议付上。这里主要是指向银行交单的日期不能超过信用证规定的交单有效期。有些信用证除了规定有效期外，还另外规定了交单期限。UCP600 规定：“除交单到期日以外，每个要求运输单据的信用证还应该规定一个运输单据出单日期后必须交单付款、承兑或议付的特定限期，如未规定该限期，银行将拒收迟于运输单据日期 21 天后提交的单据，但无论如何，单据也不得迟于信用证到期日提交。”过期交单将会遭到拒付或造成利息损失。因此，如果在信用证允许的前提下能尽量提早交出单据，则有利于尽早收汇。

四、简洁

单证的内容应力求简化，要力戒繁琐，如果画蛇添足，反而有可能弄巧成拙。UCP600 中指出：“为了防止混淆和误解，银行应劝阻在信用证或其任何修改书中加注过多细节的内容。”其目的就是避免单证的复杂化。

简化单证不仅可以减少工作量和提高工作效率，而且有利于提高单证的质量和减少单证的错差。

近年来，许多国家组织专业人士研究贸易程序和单证的简化工作，并已作了不少有益的尝试。我国随着外贸业务量的迅速增加，单证工作也日益繁琐，如何适应贸易的发展，避繁就简，改革单证工作，这是一个十分值得研究的课题。

五、清晰

单证的外观质量在一定程度上反映一个国家、一个企业的业务和技术水平。如果说正确和完整是单证的内在质量，那么清晰则是单证的外观质量。所谓清晰，主要是指单证的外表清洁、美观、大方；单据中的各项内容清楚、易认，各项内容的记载简洁、明了。单据清晰，不但反映了单证员制单的熟练程度和工作态度，而且还会直接影响出单效果。单证清晰要求单证格式的设计和缮制，力求标准化和规范化，单证内容的排列要行次整齐、字迹清晰、重点项目要突出醒目。有时即便单证相符和正确无误，但单据却如信手涂鸦，不但不雅观，而且说明制单水平低，还给人一种印象，即单据可能不真实。所以，清晰的单证应该尽量减少甚至不应该出现涂改现象。各种单证的更改都要有一个限制点，不允许在一份单证上做多次涂改。若有更改，更改处一定要盖校对章或简签。如涂改过多，最好重新缮制。

总之，单证工作技术性强，既有国际规范化的一面，也有地区特殊性的一面。单证工作是对外贸易的一项基本工作，其质量高低直接影响到对外贸易的发展。因此，提高制单人员的素质、提高单证工作的质量，是我国发展对外贸易，促进经济发展的必然要求。随着计算机的广泛应用，单证工作将逐渐变得简单、迅速；而单证设计的标准化、国际化和单证制作及管理的现代化，都将对单证的缮制、传递及应用起到积极的作用。无论是过去现在还是将来，无论国际贸易或单证工作有何变革，对单证的基本要求即“正确、完整、及时、简洁和清晰”是不会改变的，对于制单人员来说，理解并掌握这些基本要求是十分重要的。

第三节　单证人员素质

外贸单证人员是市场急需的应用型人才。2004 年底我国贸易企业准入实施备案制，企业只要在工商部门备案即可获得进出口权，进出口经营权不再是国有贸易公司的专利，这意味着：集中在外贸企业代理出口的大量业务届时将分散至各生产企业，由各生产企业自营出口，而每一个企业都需要一个专职的外贸单证人员处理本企业的单证业务，缺了这一环节企业就运转不了，越来越多的企业成立自己的贸易部门，国际贸易单证员的素质、单证操作技能的高低直接关系到进出口业务的成败，很多企业由于国际贸易单证人员的素质整体不高而影响了其外贸的发展。那么，我们在平时的学习过程当中应该培养自己的相关素质，逐步使自己具备一个合格的国际贸易单证人员所必需的各项技能与素质。

一、单证人员要掌握一定的电脑知识和信息技术

随着我国进出口贸易的迅速发展，单证日渐繁杂，传统单证工作已经不能适应目前的外贸工作需要，单证的标准化和电子化是改革与发展的必然趋势，单证工作的 EDI 方式将成为主流。在这种情况下，国际贸易单证人员要不断地积累电脑知识和相关信息技术。例如，单证人员要熟练地使用各种办公软件，如 Word、Excel 等软件，设计各种表格，打字的速度要达到一定的标准，会使用各种各样的办公设备，如打印机、扫描仪、复印机等。不懂电脑知识的人是无法从事国际贸易单证相关工作的。目前许多单证都是通过计算机制作完成的，所以从业人员必须具备操作计算机和有关应用软件的能力，同时还要掌握电子报关、电子报检、网上备案核销、退税、网上申领许可证等和利用 Internet 进行电子商务活动的知识与技能。

二、单证人员要有一定的英语水平

单证工作是一项涉外性较强的工作，由于单证在国际通用，单证缮制的内容全部用英文，所以单证人员要有一定的英文读写能力，不仅能够读懂单证的内容，还要知道怎么用英文缮制，单证的内容涉及各种各样的货物的名称、世界各大航线、各大港口，以及航空港等，单证人员一定要对这些内容熟悉，才能准确地缮制相关单证，符合单证缮制的要求，在单证的缮制过程当中还要注意英文单词拼写的准确，注意大小写的区别，否则就会出现单与单之间的内容不一致，造成不必要的麻烦，出现损失。

如在一案例中，信用证规定了唛头，由于唛头在信用证的下方，同一页打不完，开证行便在最后一行打上了 P. T. O. 三个字，公司单证员对此并未深究，把 P. T. O. 三个字缮制在单据的唛头中，导致开证行拒付。P. T. O. 是 please turn over 的缩写，也即“请见反面”。该不符点主要是因为单证员的英语理解能力有限造成的。因此，单证员要提高自己的英语读写能力，确保单证一致。

三、单证人员要了解一定的法律知识和国际惯例

国际贸易单证既用于交货、结汇，又需要在国外流通，因此单据是涉外的商业文件，它不但具有经济意义，还有政治意义，体现了一个国家的对外贸易方针，必须严格按照有关国家的各项法规和制度办事。国际贸易单证又是重要的涉外法律文件。它不但是收汇的依据，当发生纠纷时，又常常是处理争议的依据，因此必须严格符合有关国家的法律、规则和国际惯例等。作为一个合格的国际贸易单证人员了解一定的法律知识和国际惯例是必要的。

四、单证人员要有良好的心理和身体素质

国际贸易单证工作是一项很繁杂的工作，国际贸易单证人员不仅要认真仔细地对待自己操作的每一个单据，而且能够随时发现单据中的问题，及时地进行更正。遇到困难不能急躁心烦，要平静地进行处理，只有一个良好的心态才能解决问题，不然问题不能解决，甚至会越来越糟糕。在国际贸易单证操作中，有时候为了抓紧时间，赶在要求的时间内出单证，这个时候国际贸易单证人员有可能要长时间地工作，没有一个健康的身体是很难胜任的。由此可见，良好的心理和身体素质是单证人员工作的基本条件。

国际贸易单证人员还要随时关注世界经济形势和发展趋势，了解当前国家经济发展的相关政策，关注世界政治事件等，总之，要想成为优秀国际贸易单证人员，对自己的全面素质要求还是比较高的。

【本章小结】

本章介绍了国际贸易单证的概念和分类，具体谈了单证的种类，缮制的基本要求。

国际贸易单证在制作的过程中，力求做到“四个一致”，即信用证要和合同一致、各种国际贸易单证要和信用证一致、各个国际贸易单证之间一致、所有单证中描述的货物要与实际交易的货物保持一致。

本章最后介绍了国际贸易单证人员需要具备的基本素质。

【强化训练】

一、填空题

1. 国际贸易的最终完成一般需要＿＿＿＿＿的流转来实现。

2. 单证以性质划分，可以分为＿＿＿＿＿和＿＿＿＿＿。

3. 国际贸易单证制作的原则是＿＿＿＿、＿＿＿＿、＿＿＿＿、＿＿＿和清晰，其中＿＿＿＿＿＿最为重要。

二、不定项选择题

1. 银行审核单据的标准是（　　）

A. 单据和信用证的内容相符

B. 单据与贸易合同的内容相符

C. 单据与单据之间相符

D. 单据要与其代表的货物相符

2. 比较在国际贸易中流通的各种单据，虽然各自的用途不一样，但内容有将近80%是一致的，那么这些一致的内容主要包括（　　）

A. 货物的基本情况

B. 收货人和发货人

C. 启运地点和货物目的地

D. 单据的签发人

三、简答题

1. 正确制作单证至少包含哪几方面的内容？

2. 为了更好地学习国际贸易单证实务这门课，谈一下你的想法和打算。

第二章　国际贸易基本程序与单据流程

【导入思考】

案例1　2014年广交会上，ABC公司与国外XYZ公司签订一笔织毯交易合同。合同总值约7 000美元，织毯图案由买方当场提供，信用证付款，信用证开到后20天内装运，5月10日前买方开具信用证。买方代表称：因为回国日期可能推迟，信用证也许会晚几天开出。ABC公司考虑到生产时间较紧，担心不能及时交货，便于5月初开始生产。5月上、中旬，ABC公司多次联系买方代表未果。直到5月20日，买方代表来电子邮件称：由于公司目前尚未联系到买家，不能履行合同，请ABC公司谅解。此时ABC公司已经完成80%的生产任务。ABC公司坚决要求对方履行合同，因为织毯图案独特，不适合其他市场。买方回电称如果一定要履行合同，他们只购买已经生产的织毯，并要求ABC公司降价20%，否则免谈。ABC公司本欲提请仲裁或诉诸法律，但考虑合同额度不大，劳民伤财不值得。为减少损失，只得同意对方条件。

此案中，ABC公司的主要教训是什么？

案例2　以下是信用证项下的一套出口单据的部分信息：

发　票：日期2014年4月10日。含“We hereby certify that within two days after shipment the issuer hereof sent by express courier to the applicant a set of copies of the documents required”语句。

装箱单：日期　同发票。

提　单：日期2014年6月10日，符合信用证规定。

产地证：日期2014年6月12日，按信用证要求批注“ISSUED RETROSPECTIVELY”。

保险单：日期2014年6月13日，无特别批注。

客检证：日期2014年6月13日，无特别批注。

汇　票：日期2014年7月5日，在信用证有效期内。

交单日：2014年7月5日，在信用证有效期内。

请从以上信息中找出单据的不符点或不合理之处。

国际货物贸易作业程序远比国内贸易复杂，主要原因包括：涉及不同的货币和价格制度、远距离的运输、进出口双方对对方资信的了解存在困难、不同国家在法律法规上有较大的差别等。这些因素决定了国际贸易综合作业是一个复杂的系统，但就单笔业务而言，我们可以把国际贸易作业程序分为三个阶段：交易的磋商、合同的履行和善后处理。不同的付款方式、运输方式及不同的交易条件等都会大大影响买卖双方责任与风险的划分。而且在不同的阶段，特别是在合同履行过程中，会产生与操作步骤紧密相关的单据。现在我们就不同的操作阶段买卖双方各自的操作过程做一个粗略的概述。

第一节　合同的磋商

交易磋商的主要过程是：询盘、发盘、还盘和接受。

一、询盘

询盘又称询价，是指交易的一方为购买或出售某种商品，向对方口头或书面发出的探询交易条件的过程。其内容可繁可简，可只询问价格，但最好是同时询问其他交易条件。

询盘对询盘作出方无约束力。在实际业务中，询盘既可由买方向卖方发出，也可由卖方向买方作出。

买方询盘是买方主动发出的向国外供应商询购所需货物的行为。

卖方询盘是卖方向买方发出的征询其购买意向的行为。

询盘并非交易磋商的必要过程，因此也不是交易达成的必要条件。《联合国国际货物买卖合同公约》及《中华人民共和国合同法》对这一点的规定都是很明确的。例如，我国合同法第 13 条规定，当事人订立合同，采取要约、承诺方式。此即后文所说的发盘与接受。

二、发盘

发盘又称发价，是指交易的一方向另一方提出一定交易条件，并表示愿意按照提出的交易条件达成买卖某项货物的交易的一种口头或书面的表示。

发盘人可以是买方，也可以是卖方。发盘有实盘和虚盘之分。所谓虚盘，实际上就是带有保留条款的发盘或者按《联合国国际货物买卖合同公约》的发盘标准衡量尚不足以构成发盘。这种情况只能看做对发盘的邀请，或者说只能算是询盘。

三、还盘

还盘又称还价，是受盘人不同意或不完全同意发盘中的内容或条件而提出自己的修改意见或条件的表示。还盘只能由受盘人在原发盘的有效期内做出，其他任何人无还盘权利。还盘的生效会导致其所针对的发盘的失效，因此，还盘实际上就是一项新的发盘。一笔交易的成立，往往要经过多次还盘和再还盘的过程。

四、接受

接受是指受盘人在发盘有效期内无条件全部同意发盘的全部内容，并愿意签订合同的一种口头或书面的表示，有时也可以用行为表示。对发盘内容做出实质性修改的接受只能视为一项新的发盘。

接受必须由受盘人做出，而且接受表示须在发盘有效期内送达发盘人。接受的表示必须明确。

有效接受的生效就意味着合同的达成。

合同在实际工作中有两种含义：一是指交易的条件，即合同的内容；二是指合同的形式，即所谓的“一纸合同”。合同达成的接受这一环节可以是口头的也可以是书面的，甚至可以用行为来表示，因此合同可以有多种形式。

在国际贸易实务中，合同最常见的形式有：销售（购买）合同、销售（购买）确认书、形式发票、订单及磋商过程中的往来信函。为了顺利履行合同和便于制作单据，合同中应该对卖方出具哪些单据进行规定。

合同是买卖双方磋商的成果，是双方履行各自约定义务的合法依据，也是以后申请信用证和制作单证、审核单证的依据。

规范买卖双方磋商行为的是《联合国国际货物买卖合同公约》。

第二节　合同的履行

对外贸易合同的履行是一个复杂的过程。为了便于讲解和记忆，以信用证付款方式为例，我们将卖方履行合同的过程概括为“证（催证、审证、改证）、货（备货）、船（租船订舱、办理货物出运）、款（制单结汇）”，并以此为线索，对买卖双方的合同履行过程分步讲解。

一、证

证指信用证。

在信用证付款的情况下，买卖双方的合同义务的履行都是以信用证为依据的。因此，买方应该严格按照合同条款及时申请信用证。此时就需要填写信用证申请表。

申请信用证时，要注意将合同条款转化为信用证的单据条款，避免在信用证中出现非单据条款，因为非单据条款按照 UCP600 的解释属于银行在审查单据时不予理会的条款。

在申请信用证的同时，买方还需做好外汇申请工作，并申领核销单。

对于卖方而言，在这一阶段与信用证相关的工作主要是：催证、审证、改证、展证。

（1）催证：指卖方催促买方按照合同规定及时将信用证开出，通过开证行、通知行送达卖方。

（2）审证：信用证的有关内容必须与合同条款完全一致，即所谓“证同一致”。因为银行在议付时，只按信用证内容付款，而不管合同条款如何。卖方应确保证同一致，防止买方在信用证中改变合同规定的交易条件而蒙受损失。

（3）改证：当发现信用证与合同不符时，卖方应及时要求买方按合同规定修改信用证。但是对于某些可以接受的不符，则可依照实际情况做出是否修改的决定，因为修改信用证对于买卖双方来说无论是费用还是时间上都是损失。

（4）展证：实际上展证就是修改信用证，只不过是对信用证的有效期进行修改（延展）而已。

注意信用证的修改过程与开证程序一样，必须由买方到开证行申请信用证修改，并经由通知行通知。有关信用证修改的问题，请参照 UCP600 第 9、10、11 条。在以信用证付款的情况下，制作单据必须符合信用证的单据条款要求，即使合同与信用证有不符之处，也应该以信用证为依据制作各种单据。

二、货

备货工作是指卖方根据出口合同的规定，按时、按质、按量地准备好应交付的货物，并做好申请报验和领证工作。

1. 备货

备货是出口商根据合同规定（在已经收到有效信用证的情况下则根据信用证规定）在国内市场采购（流通型出口企业）或生产（生产型出口企业）合同项下的货物并对其进行清点、加工整理、包装刷唛、入库及办理报检和领证等项工作。

在备货工作中，应注意以下几个问题：

（1）货物的品质、规格，应按合同的要求核实，必要时应进行加工整理，以保证货物的品质、规格与合同规定一致。

(2) 货物的数量，应保证满足合同或信用证的要求，备货的数量应适当留有余地，以备装运时可能发生的调换和适应舱容之用。

(3) 货物的包装和唛头（运输标志），应进行认真检查和核实，使之符合信用证的规定，并能保护商品和适应运输的要求，如发现包装不良或损坏，应及时进行修理或换装。标志应按合同（信用证）规定的式样刷制。

(4) 备货时间，应根据信用证规定，结合船期安排，以利于船货衔接。

(5) 如果是在国内市场采购合同项下的货物，应该要求国内供货商使用国家统一规定的发票并妥善保管，因为如属于退税产品，发票是退税的依据之一。

交易商品的详细情况，包括装箱情况现在基本已经确定，因此，卖方此时可以制作商业发票和装箱单。

2. 申请报检和领证

凡属国家规定必须进行法定检验的出口货物，或合同规定必经中国进出口商品检验局检验出证的商品，在货物备齐后，应向商品检验局申请检验，并取得商检局发给的合格的检验证书。

申请报验的手续是，凡需要法定检验出口的货物，应填制“出口报验申请单”，向商检局办理证件取验手续。“出口报验申请单”的内容一般包括：品名、规格、数量（或重量）、包装、产地等项。如需有外文译文时，应注意中、外文内容一致。申请单还应附上合同、信用证副本等有关单据，供商检局检验和发证时参考。

货物经检验合格，即由商检局发给检验证书，出口方应在检验证书规定的有效期内将货物出运。如超过有效期装运出口，应向商检局申请展期，并由商检局进行复验合格后才能出口。

合同或信用证中如果指定中国进出口商品检验局以外的机构或个人进行装前检验（pre-shipment inspection , PSI），则应及时联系检验人进行商品检验并取得相应的检验证书。

货物备齐之后，卖方应及时通知买方，便于在由买方负责办理运输的价格术语的情况下，及时预订运输舱位并向卖方反馈信息，以利卖方及时出运货物。按照 Incoterms2000 解释，如果买方没有履行预订运输舱位的约定义务或没有履行及时向卖方发出相应通知的约定义务，货物的风险将在自约定的交货日期或交货期限届满之日起转移至买方。

三、船

船指买卖双方分别履行交付货物和接收货物及相关义务。这一过程环节众多，买卖双方必须严格按照约定履行义务，并保持相关各方充分的信息交流，环环紧扣，以保证合同的顺利履行。此外很多单据都在这一环节产生，如运输单据、保险单据、报关单、装运通知、产地证书等。除此之外，各步骤还有一些作业流程中使用的单据。

1. 租船订舱

在主运费含在价格之中的情况下，如采用 CIF 或 CFR 条件，租船订舱是卖方的责任之一。在主运费不含在价格之中的情况下，如采用 FOB 或 FCA 价格术语条件，则买方负责租船订舱并及时将详细的装船指令传递给卖方，要求卖方如期装船。如货物数量较大，需要整船载运的，则要办理租船手续；出口货物数量不大，不需整船装运的，则安排洽订班轮或租订部分舱位运输。

2. 报关

报关是指出口货物装船出运前，向海关申报的手续。按照我国海关法的规定，凡是进出国境的，必须经由设有海关的港口、车站、国际航空站进出，并由货物所有人向海关申报，经过海关放行后，货物才可提取或者装船出口。

出口企业在装船前，须填写“出口货物报关单”，连同其他必要的单证，如装货单、合同副本、信用证副本、发票、装箱单、商检证书等送交海关申报。海关查验货、证、单相符无误，并在装货单上加盖放行章放行后，货物即可凭以装船。

3. 投保

凡是按 CIF 和 CIP 价格成交的出口合同，卖方在装船前，须及时按信用证要求填制投保单，向保险公司办理投保手续。出口商品的投保手续，一般都是逐笔办理的，投保人在投保时，应将货物名称、保额、运输路线、运输工具、开航日期、投保险别等一一列明。保险公司接受投保后，即签发保险单或保险凭证。

4. “四排”、“三平衡”工作

“四排”是指以买卖合同为对象，根据进程卡片反映的情况，其中包括信用证是否开到、货源能否落实，进行分析排队，并归纳为四类，即“有证有货、有证无货、无证有货、无证无货”。通过排队，发现问题，及时解决。

“三平衡”是指以信用证为依据，根据信用证规定的货物装船期和信用证的有效期远近，结合货源和运输能力的具体情况，分轻重缓急，力求做到证、货、船三方面的衔接和平衡。决不允许交货期不准、拖延交货期或不交货等现象的产生。

5. 发装运通知

货物装运完毕，应及时给买方发出装运通知。其目的是使买方及时了解装运情况，以便准备收货，并在必要时办理保险手续。如为 FOB、CFR、FCA、

CPT 合同，则由买方接到装运通知后自行办理投保手续。通知的对象可以是中间商，也可以是实际买户，可以是信用证的开证行，有时也可能是对方指定的某保险公司，视客户要求和信用证规定而定。通知的内容主要有：合同号码、货物名称、数量、总值、装运地点、装船日期、船名及预计开航日期等。在履行 FOB、CFR、FCA、CPT 条件的出口合同时，及时发出装运通知尤为重要。

在这一阶段，主要结汇单据是运输单据、商检证和保险单据，此外在未申请产地证书的情况下，应及时申领产地证书。核销单是报关时必不可少的单据，应该在此时或更早一点申领。履约过程中主要使用的单据有报关单、投保单和托运单等。在委托货代办理运输的时候，还要使用报关委托书和报检委托书。

就买方而言，在这段时间内，主要做好以下几项工作：

(1) 在使用主运费未付价格术语时，要严格按照合同时间租船订舱并及时通知卖方；

(2) 在由买方办理保险的情况下，应依据卖方发来的装运通知（或单据副本）办理投保；

(3) 依据卖方寄来的单据副本，做好进口海关申报、进口税缴纳和检验申报准备；

(4) 安排好接货和仓储准备工作或联系货物销售工作；

(5) 单据到开证行后，应对单据进行严格审核、付款赎单。在存在不符点的情况下提出合理的处理意见。

四、款

所谓款就是制单结汇。

出口货物装运之后，出口企业应严格按合同约定或信用证的规定，缮制各种单据，并在信用证规定的有效期内，送交银行办理议付结汇手续。这些单据主要是发票、汇票、提单、保险单、装箱单、商品检验证书、产地证明等。开证行只有在审核单据与信用证规定完全相符时，才承担付款的责任，为此，各种单据的缮制是否正确完备，与安全迅速收汇有着十分重要的关系。

对结汇的单据，要求做到以下几点：正确、完整、及时、简明、整洁。

第三节　善　　后

善后的主要工作包括：核销、出口退税、争议与索赔理赔、资料归档和业务总结。

一、核销

收付汇核销是国家（外汇管理局）对外汇进行管理的一种事后手段。其主要单据是“核销单”。无论是进口还是出口都要进行外汇核销。“出口收汇核销单”是海关受理出口报关的凭证之一，所以“出口收汇核销单”应在货物出运前申请领取。

办理出口收汇核销时，针对不同的贸易方式，外管部门（外管局）要求提供不同的核销材料。一般贸易的出口收汇核销所需材料包括：出口收汇核销报告表、盖有海关验讫章的核销单、盖有海关验讫章的报关单（核销专用联）。

办理进口付汇核销时，所需的材料包括：进口付汇核销表、进口报关单（核销联）、对外付汇通知书。

二、出口退税

出口退税是国家对出口货物已承担的增值税和消费税实行退还或免征（退还和免征比率由国家规定和调整）。这是国家为鼓励出口创汇、增加本国货物在国际市场上的竞争力而采取的一项优惠政策。出口退税必须是出口收汇并已经核销的货物。办理机构为国税局。

办理退税须提交材料包括：报关单（退税联）、核销单（退税专用联）、内购发票（抵扣联）（生产型出口企业无需此项）、外销发票。

三、争议与索赔理赔处理

争议（dispute）是指交易的一方认为另一方未能全部或部分履行合同规定的责任而引起的业务纠纷。在国际贸易业务中，这种纠纷屡见不鲜，原因多种多样，如：

（1）卖方不交货，或未按合同规定的时间、品质、数量、包装条款交货，或单证不符等；

（2）买方不开或缓开信用证，不付款或不按时付款赎单，无理拒收货物，在 F. O. B. 条件下不按时派船接货等；

（3）合同条款的规定欠明确，买卖双方国家的法律或对国际贸易惯例的解释不一致，甚至对合同是否成立有不同的看法；

（4）在履行合同过程中遇到了买卖双方不能预见或无法控制的情况，如某种不可抗力，双方有不一致的解释等。

由上述原因引起的争议，集中起来讲就是：是否构成违约，双方对违约的事实有分歧，对违约的责任及其后果的认识相悖。对此，双方应本着友好协商、互谅互让精神，妥善解决。

索赔是指国际贸易业务的一方违反合同的规定，直接或间接地给另一方造成损害，受损方向违约方提出损害赔偿要求；所谓理赔是指违约方受理受损方提出的赔偿要求。可见，索赔和理赔是同一个问题的两个方面。

索赔的对象可能是交易的一方，也有可能是其他方，如承运方、承保方等，要依据实际情况向责任方索赔。这一过程中最为重要的单证是检验证书和相关单据，如保险单是向保险公司提出索赔的依据。

四、资料归档和业务总结

无论是出口还是进口，对每一票业务的相关资料都应进行清理归档，便于以后查阅。

无论是老手还是新手，对每一票业务也应该进行总结，吸取经验和教训。

第四节　个案推演

如前所说，外贸是一个复杂的过程。不同的价格术语、不同的运输方式、国家针对不同货物的监管条件等都是影响操作的因素。下面我们以 CFR 价格、即期议付信用证付款、监管条件为 AB 和杂货班轮运输为例推演一下在一票业务过程中买卖双方的基本履约步骤，即相关单证流程：①

步骤 1：达成和约

责任方、行为方或参与方：买卖双方

相关单证：合同

步骤 2：开立信用证

责任方、行为方或参与方：买方、开证行

相关单证：信用证申请书、外汇申请书、信用证

步骤 3：传递与通知信用证

责任方、行为方或参与方：通知行、卖方

相关单证：信用证通知书、信用证

步骤 4：审核信用证

责任方、行为方或参与方：卖方

---

① 说明：(1) 本教材各章节中讲解的单证并不包括此处谈到的全部单证。(2) 进出口合同履行步骤会因价格术语、运输方式、付款方式等的不同而产生很大差异。是否委托货代办理运输也会使出口企业的操作步骤繁简不同。(3) 本章所述各步骤的顺序只是就一般情况而言。

相关单证：信用证审核记录

步骤5：修改信用证

责任方、行为方或参与方：信用证相关各方

相关单证：信用证修改申请书、信用证修改、信用证修改通知

步骤6：备货、入库

责任方、行为方或参与方：卖方

相关单证：生产通知书（生产型）、内购合同与发票（流通型）、入库单、外销发票、装箱单

步骤7：报检

责任方、行为方或参与方：卖方、检验机构

相关单证：报检单、报检委托书（委托报检）、商检证

步骤8：申领产地证

责任方、行为方或参与方：卖方、商检或信用证指定出证人（如贸促会）

相关单证：产地证书（如实际出运与原申报不同，则须申请修改后再领取）

步骤9：申领核销单

责任方、行为方或参与方：卖方、外管局

相关单证：核销单

步骤10：托运 订舱

责任方、行为方或参与方：卖方、承运人（货代/船代）

相关单证：托运单、装货单

步骤11 报关

责任方、行为方或参与方：卖方（或代理）、海关

相关单证：报关单、报关委托书（代理报关）、发票、装箱单、装货单、商检证（出境货物通关单）、核销单

步骤12：验货通关、缴费

责任方、行为方或参与方：海关、卖方（或代理）

相关单证：报关单（盖验）、核销单（盖验）

步骤13：装船、收缴运费

责任方、行为方或参与方：承运人、卖方

相关单证：大副收据、提单

步骤14：发装运通知（传真或邮寄提单等结汇单据副本）

责任方、行为方或参与方：买卖双方

相关单证：装运通知或单据副本

步骤15：投保

责任方、行为方或参与方：买方、保险公司

相关单证：装运通知（提单副本传真件）、投保单、保险单

步骤 16：制单并自审单据

责任方、行为方或参与方：卖方

相关单证：信用证规定的各种单据（汇票可在交单时由银行代为制作）

步骤 17：交单议付或收妥结汇

责任方、行为方或参与方：卖方、议付行

相关单证：信用证规定的各种单据、交单联系单、收单回执或交单联系单签收

步骤 18：审单、寄单

责任方、行为方或参与方：议付行、开证行

相关单证：信用证规定的各种单据、表盖

步骤 19：审单、偿付

责任方、行为方或参与方：开证行、议付行

相关单证：贷记单或偿付通知

步骤 20：付款赎单

责任方、行为方或参与方：开证行、买方

相关单证：信用证规定的各种单据

步骤 21：进口报关、报验、缴费

责任方、行为方或参与方：买方、进口国海关、检验机构

相关单证：通关单、报关单、税单

步骤 22：提货

责任方、行为方或参与方：买方、承运人

相关单证：通关单、提单、提货单

步骤 23：收汇划拨

责任方、行为方或参与方：开证行、议付行、卖方

相关单证：到汇通知

步骤 24：出口核销

责任方、行为方或参与方：卖方、外管局

相关单证：报关单、核销单、核销报表

步骤 25：进口核销

责任方、行为方或参与方：买方、开证行、外管局

相关单证：报关单、核销单、核销报表

步骤 26：出口退税

责任方、行为方或参与方：卖方、税务局

相关单证：报关单（退税联）、核销单（退税专用联）、内购发票（抵扣联）（生产型出口企业无需此项）、外销发票

步骤 27：索赔理赔

责任方、行为方或参与方：买卖双方、承运人、保险商

相关单证：检验证书、保险单、提单等

步骤 28：文档整理与业务总结

责任方、行为方或参与方：买卖双方

【本章小结】

本章主要讲解国际货物买卖合同的履行操作程序及与操作步骤紧密相关的单据。介绍了一般情况下各步骤的主要任务、时间顺序。这些内容的掌握对实际工作具有重要意义，同时也对本书后面各章的学习起着提纲挈领的作用。

【强化训练】

1. 讨论：

（1）国内 A 公司向国外 B 公司发盘，条件满足发盘要求。A 公司误将发盘寄与此前并无任何业务关系的国外 C 公司。时因该发盘项下货物行情看涨，C 公司立即在发盘有效期内用传真向 A 公司发出接受，声明完全接受发盘所载全部条件，并表示已经开出相关信用证，不日到达。请问：按照《联合国国际货物买卖合同公约》及《中华人民共和国合同法》，交易是否达成？

（2）某信用证载明该证属议付信用证且公开议付（with any bank/by negotiation），但单据提交卖方银行后，卖方银行未议付该信用证项下的票据而是直接将票据寄往开证行。请问：在票据符合信用证各项条款的情况下，开证行是否会因为未实施议付而拒绝付款？

（3）2006 年 5 月，湖北某出口公司与黎巴嫩贝鲁特某客户以 CFR 贝鲁特价达成一笔交易，7 月交货，付款条件为 20%T/T 预付、80%见提单传真件付款寄单。5 月底公司收到预付款。7 月初，黎以局势激化，出口公司对是否装运犹豫不决。这时有人建议自行投保战争险，并以自己为保险单受益人，这样就不担心战争可能造成的货物损失风险，充其量也就是增加一点保险费成本。请问：这一建议是否合理？

2. 阅读下面合同并依照合同内容完成合同后的表格。

SALES CONTRACT

SELLER:	SHANGHAI MACHINERY IMP. & EXP., CORP. 1# RENMING AVENUE SHANGHAI, CHINA	NO.: 04102002 DATE: APRIL 10, 2008
BUYER:	OVERSEAS COMPANY 100 JULANSULTAN #01-20SULTAN PALAZA SINGAPORE	SIGNED IN: SHANGHAI, CHINA

THIS CONTRACT IS MADE BY AND AGREED BETWEEN THE BUYERS AND SELLERS, IN ACCORDANCE WITH THE TERMS AND CONDITIONS STIPULATED BELOW.

1. COMMODITY SPECIFICATION	2. QUANTITY	3. UNIT PRICE & TRADE TERMS	4. AMOUNT USD
"GOLDEN STAR" BRAND COLOR TELEVISION SET MODEL SC374 PAL/BG SYSTEM 220V 50HZ TWO ROUND PIN PLUG, WITH REMOTE CONTROL	4 860 SETS	USD150/set CIF SINGAPORE INCOTERMS 2000	729 000.00
TOTAL:	4 860SETS		729 000.00

5. TOTAL VALUE	SAY USD SEVEN HUNDRED AND TWENTY-NINE THOUSAND ONLY
6. PACKING	EACH SET TO BE PACKED IN APLASTIC BAG THEN IN A CARTON WITH MOULDED FOAMED PLASTIC AND WITH REMOTE CONTROL, USER'S MANUAL IN ENGLISH AND OTHER ACCESSERIES IN A SEPARATE PLASTIC BAG IN THE CARTON
7. SHIPPING MARKS	04102002 / O. C. / SINGAPORE / 1-UP
8. TIME OF SHIPMENT & MEANS OF TRANSPORTATION	BY VESSEL NOT LATER THAN JUN. 30 . 2008
9. PORT OF LOADING & DESTINATION	FROM SHANGHAI, CHINA TO SINGAPORE TRANSSHIPMENT ALLOWED, PARTIAL SHIPMENT ALLOWED
10. INSURANCE	TO BE COVERED BY THE SELLER FOR 110% OF CIF VALUE COVERING ALL RISKS AND WAR RISKS AS PER CIC 1/1/1981

续表

11. PAYMENT TERMS	BY IRREVOCABLE LETTER OF CREDIT TO REACH THE SELLER ON OR BEFORE JUN. 20 . 2008 AVAILBLE BY DRAFT AT SIGHT FOR FULL CIF INVOICE VALUE

DOCUMENTS REQUIRED:
THTE SELLERS SHALL PRESENT TO THE BANKS THE FOLLOWING DOCUMENTS REQUIRED FOR NEGOTIATION.
1. SIGNED COMMERCIAL INVOICE IN TRIPLICATE
2. INSURANCE POLICY OR CERTIFICATE, ENDORSED IN BLANK, COVERING ALL RISKS AND WAR RISKS AS PER CIC 1/1/1981
3. FULL SET CLEAN ON BOARD BILL (S) OF LADING MADE OUT OR ENDORSED TO OPENING BANK'S ORDER MARKED FREIGHT PREPAID AND NOTIFYING APPLICANT
4. DRAFT FOR FULL INVOICE VALUE
5. SIGNED PACKING LIST IN TRIPLICATE
6. CERTIFICATE OF ORIGIN ISSUED BY COMPETENT AUTHORITIES
7. BENEFICIARY'S CERTIFICATE CERTIFYING THAT BENIFICIARY HAS FAXED SHIPPING ADVICE TO THE APPLICANT WITHIN 2 DAYS AFTER THE DATE OF B/L AND A FAX COPY TO ACCOMPANY THE CERTIFICATE

REMARKS

THE BUYER	THE SELLER
OVERSEAS COMPANY	SHANGHAI MACHINERY IMP. & EXP. , CORP.
100 JULANSULTAN #01-20SULTAN	1# RENMING AVENUE
PALAZA SINGAPORE	SHANGHAI, CHINA
(SIGNATURE)	(SIGNATURE)

1. 将阅读合同所获信息填入下表:

commodity	
quantity	
unit price and trade terms	
total amount	
payment by	
packing	
No. of PKGS	
insurance amount	
risks to be covered	
insurance policy made out	

续表

drafts drawn at （tenor）	
shipping mark	
port of loading	
port of destination	
B/L made out	

2. 假定你是买方，准备向某银行申请信用证，请填写以下申请书：

IRREVOCABLE DOCUMENTARY CREDIT APPLICATION

To：　　　　　　　　　　　　　　　　　　　　Date：

<table>
<tr><td colspan="2">□Issue by airmail □With brief advice by teletransmission
□Issue by express delivery
□Issue by teletransmission （which shall be the operative instrument）</td><td>Credit No.

Date and place of expiry</td></tr>
<tr><td colspan="2">Applicant</td><td>Beneficiary（Full name and address）</td></tr>
<tr><td colspan="2">Advising bank</td><td>Amount</td></tr>
<tr><td>Parital shipments
□allowed □not allowed</td><td>Transhipment
□allowed □not allowed</td><td rowspan="3">Credit available with by
□sight payment □acceptance
□negotiation
□deferred payment at
against the documents detailed herein
□ and beneficiary's draft （s） for
________% of invoice value
at________sight
drawn on</td></tr>
<tr><td colspan="2">Loading on board/dispatch/taking in charge at/from

not later than
For transportation to：</td></tr>
<tr><td colspan="2">□ FOB □CFR □CIF
□ or other terms</td></tr>
<tr><td colspan="3">Documents required：（marked with ×）

1. （ ） Signed commercial invoice in ________ copies indicating L/C No. __________ and Contract No. ______________.</td></tr>
</table>

续表

2. (　) Full set of clean on board Bills of Lading made out to order and blank endorsed, marked "freight [　] to collect / [　] prepaid [　] showing freight amount" notifying____.

(　) Airway bills/cargo receipt/copy of railway bills issued by ___________________ showing "freight [　] to collect/ [　] prepaid [　] indicating freight amount" and consigned to ____________________.

3. (　) Insurance policy/certificate in ______ copies for ______% of the invoice value showing claims payable in ____ in ___________ currency of the draft, blank endorsed, covering all risks, war risks and ____.

4. (　) Packing list/weight memo in ________ copies indicating quantity, gross and weights of each package.

5. (　) Certificate of quantity/weight in ________ copies issued by ______________.

6. (　) Certificate of quality in ________ copies issued by [　] manufacturer/ [　] public recognized surveyor ________________.

7. (　) Certificate of origin in ________ copies issued by ________________________.

8. (　) Beneficiary's certified copy of fax / telex dispatched to the applicantwithin _________ hours after shipment advising L/C No., name of vessel, date of shipment, name, quantity, weight and value of goods.

Other documents, if any

Description of goods:

Additional instructions:

1. (　) All banking charges outside the opening bank are for beneficiary's account.

2. (　) Documents must be presented within ________ days after date of issuance of the transport documents but within the validity of this credit.

3. (　) Third party as shipper is not acceptable, short form/blank back B/L is not acceptable.

4. (　) Both quantity and credit amount ______ % more or less are allowed.

5. (　) All documents must be forwarded in ________________.

(　) Other terms, if any

For and on behalf of :

Signature

第三章 信用证（L/C）

【导入思考】

2014年9月12日，陕西A公司与香港B公司签署了出口红豆的合同，约定付款方式为不可撤销的即期信用证。

2014年9月24日，香港汇丰银行开出信用证，载明：（1）开证申请人：B公司；（2）受益人：陕西A公司；（3）议付行：中国银行陕西分行；（4）装运港：秦皇岛；（5）目的港：阿尔及利亚C港口；（6）最迟装期：2008年10月24日；（7）金额：432 000美元；（8）货物描述：2 400吨以毛作净，中国原产的红豆，每吨180美元；（9）议付单据：①经签字的商业发票一式三份；②装箱单一式三份；③全套正本清洁“已装船”提单。

2014年10月12日，陕西A公司在信用证规定的装船期限前将红豆于秦皇岛装船，并于10月16日在信用证规定的有效期内将信用证项下全套单据交给了中国银行陕西分行。10月20日，香港汇丰银行收到中国银行陕西分行提交的全套单证，审证无误后付款。10月21日，香港B公司向开证行付款后，取得全套货运单据。

思考：1. 该信用证有哪些内容？

2. 简单描述该信用证的业务流程。

第一节 信用证概述

一、信用证的当事人

信用证业务涉及的当事人比较多，主要包括：

（1）开证申请人（applicant）。开证申请人在信用证中又称开证人（opener），是根据商务买卖合同向其所在地的银行提交开证申请，申请开立信用证的当事人，即进口商或实际买主。如银行自己主动开立信用证，此种信用证所涉及的当事人中就没有开证申请人。

（2）开证行（opcning bank或issuing bank）。开证行是指接受开证申请人的委托开立信用证的银行，它承担第一付款责任。开证行一般是进口商所在地银行。

(3) 通知行（advising bank 或 notifying bank）。通知行是指受开证行的委托，将信用证转交出口商的银行，它只证明信用证的真实性，并不承担其他义务。通知行一般是出口商所在地银行。

(4) 受益人（beneficiary）。受益人指提交合格单据以后，获得开证行付款的当事人。一般是合同的卖方，即出口商或实际供货人。

(5) 议付行（negotiating bank）。议付行是接受开证行在信用证中的邀请并且信任信用证中的付款担保，凭出口商提交的包括有代表货权的提单在内的全套出口单证的抵押，买入受益人所交的汇票及票据的银行。如果开证行在信用证中未指定议付行，则接受受益人交单议付的任何一家银行被视为指定的议付行。

(6) 付款行（paying bank）。付款行是开证行的付款代理人。开证行在信用证中指定另一家银行为信用证项下汇票上的付款人，这家银行就是付款行。它可以是通知行或其他银行。

二、信用证业务流程

信用证方式的业务流程如图 3-1 所示。

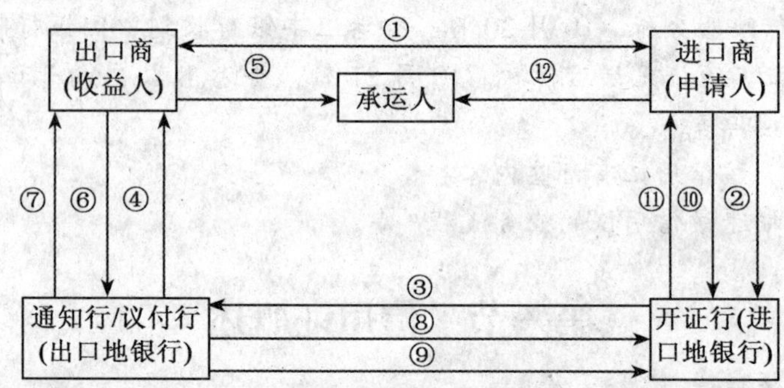

图 3-1 信用证业务流程

①进出口商签订买卖合同，并约定以信用证方式进行结算。

②进口商向所在地银行（开证行）申请开立信用证。

③开证行开立信用证，传递给通知行。

开立信用证的方式有两种：一是信开（open by airmail），指开证行以航邮将信用证寄给通知行；二是电开（open by telecommunication），开证行将信用证加注密押后以电讯、电报或 SWIFT 方式通知受益人所在地的银行。

④通知行审证真伪，核对签字印鉴或密押无误后将信用证交给出口商。

⑤出口人收到信用证，审查条款无误后，依照信用证规定装船。

⑥出口人缮制全套货运单据，到议付行议付。

⑦议付行审单无误后，向出口商垫付货款。

⑧议付行议付后，将单据和汇票寄给开证行索偿。

⑨开证行收到与信用证相符的单据后，即对议付行进行偿付，并通知进口商付款赎单。

⑩进口商审核单证相符后，付清所欠款项。

⑪开证行将信用证项下的单据交给进口商。

⑫进口商凭单据向承运人提货。

三、信用证的特点

1. 信用证是自足文件

信用证的开立以买卖合同作为依据，但信用证一经开出，即成为独立于买卖合同和其他合同之外的另一种契约，不受买卖合同和其他合同的约束。贸易合同是买卖双方之间签订的契约，只对买卖双方有约束力；信用证则是开证行与受益人之间的契约，开证行和受益人以及参与信用证业务的其他银行均应受信用证的约束，但这些银行当事人与贸易合同无关，故不受该项合同的约束。对此，UCP600 第 4 条明确规定："信用证与可能作为其依据的销售合同或其他合同，是相互独立的交易，即使信用证中含有对此类合同的任何援引，银行也与该合同毫不相关，并不受其约束。"

2. 信用证是银行信用

一般来说，开证行负有第一付款责任，是第一付款人。信用证支付方式是一种银行信用，由开证行以自己的信用做出付款保证，开证行提供的是信用而不是资金，其特点是在符合信用证规定的条件下，首先由开证行承担付款的责任。UCP600 第 2 条明确规定，信用证是一项约定（any arrangement），根据此约定，开证行依照申请人的要求和指示，在规定的单据符合信用证条款的情况下，向受益人或其指定的人付款，或支付、承兑受益人开立的汇票，也可授权另一银行进行该项付款，或支付、承兑、议付该汇票。

3. 信用证是单据交易

信用证业务处理的是单据。UCP600 第 4 条明确规定："在信用证业务中，各有关当事人处理的是单据，而不是与单据有关的货物、服务及/或其他行为。"可见，信用证业务是一种纯粹的凭单据付款单据业务，也就是说，只要单据与单据相符，单据与信用证相符，只要能确定单据表面上符合信用证条款，银行就得凭单据付款。因此，单据成为银行付款的唯一依据。这也就是说，银行只认单据表面上是否与信用证相符，而"对于任何单据的形式、完整性、准确性、真实性、虚假性或法律效力，或对于单据中载明的或附加的一般及/或特殊条件，概不负责”。所以，在使用信用证支付的条件下，受益人要想安全、及时、如数地收到货款，必须按照“严格符合原则”（the doctrine of strict compliance），做到“单单一致、单证一致”，即受益人要做到其提交的各种单据之间表面上一致，这些单据与信用证规定的条款表面一致。

第二节　信用证的内容与审查

一、信用证的内容

电开信用证样本如表 3-1 所示：

表 3-1

LETTER OF CREDIT		
FORM OF DOC. CREDIT	*40A	: IRREVOCABLE
DOC. CREDIT NUMBER	*20	: 764351
DATE OF ISSUE	31C	: MAY 05. 2008
EXPIRY	*31D	: JUL. 15. 2008 CHINA
APPLICANT	*50	: OVERSEAS COMPANY 100 JULANSULTAN #01-20SULTAN PALAZA SINGAPORE
BENEFICIARY	*59	: SHANGHAI MACHINERY IMP. & EXP., CORP SHANGHAI, CHINA
AMOUNT	*32B	: USD 729 000. 00
AVAILABLE WITH/BY	*41D	: ANY BANK BY NEGOTIATION
DRAFT AT…	42C	: AT SIGHT
DRAWEE	42A	: BANK OF CHINA , SINGAPORE
PARTIAL SHIPMENTS	43P	: ALLOWED
TRANSSHIPMENT	43T	: ALLOWED
LOADING IN CHARGE	44A	: SHANGHAI
FOR TRANSPORT TO…	44B	: SINGAPORE
LATEST DATE OF SHIP	44C	: JUN. 30. 2008
DESCRIPTION OF GOODS	45A	: 4860 SETS “GOLDEN STAR” BRAND COLOR TELEVISION SET MODEL SC374 PAL/BG SYSTEM 220V 50HZ TWO ROUND PIN PLUG, WITH REMOTE CONTROL
DOCUMENTS REQUIRED	46A	:

续表

		1. SIGNED COMMERCIAL INVOICE IN TRIPLICATE 2. INSURANCE POLICY OR CERTIFICATE, ENDORSED IN BLANK, COVERING ALL RISKS AND WAR RISKS AS PER ICC 1/1/1981 3. FULL SET CLEAN ON BOARD BILL (S) OF LADING MADE OUT TO ORDER AND ENDORSED IN BLANK, MARKED FREIGHT PREPAID AND NOTIFING APPLICANT 4. DRAFT MARKED "DRAWN UNDER BANK OF CHINA, SINGAPORE L/C NO. 764351"
DETAILS OF CHARGES	71B	: ALL BANK CHARGES OUTSIDE SINGAPORE INCLUDING REIMBURSEMENT CHARGES ARE FOR ACCOUNT OF BENEFICIARY
ADDITIONAL COND.	47A	: SHORT FORM/BLANK BACK B/L IS NOT ACCEPTALBE
PRESENTATION PERIOD	48	: ALL DOCUMENTS MUST BE PRESENTED WITHIN 10 DAYS AFTER DATE OF ISSUANCE OF THE B/L, BUT WITHIN THE VALIDITY OF THIS L/C
CONFIRMATION	* 49	: WITHOUT

信用证的内容主要有六项，根据其在信用证中出现的先后顺序依次为：(1) 关于信用证本身；(2) 关于汇票；(3) 关于运输；(4) 关于货描；(5) 关于单据；(6) 其他。

1. 关于信用证本身

(1) 信用证的形式（form of L/C）。根据 UCP600 对信用证的定义，信用证开出一定是不可撤销的，因此信用证通常注明是不可撤销的。此外，根据现行信用证的种类，如跟单信用证、可转让信用证及可保兑信用证等，可注明相应的信用证形式。对此，信用证常用的词汇有：

①irrevocable L/C：不可撤销信用证

②confirmed L/C：保兑信用证

③unconfirmed L/C：不保兑信用证

④sight L/C：即期信用证

⑤untransferable L/C：不可转让信用证

(2) 信用证号码和日期（L/C No. and date of issue）。这一项是信用证中不可缺少的内容，在制单时要经常涉及填写并作为事由。

（3）受益人（beneficiary）。是出口商的名称和地址。对此，信用证常用的词汇有：

①beneficiary：受益人

②in favor of：以（某人）为受益人

③in one's favor：以……为受益人

④favoring yourselves：以你本人为受益人

（4）开证申请人（applicant）。是进口商的名称及地址，对此，信用证常用的词汇有：

①applicant：开证人（申请开证人）

②principal：开证人（委托开证人）

③accountee：开证人

④opener：开证人

（5）开证行（issuing bank）。对此，信用证常用的词汇有：

①opening bank：开证行

②issuing bank：开证行

③establishing bank：开证行

（6）通知行或议付行（advising bank or negotiating bank）。一般是出口商所在地的银行。议付分公开议付和限制议付，前者在信用证中不指定议付行，可由出口商选择任何一家银行作为议付行；后者在信用证中明确了出口商交单议付的银行。对此，信用证常用的词汇有：

①advising bank：通知行

②notifying bank：通知行

③advised through…bank：通过……银行通知

④advised by airmail/cable through…bank：通过……银行航空信/电报通知

⑤available with/by any bank by negotiation：通过任何银行议付，即自由议付

⑥available with/by ×××bank by negotiation：通过×××银行议付，即限制议付

（7）信用证金额和货币（amount and currency）。一般应注明大小写金额。对此，信用证常用的词汇和语句有：

①USD amount 100 000：100 000 美元

②currency US Dollars one hundred thousand only：100 000 美元

③up to total amount of HK Dollars…：总金额最高为港币……

④for a sum not exceeding a total of GBP…：总金额不得超过英镑……

⑤to the extent of USD…：总金额为美元……

（8）有效期和地点（expiry date and place）。应注明信用证的到期日期和到期地点，信用证通常应规定在受益人所在地到期。对此，信用证常用的词汇和语句有：

①expiry date 20060712 place China：到期日：2006 年 7 月 12 日，到期地点：中国

②This credit remains valid in China until 20060712.

本证到 2006 年 7 月 12 日为止，包括当日在内在中国有效。

③expiry date Jul. 12, 2006 in country of beneficiary for negotiation：于 2006 年 7 月 12 日在受益人国家议付期满

2. 关于汇票

信用证中对所开立汇票的要求主要说明汇票的期限（tenor）、汇票付款人或受票人（payer/drawee）以及出票条款（drawn clause）。对此，信用证常用的语句有：

（1）All drafts must be marked：drawn under the Royal Bank of Canada, Montreal.

汇票上应注明：出票依据加拿大蒙特利尔皇家银行。

（2）All drafts drawn under this credit must contain the clause "drafts drawn under Bank of…credit No. …dated…".

本证项下开具的汇票须注明"本汇票系凭……银行……年……月……日第……号信用证下开具"的条款。

（3）draft drawn under this credit to be marked "drawn under…Bank L/C No. …dated（issuing date of credit）"：根据本证开出的汇票须注明"凭……银行……年……月……日（按开证日期）第……号不可撤销信用证项下开立"

（4）drafts in duplicate at sight bearing the clauses "drawn under…L/C No. …dated…"：即期汇票一式两份，注明"根据……银行信用证……号，日期……开具"

3. 关于运输

主要说明运送港（port of loading）、卸货港（port of discharge）、装运期（time of shipment）、分运和转运（partial shipments and transshipment）、运输方式（means of transport）等内容。对此，信用证常用的词汇和语句有：

（1）shipment from China to Montreal via Vancouver, CIF Vancouver：通过温哥华，从中国至蒙特利尔，到岸价温哥华

（2）evidencing shipment from China to … CFR by steamer in transit Saudi Arabia not later than 15th July, 2006 of the goods specified below：证明下列货物

按成本加运费价格用轮船不得迟于2006年7月15日从中国通过沙特阿拉伯装运到……

(3) shipment latest date…: 最迟装运日期……

(4) Partial shipments are (not) permitted.

(不) 允许分运。

(5) Partial shipments are prohibited.

不准分运。

(6) without transshipment: 不允许转运

(7) transshipment at Hongkong allowed: 允许在香港转运

4. 关于单据

即跟单汇票需要出口商提供哪些单据，也是单证工作之所在。一般在信用证中要明确各种单据的名称、单据的出单和内容要求、份数要求等。常见的单据有商业发票、运输单据、保险单据、产地证明和其他证明等。对此，信用证常用的语句有：

(1) 单据要求，主要有：

①available against surrender of the following documents bearing our credit number and the full name and address of the opener: 凭交出下列注明本证号码和开证人的全称及地址的单据付款

②drafts to be accompanied by the documents marked L/C No. below: 汇票须随附下列注有信用证号码的单据

③against presentation of the following documents: 凭出示下列单据

④accompanied by following documents: 随附下列单据

⑤documents required: 单据要求

⑥accompanied by the following documents in duplicate: 随附下列单据一式两份

(2) 发票 (invoice)，主要有：

①signed commercial invoice in triplicate: 已签署的商业发票一式三份

份数的几种英文表达如下：in duplicate (一式两份)；in triplicate (一式三份)；in quadruplicate (一式四份)；in quintuplicate (一式五份)；in sextuplicate (一式六份)；in septuplicate (一式七份)；in octuplicate (一式八份)；in nonuplicate (一式九份)；in decuplicate (一式十份)。

②beneficiary's original signed commercial invoices at least in 8 copies issued in the name of the buyer indicating (showing/evidencing/specifying/ declaration of) the merchandise, country of origin and any other relevant information: 以买方的名义开具注明商品名称、原产国及其他有关资料，并经签署的受益人的商业发票

正本至少一式八份

③signed attested invoice combined with certificate of origin and value in 6 copies as required for imports into Nigeria：已签署的连同产地证明和货物价值的输入尼日利亚的联合发票一式六份

④Beneficiary must certify on the invoice...have been sent to the accountee. 受益人须在发票上证明，已将……寄交开证人。

（3）提单（bill of lading），主要有：

①full set of clean on board bill（s）of lading marked "freight prepaid" to order of shipper endorsed to ... Bank，notifying buyers：全套清洁已装船提单注明"运费预付"，做成凭托运人指示，背书给……银行，并通知买方

②clean shipped on board ocean bills of lading to order and endorsed in blank marked "freight prepaid" notify importer：清洁已装船海运提单空白抬头并空白背书，注明"运费预付"，通知进口人

③bills of lading issued in the name of...：提单以……为抬头

（4）包装单和重量单（packing list and weight list），主要有：

①packing list detailing the complete inner packing specification and contents of each package：载明每件货物之内部包装的规格和内容的装箱单

②packing list detailing...：详注……的装箱单

③weight notes：磅码单（重量单）

④detailed weight list：明细重量单

（5）产地证明书（certificate of origin），主要有：

①certificate of origin of China showing /indicating：中国产地证表明

②certificate of Chinese origin：中国产地证明书

③declaration of origin issued by CCPIT：贸促会签署的产地证

④certificate of origin "Form A"："格式 A" 产地证明书

5. 关于货描（description of goods）

货描反映合同中的商品说明和要求，主要包括商品的品名、数量、品质规格、包装条件、价格条件和单价以及运输标志等。对此，信用证常用的语句有：

（1）Shandong black dates 5MT HKD9 230.00/MT CIF Penang，shipping marks：SHS/PENANG/1-200：山东黑枣 5 公吨，每公吨 9 230 港元，到岸价槟城，唛头：SHS/PENANG/1-200

（2）about 48 000 cans of Meiling brand canned orange jam，250 gram/can，12 cans in a carton：约 48 000 听梅林牌罐装橘子酱，每听 250 克，12 听装 1 个纸箱

（3）800 cartons，canned sweet corns，3 060g×6tins/ctns：800 箱罐装甜玉米，每听 3 060 克，6 听装 1 个纸箱

6. 其他事项

（1）开证行对议付行的指示条款（instruction to negotiating bank）。一般包括偿付方式（method of reimbursement）、寄单方式（method of dispatching documents）和议付金额背书条款（endorsement clause）。对此，信用证常用的语句有：

①The amount and date of negotiation of each draft must be endorsed on reverse hereof by the negotiation bank.

每份汇票的议付金额和日期必须由议付行在本证背面签注。

②without your confirmation thereon：（本证）无需你行保兑

③Documents must be sent by consecutive airmails.

单据须分别由连续航次邮寄（注：即不要将两套或数套单据同一航次寄出）。

④All original documents are to be forwarded to us by air mail and duplicate documents by sea mail.

全部单据的正本须用航邮，副本用平邮寄交我行。

（2）开证行负责条款。每一信用证必须有此条款表示，作为开证行对付款责任的书面保证，并且开证行的付款必须以单证为唯一前提，不能附加任何其他条件。对此，信用证常用的语句有：

①We hereby engage with you that all drafts drawn under and in compliance with the terms of this credit will be duly honored.

我行保证及时对所有根据本信用证开具并与其条款相符的汇票兑付。

②We undertake that drafts drawn and presented in conformity with the terms of this credit will be duly honored.

开具并交出的汇票，如与本证的条款相符，我行保证依时付款。

（3）其他特别条款（special condition and instruction）。除上述条款外，买方可通过该条款提出一些其他特别的要求和约束，例如：

Packages and containers made of vegetable substances，particularly wood should be free from insects，blights and infections.

此条款为澳大利亚及新西兰来证中常见的条款，即包装和容器使用的植物性原料，特别是木材必须无虫害、细菌和传染病。

（4）适用《跟单信用证统一惯例》规定的申明。如果不是 SWIFT 信用证，一般在最后要明确该信用证所适用的国际惯例，作为买卖双方遵守的原则和依据，例如：

除另有规定外，本证根据国际商会《跟单信用证统一惯例（2007 年修订）》（UCP600）办理。

This credit is subject to Uniform Customs and Practice for Documentary Credit, 2007 Revision—International Chamber of Commerce Publication No. 600.

二、信用证的审查

1. 检查信用证的付款保证是否有效

应注意有下列情况之一的，不是一项有效的付款保证或该项付款保证是存在缺陷问题的：

（1）信用证明确表明是可以撤销的：可撤销信用证（revocable L/C）由于无须通知受益人或未经受益人同意可以随时撤销或变更，应该说对受益人是没有付款保证的，对于此类信用证，一般不予接受；信用证中如没有表明该信用证是否可以撤销，按 UCP600 第 6 条规定，应理解是不可以撤销的。

（2）应该保兑的信用证未按要求由有关银行进行保兑。

（3）信用证未生效。

（4）有条件的生效的信用证。

（5）信用证密押不符。

（6）由开证人直接寄送的信用证。

2. 检查信用证的付款时间是否与合同一致

应特别注意下列情况：

（1）信用证中规定有关款项须在向银行交单后若干天内或见票后若干天内付款。对此，应检查此类付款时间是否符合合同规定。

（2）信用证在国外到期。规定信用证在国外到期，有关单据必须寄送国外，由于我们无法掌握单据到达国外银行所需的时间且容易延误或丢失，有一定的风险，通常我们要求在国内交单付款。在来不及修改的情况下，应提前一个邮程（邮程的长短应根据地区远近而定）以最快方式寄送。

（3）如信用证中的装期和有效期是同一天，即通常所称的“双到期”，在实际业务操作中，应将装期提前一定的时间（一般在有效期前 10 天），以便有合理的时间来制单结汇。

3. 检查信用证受益人和开证人的名称与地址是否完整和准确

受益人应特别注意信用证上的受益人和买方的名称及地址与实际的名称和地址内容是否一致。如果受益人的名称不正确，将会给今后的收汇带来不便。

4. 检查装期的有关规定是否符合要求

超过信用证规定装期的运输单据将构成不符点，银行有权不付款。检查信用证规定的装期应注意以下几点：

（1）能否在信用证规定的装期内备妥有关货物并按期出运，如来证收到时装期太近，无法按期装运，应及时与客户联系修改。

（2）实际装期与交单期时间相距太短。

（3）信用证中规定了分批出运的时间和数量，应注意能否办到，否则，任何一批未按期出运，以后各期即告失效。

5. 检查能否在信用证规定的交单期交单

如来证中规定向银行交单的日期不得迟于提单日期后若干天，如果过了限期或单据不齐有错漏，银行有权不付款。交单期通常按下列原则处理：信用证有规定的，应按信用证规定的交单期向银行交单；信用证没有规定的，向银行交单的日期不得迟于提单日期后 21 天。另外，应考虑办理下列事宜对交单期的影响：

（1）生产及包装所需的时间。

（2）内陆运输或集港运输所需时间。

（3）进行必要的检验如法定商检或客检所需的时间。

（4）报关查验所需的时间。

（5）船期安排情况。

（6）单据送交银行所需的时间，包括单据送交银行后经审核发现有误退回更正的时间。

还有一个很重要的事项对交单有重大影响，即信用证规定的文件能否提供或及时提供。如果受益人不能及时提供信用证所需单据，那么受益人要慎重考虑修改信用证的单据要求或延长交单期限。主要有：

（1）一些需要认证的单据，特别是使馆认证等能否及时办理和提供。

（2）由其他机构或部门出具的有关文件如出口许可证、运费收据、检验证明等能否提供或及时提供。

（3）信用证中指定船龄、船籍、船公司或不准在某港口转船等条款能否办到等。

（4）申领出口许可证/Form A 产地证所需的时间。

6. 检查信用证的金额、币制是否符合合同规定

主要检查内容有：

（1）信用证金额是否正确。

（2）信用证中的单价与总值要准确，大小写并用内容要一致。

（3）检查币制是否正确，如合同中规定的币制是“英镑”，而信用证中使用的是“美元”。

7. 检查信用证的货物数量是否与合同规定相一致

应注意以下几点：

除非信用证规定货物数量不得有增减，那么，在付款金额不超过信用证金额的情况下，货物数量可以容许有5%的增减。需要注意的是以上提到的货物数量可以有5%增减的规定一般适用于大宗货物，对于以包装单位或以个体为计算单位的货物不适用。

例如，5 000 pieces of 100% cotton shirts（5 000件全棉衬衫），由于数量单位是“件”，实际交货时只能是5 000件，而不能有5%的增减。

8. 检查货物是否允许分运和转运

除信用证另有规定外，货物是允许分批付运的。值得注意的是，如信用证中规定了每一批货物出运的确切时间，则必须按此照办，如不能办到，必须修改。

除信用证另有规定外，货物是允许转运的。

9. 检查有关的费用条款

主要内容有：

（1）信用证中规定的有关费用如运费或检验费等应事先协商一致，否则，对于额外的费用原则上不应承担；

（2）银行费用如事先未商定，应以双方共同承担为宜。

10. 检查信用证中有无陷阱条款

尤其要注意下列信用证条款，其均是有很大陷阱的条款，具有很大风险：

（1）1/3正本提单直接寄送客户的条款。如果接受此条款，将随时面临货、款两空的危险。

（2）将客检证作为议付文件的条款。接受此条款，受益人正常处理信用证业务的主动权很大程度上掌握在对方手里，影响安全收汇。

（3）申请人通知船公司、船名、装船日期、验货人等，才能装船。此条款使卖方装船完全由买方控制。

（4）记名提单，承运人可凭收货人合法身份证明交货，不必提交本提单。

（5）品质检验证书须由开证申请人或其授权者签发，由开证行核实，并与开证行印鉴相符。采用买方国商品检验标准，此条款将使卖方由于采用本国标准而无法达到买方国标准，导致信用证失效。

11. 检查信用证中有无矛盾之处

主要包括：

（1）采取空运方式，却要求提供海运提单；

（2）国际贸易术语为FOB，信用证却要求提供保险单；

（3）允许提交联运提单，信用证又规定禁止转船。

12. 检查信用证是否受《跟单信用证统一惯例》的约束

明确信用证受《跟单信用证统一惯例》的约束可以使我们在具体处理信

用证业务中，对于信用证的有关规定有一个公认的解释和理解，避免因对某一规定的不同理解产生的争议。

对某一问题有疑问，可以向通知行或付款行查询，得到它们的帮助。通过对信用证的全面审核，如发现问题，应区别情况及时处理。对于影响安全收汇、难以接受或做到的信用证条款，必须要求国外客户进行修改。修改信用证应注意：

（1）凡是需要修改的内容，应做到一次性向客户提出，避免多次修改信用证的情况。

（2）对于不可撤销信用证中任何条款的修改，都必须取得当事人的同意后才能生效。

（3）收到修改后的信用证后，应及时检查修改内容是否符合要求，并区别情况表示接受或重新提出修改。

（4）对于修改内容要么全部接受，要么全部拒绝，部分接受修改的内容是无效的。

（5）有关信用证修改必须通过原信用证通知行才是真实、有效的；客户直接寄送的修改申请书或修改书复印件不是有效的修改。

（6）明确修改费用由谁承担，一般按照责任归属来确定修改费用由谁承担。

【本章小结】

本章介绍了信用证的业务流程、内容和审核要点。信用证是银行应开证申请人的要求，或以自身的名义，向受益人开立的承诺在一定期限内凭规定的单据支付一定金额的书面文件。信用证具有三个方面的特点：一、信用证是一种独立自主文件；二、开证行负有第一付款责任；三、信用证是一种单据业务。信用证的审核必须遵守一定的规则，若必须修改，则应通过开证申请人向开证行提出改证要求。

【强化训练】

案例分析题

1. 我国某公司向国外 A 客户出口货物一批。A 客户按时开来不可撤销即期议付信用证，该证由设在我国境内的外资 B 银行通知并加具保兑。我公司在货物装运后，正拟将全套合格单据交 B 银行议付时，忽接 B 银行通知，由于开证行因经营不善已宣布破产，该行不承担对该信用证的议付或付款责任，但可接受我出口公司委托向买方直接收取货款的业务。对此，你认为我方应如何处理，简述理由。

2. 我国某公司向外国某公司进口一批钢材，货物分两批装运，支付方式为不可撤销即期信用证，每批分别由中国银行开立一份信用证。第一批货物装运后，卖方在有效期内向银行交单议付，议付行审单后，即向该公司议付货款，随后中国银行对议付行作了偿付。我方在收到第一批货物后，发现货物品质不符合合同，因而要求开证行对第二份信用证项下的单据拒绝付款，但遭到开证行拒绝。开证行这样做是否有道理？

第四章　商业发票

【导入思考】

A进出口公司向B贸易公司出口一批大麻子。2014年3月19日，双方签订了号码为879012的售货确认书，写明：hempseeds ，maximum of admixture：3%，and maximum of moisture：12%（大麻子，杂质最高为3%，水分最高为12%）。4月19日，A进出口公司收到开证行开立的第LL6780号不可撤销即期付款信用证，45A内容如下：150 MT of hempseeds，admixture and moisture must be identical with sales confirmation No. 879012 dated Mar. 19，2014。信用证对发票的要求为：signed commercial invoice in triplicate。

A进出口公司按时办理了装运。该公司的单证人员在缮制商业发票时，在货描栏表示如下：150 MT of hempseeds ，maximum of admixture：3%，and maximum of moisture：12%，认为这既是实际货物规格，也符合合同规定，又满足了信用证要求，可谓一举多得。A进出口公司在交单期内向议付行交单议付，却接到议付行转来开证行的拒付通知："你第LL6780号信用证项下的单据经我行审查，发现如下单证不符：

1. 我信用证规定：货物的规格必须符合2014年3月19日第879012号合同规定，但你发票上表示'150 MT of hempseeds，maximum of admixture：3%，and maximum of moisture：12%'。从你方单据上无法证实该规格是否符合2014年3月19日第879012号合同规定。

2. 我信用证规定：签字的商业发票一式三份，而你方提供的商业发票并未进行正式签字，却盖以图章式的签名，所以不符合我信用证的要求。以上不符点已经与申请人联系，亦不同意接受。单据暂代保管，听候你方的处理意见。"

A进出口公司研究认为开证行所提的意见不成立，于是立即通过议付行向开证行提出反驳意见："对于第LL6780号信用证项下的单据，你所谓单证不符，我方认为：

1. 你信用证规定：货物的规格必须符合2014年3月19日第879012号合同规定，但我们买卖双方合同上规定的规格就是'maximum of admixture：3%，and maximum of moisture：12%'，我商业发票上也是如此描述，事实上说明我商业发票已满足了你信用证要求。

2. 关于商业发票签字问题，你信用证规定提供签字的商业发票，并没有特别指定需要手签，按UCP500关于签字的规定‘单据的签字可以手签、传真签字、穿孔签字、印戳、用符号或使用任何其他机械或电子证实方法签字’，上述明确指出签字可以用‘印戳’证实方法签字。因此，我们认为你方提出的所谓单证不符不能成立，你方应按时付款。”

但是，开证行回电坚持认为，即使发票上所描述的规格事实上符合合同规定，但从表面上却无法说明它符合信用证规定，确认不符合信用证要求。

思考：1. 该发票的货描缮制正确吗?

2. 为什么开证行在其第二次电传中只字未提商业发票的第二个不符点呢?

第一节　商业发票概述

一、商业发票的含义

商业发票是一种商事凭证，它是在商品交易或提供劳务和从事其他经济业务活动过程中，由收款方填开给付款方，凭以付款的书面证明；是财务收支的法定凭证，是会计人员凭以记账进行会计核算，计算应纳税款的原始凭证；从经济核算角度讲，发票同时又是一种在实物或资金的核算上明确收款方和付款方的收、付责任依据。由于收入和付出双方主体、方式和地域的不同，发票范畴有广义和狭义之分。广义的发票包括商品交易中最常见的通称发票的发货票，也包括国际贸易中的商业发票；而狭义发票只指前者。

国际贸易中的商业发票是出口商签发给进口商的发货价目清单，它主要记载：进出口双方的合同号码；具体货物的名称、数量、规格、价格条款、单价、总值、装货地、发运目的地；运输货物的运输工具名称；货物的包装方法、保险情况等。商业发票由出口商正式签发后即有效，它是进出口双方办理结算、报关和交纳税款的依据。

商业发票是一笔业务的全面反映，同时也是进口商办理进口报关不可缺少的文件，因此商业发票是全套出口单据的核心，在单据制作过程中，所有其他单据都应该以它为中心来缮制。因此在贸易制单上，往往首先缮制商业发票。

二、商业发票的种类

发票按不同需要和不同出具人可划分许多不同的种类，如商业发票、海关发票、形式发票、领事发票、厂商发票、样品发票等。在进出口业务中，最常见的为商业发票，其他种类的发票简要介绍如下：

1. 海关发票（customs invoice）

海关发票是指某些国家规定在货物进口时，必须根据海关规定，缮制一种特定格式和内容的发票用以表明货物的产地，如要征反倾销税，可以确定商品价值。

在国际贸易中，非洲、美洲和大洋洲等某些进口国要求出口商按进口国海关规定的格式填写海关发票，以作为完税或征收差别待遇关税或征收反倾销税的依据。常见的海关发票有：加拿大海关发票、新西兰海关发票、西非海关发票、牙买加海关发票等。

2. 形式发票（proforma invoice）

形式发票又叫预示发票（P/I）。卖方凭此预先让买方知晓如果双方将来以某数量成交之后，卖方要开给买方的商业发票的大致形式及内容，是一种试算性质的货运清单。

出口商有时应进口商的要求，发出一份列有出售货物的名称、规格、单价等内容的非正式的参考性发票，供进口商向其本国贸易管理当局或外汇管理当局等申请进口许可证或外汇等，这种发票叫做形式发票。形式发票不是一种正式发票，不能用于托收和议付，它所列的单价等也仅仅是出口商根据当时情况所作的估计，对双方都无最终约束力，所以说形式发票只是一种估价单，正式成交后还要另外重新缮制商业发票。

形式发票与商业发票的关系密切，信用证在货物描述后面常有“按照某月某日之形式发票”等条款，对此援引只要在商业发票上打明“AS PROFORMA INVOICE NO. ××DATED××”。

3. 领事发票（consular invoice）

有些国家的法令规定，进口货物必须领取进口国在出口国的领事签证的发票，作为有关货物征收进口关税的前提条件之一。

领事发票和商业发票是平行的单据。领事发票是一种官方的单证，有些国家规定了领事发票的固定格式，这种格式可以从领事馆获得。在实际工作中，比较多的情况是有些国家来证规定由其领事在商业发票上认证，认证的目的是证实商品的产地。认证要收取认证费。因此，在计算出口价格时，应将这笔费用考虑进去。

4. 厂商发票（manufacturer invoice）

厂商发票是厂方出具给出口商的销售货物的凭证。来证要求提供厂商发票，其目的是检查是否有削价倾销行为，以便确定是否征收“反倾销税”。厂商发票的基本缮制要求如下：

（1）在单据上部须印有醒目的粗体字“厂商发票”（MANUFACTURER INVOICE）字样。

(2) 抬头打出口商。

(3) 出票日期应早于商业发票日期。

(4) 货物名称、规格、数量、件数必须与商业发票一致。

(5) 货币应打出口国币制。价格的填制可以按发票价适当打个折扣，例如打九折或八五折。

(6) 货物出厂时，一般无出口装运标志，除非信用证有明确规定，厂商发票不必填唛头。

(7) 厂方作为出单人，由厂方负责人签字盖章。

5. 样品发票（sample invoice）

出口商为了说明推销商品的品质、规格、价格，在交易前发送实样，以便客户挑选。此种样品发票不同于商业发票，只是便于客户了解商品的价值、费用等，便于向市场推销和报关取样。样品发票上的货款，有的不收，有的减半，有的全收。不论何种情况，都应在发票上注明。

第二节 商业发票的缮制

一、商业发票的主要内容

商业发票没有统一的格式，但是，一般应具备以下内容：

1. 首文部分

首文部分应列明发票的名称、发票号码、合同号码、发票的出票日期和地点，以及船名、装运港、卸货港、发货人、收货人等。

2. 本文部分

本文部分主要包括唛头、商品名称、货物数量、规格、单价、总价、毛重/净重等内容。

3. 结文部分

结文部分一般包括信用证中要求加注的特别条款或文句。

二、商业发票的缮制要求

商业发票的缮制要求如表 4-1 所示：

表 4-1

<table>
<tr><td colspan="2" rowspan="4">ISSUER
出口商名称和地址
TO
进口商名称和地址
TRANSPORT DETAILS
运输说明，格式为：
FROM+装运港 TO+目的港
BY+运输方式，如：
FROM SHANGHAI TO MARSEILLES BY SEA</td><td colspan="3">COMMERCIAL INVOICE</td></tr>
<tr><td colspan="3">发票号码和日期
NO. DATE</td></tr>
<tr><td colspan="3">S/C NO. L/C NO.
合同号和信用证号</td></tr>
<tr><td colspan="3">TERMS OF PAYMENT
支付方式，如：L/C、D/P、D/A 或 T/T 等</td></tr>
<tr><td>SHIPPING MARKS</td><td>ARTICLE NO.; DESCRIPTION OF GOODS</td><td>QUANTITY</td><td>UNIT PRICE</td><td>AMOUNT</td></tr>
<tr><td>运输标志唛头</td><td>货物描述</td><td>数量</td><td colspan="2">单价和金额</td></tr>
<tr><td colspan="5">TOTAL：总数量和总金额，如有不同货号，需要对其进行加总。
SAY TOTAL：总金额的大写，格式：SAY +币种+金额大写+ONLY
例如：SAY US DOLLARS NINE THOUSAND ONLY

SIGNATURE：出口商全名+签署</td></tr>
</table>

（1）出票人（issuer）。填写出口商的名称和地址。

（2）受票人（to）。即发票的抬头，通常为进口商。信用证下，除非另有规定，一般为开证申请人。

（3）运输说明（transport details）。指货物实际的装运港和目的港及运输方式。应填出运港和抵运港，以及运输工具或运输方式。运输航线即出运港和抵运港应严格与信用证一致。如果在中途转运，在信用证允许的条件下，应表示转运及其地点。

（4）发票号码和日期（invoice No. and date）。发票号码可以代表整套单据的号码，因此尤其重要。发票日期一般都是在装运之前，要求尽量接近装运日期，发票日期不晚于汇票日期和信用证的交单议付日期。该日期应是整套单据中签发日期最早的。

（5）合同号码（S/C No.）。填写合同号。

（6）信用证号码（L/C No.）。填写信用证号码。若不采用信用证付款，此栏可留空。

(7) 支付方式 (terms of payment)。根据合同或信用证中所描述的支付方式填写，具体指 L/C、D/P 或 D/A 等。

(8) 运输标志 (shipping marks)。即唛头，需严格按照信用证填写，若无，应填写 N/M。

(9) 货物描述 (description of goods)。根据 UCP600 规定，发票的商品名称不得使用统称，必须与信用证规定严格相符，特别是名称和规格，不能有任何遗漏或差异。有些信用证在货描中使用了 "AS PER CONTRACT" 等字样，在缮制发票时，不要遗漏该字；有些信用证在货描中使用了英语以外的第三国文字表述商品名称，则发票亦应严格按信用证规定以该文字照抄；当国际贸易术语成为货描的一部分时，在缮打发票时不能遗漏，如信用证规定货物为 "cotton tea towels , CIF HongKong Inconterms 2000"，则发票的货描应打 "cotton tea towels, CIF HongKong Inconterms 2000"，既不能漏 "CIF HongKong"，又不能少 "Inconterms 2000"。否则，均会构成不符点。

(10) 数量 (quantity)。本栏填写货物的数量，一般应填写最小单位的数量，但是应与信用证保持一致。如果货物有各种不同规格，或各规格价格不同，则应分别列出各种规格的数量。货物以包装单位计价时，一定要表示货物包装单位的数量或件数，以重量计价时，一般除件数外，还应再表示重量。散装货物没有数量或件数，可以只表示重量。必须注意的是，发票上的包装、规格、数量及重量等一定要与提单中的这些项目一致。

(11) 单价 (unit price)。单价的描述应该与信用证规定一致。因此，计价单位、单价金额、币种及国际贸易术语这四个单价的组成部分须与信用证完全一致。若有佣金或折扣，还必须显示在商业发票上。

(12) 金额 (amount)。发票金额不能超过信用证允许的最大金额，同时，商业发票金额的大写与小写必须一致。

(13) 商业发票的签署 (signature)。根据 UCP600 第 18 条规定，商业发票必须表面看来由受益人出具；除非要求签署，在一般情况下，商业发票无须签名。其签名的方式多种多样，单据的签字可以手签、传真签字、穿孔签字、印戳、用符号或使用任何其他机械或电子证实方法签字。如果信用证规定为 "signed invoice"，则必须签字；若规定为 "manually signed" 等类似要求，则必须手签。

制作发票还应注意：

(1) "有错当查" 和 "证实发票"：为了在发生错误或遗漏时可以更正或更换，有的要求在发票下端注明 E. &. O. E (有错当查) 字样。但是要注意，"证实发票" 上不能有 "E. &. O. E" 字样，或者应删除 "E. &. O. E" 字样。

(2) 除非信用证另有规定，"临时发票" (provisional invoice) 和 "形式发票”（proforma invoice）是不能被银行接受的。

（3）若信用证要求在发票上加注证明或声明文句，均应按照信用证要求缮制。

例如：

We hereby certify that the invoice is true and correct.

兹证明发票内容正确真实。

We certify that the country of origin is China.

兹证明原产地是中国。

但是要注意，即使信用证对发票无签署要求，有这种证明文字的发票必须签署。

三、部分国家和地区对发票的特殊规定

（1）智利：发票内要注明运费、保险费和FOB价格。

（2）墨西哥、巴拿马：一般发票要求领事签证，可由贸促会代签，并注明“there is no Mexican consulate here”或“there is no Panamanian consulate here”。

（3）澳大利亚：发票内应加发展中国家声明，可享受优惠关税待遇。

（4）斯里兰卡：发票要手签，并且要注明布鲁赛尔税则分类号码。

（5）秘鲁：如信用证要求领事签证，可由贸促会代签，发票货名应以西班牙文表示，同时要列明FOB价格、运费、保险费等。

（6）阿拉伯地区：一般都要求发票注明货物原产地，并由贸促会签证，或者由贸促会出具产地证书。

第三节 课内实践

一、理解商业发票

阅读下列商业发票（表4-2），思考以下问题：

（1）指出该发票的出票人、抬头、装运港、目的港、唛头及货描内容。

（2）佣金4 110美元是如何得来的？

（3）该发票有声明文句吗？

表 4-2

<table>
<tr><td colspan="2">Issuer
SPARKLING STAR TRADING CORP.
66 STAR LIGHT ROAD
GUANGZHOU, P. R. CHINA</td><td colspan="3" rowspan="2">*SPARKLING STAR*

COMMERCIAL INVOICE</td></tr>
<tr><td colspan="2">To
FULL COMPANY
77 P. O. BOX
COPENHAGEN, DENMARK</td></tr>
<tr><td colspan="2" rowspan="3">Transport details
FROM GUANGZHOU TO COPENHAGEN BY VESSEL</td><td>No. 06</td><td colspan="2">Date May 9, 2014</td></tr>
<tr><td>S/C No. SS06</td><td colspan="2">L/C No. FLS-JHLC06</td></tr>
<tr><td colspan="3">Terms of payment L/C AT 30 DAYS AFTER SIGHT</td></tr>
<tr><td>Shipping marks</td><td>Article No.;
Description of goods</td><td>Quantity</td><td>Unit price</td><td>Amount</td></tr>
<tr><td rowspan="2">FULL
COPENHAGEN
CARTON1-1200</td><td rowspan="2">FOREVER BRAND BICYCLE
YE803 26′
TE600 24′</td><td rowspan="2">600 SETS
600 SETS</td><td colspan="2">CIFC5 COPENHAGEN</td></tr>
<tr><td>USD66. 00
USD71. 00</td><td>USD39 600. 00
USD42 600. 00</td></tr>
<tr><td>TOTAL</td><td colspan="4">1 200SETS USD82 200. 00
LESS COMMISION 5% USD4 110. 0

USD78 090. 00</td></tr>
<tr><td colspan="5">**SAY TOTAL:**
SAY U. S. DOLLARS SEVENTY EIGHT THOUSAND AND NINETY ONLY

WE HEREBY CONFIRM THAT ONE SET OF NON-NEGOTIABLE DOCUMENTS HAS BEEN SENT TO THE APPLICANT.
VESSEL NAME: YIXIANG

SPARKLING STAR TRADING CORP.
唐璀璨</td></tr>
</table>

综观整张发票，可发现该发票与大多数发票格式并无差异。根据商业发票的缮制要求可得到如下基本信息：

（1）出票人：

Issuer：SPARKLING STAR TRADING CORP.
66 STAR LIGHT ROAD
GUANGZHOU，P. R. CHINA

（2）抬头：

To：FULL COMPANY
77 P. O. BOX
COPENHAGEN，DENMARK

（3）装运港：

GUANGZHOU

（4）目的港：

COPENHAGEN

（5）唛头：

Shipping marks：FULL
COPENHAGEN
CARTON1-1200

（6）货描：

Description of goods：FOREVER BRAND BICYCLE

Article No.：YE803 26′和 TE600 24′

从该发票的金额看出，佣金为 4 110 美元，公式是：佣金 = 含佣价×佣金率 = 82 200×5% = 4 110，显然，上述发票对佣金的金额缮制是正确的。该发票的声明文句无疑是存在的，具体有如下两项：（1）“WE HEREBY CONFIRM THAT ONE SET OF NON-NEGOTIABLE DOCUMENTS HAS BEEN SENT TO THE APPLICANT”，即兹确认一套副本单据已寄给开证申请人；（2）“VESSEL NAME：YIXIANG”，此为受益人对船名的批注说明，表明该货物的承运船为“YIXIANG”。

二、根据信用证以及补充资料缮制商业发票

1. 信用证（表 4-3）等制单资料

表 4-3

NATIONAL PARIS BANK

24 MARSHAL AVE DONCASTER MONTREAL, CANADA

WE ISSUE OUR IRREVOCABLE DOCUMENTARY CREDIT NUMBER 123456 IN FAVOUR OF:

SHANGHAI KNITWEAR AND MANUFACTURE GOODS IMPORT AND EXPORT TRADE CORPORATION

321 CHONGSHAN ROAD

SHANGHAI, CHINA

BY ORDER OF:

YI YANG TRADING CORPORATION

88 MARSHALL AVE, DONCASTER

MONTREAL CANADA

FOR AMOUNT OF USD89 705.00

DATE AND PLACE OF ISSUE: SEPT. 18, 2014 MONTREAL

DATE OF EXPIRY: NOV. 15, 2014

PLACE: IN BENEFICARY'S COUNTRY

BY NEGOTIATION OF BENEFICIARY'S DRAFT DRAWN ON US AT SIGHT IN MONTREAL

THIS CREDIT IS TANSFERABLE AGAINST DELIVERY OF THE FOLLOWING DOCUMENTS

+ SIGNED COMMERCIAL INVOICE IN 3 COPIES AS PER S/C MN88 INDICATING THAT GOODS ARE OF CHINESE ORIGIN.

……

GOODS DESCRIPTION:

COTTON TEA TOWELS

SIZE 10 INCHES * 10 INCHES 16000 DOZ AT USD 1.31/DOZ

SIZE 20 INCHES * 20INCHES 6000 DOZ AT USD 2.51/DOZ

SIZE 30 INCHES * 30INCHES 11350 DOZ AT USD 4.73/DOZ

CIF MONTREAL

FROM SHANGHAI TO MONTREAL PORT

NOT LATER THAN OCT. 31, 2014

PARTIAL SHIPMENTS: ALLOWED

SPECIAL INSTRUCTIONS: ALL DOCUMENTS SHALL BE IN ENGLISH.

补充资料:

发票日期为 2014 年 9 月 28 日，发票号码为 MN8866，唛头为 YI YANG/MONTREAL/C/NO. 1-360。

2. 分析

根据商业发票的缮制要求，可确定商业发票所需基本信息；同时，对照信用证有关条款，可查找该证对商业发票的其他要求，即：（1）商业发票需要签署（SIGNED COMMERCIAL INVOICE）；（2）在商业发票上必须表明："GOODS ARE OF CHINESE ORIGIN"；（3）该发票必须以英文缮制（ALL DOCUMENTS SHALL BE IN ENGLISH）。

3. 缮制

商业发票见表4-4：

表4-4

Issuer SHANGHAI KNITWEAR AND MANUFACTURE GOODS IMPORT AND EXPORT TRADE CORPORATION 321 CHONGSHAN ROAD SHANGHAI, CHINA		COMMERCIAL INVOICE		
To YI YANG TRADING CORPORATION 88 MARSHALL AVE , DONCASTER CANADA				
Transport details FROM SHANGHAI TO MONTREAL PORT		No. MN8866	Date SEP. 28, 2005	
		S/C No. MN88	L/C No. 123456	
		Terms of payment L/C AT SIGHT		
Marks and numbers	Number and kind of packages; Description of goods	Quantity	Unit price	Amount
YIYANG MONTREAL C/NO. 1-360	COTTON TEA TOWELS AS PER S/C NO. MN88			CIF MONTREAL
	10"×10"	16 000 DOZS	USD1. 31	USD 20 960. 00
	20"×20"	6 000 DOZS	USD2. 51	USD 15 060. 00
	30"×30"	11 350 DOZS	USD4. 73	USD 53 685. 50
	TOTAL	----- 33 350 DOZS		------- USD 89 705. 50
SAY TOTAL：SAY US DOLLARS EIGHTY NINE THOUSAND SEVEN HUNDRED AND FIVE CENTS FIFTY ONLY. GOODS ARE OF CHINESE ORIGIN. SHANGHAI KNITWEAR AND MANUFACTURE GOODS IMPORT AND EXPORT TRADE CORPORATION 李忠诚				

【本章小结】

本章具体介绍了商业发票的概念、种类及作用等基础知识，重点阐述了商业发票的格式和缮制要求。

【强化训练】

一、判断题

1. 发票总额可以超过信用证金额，对于佣金和折扣应按信用证规定处理。(　)

2. 对墨西哥和阿根廷等国的出口，无论信用证是否规定发票的签名形式，都必须手签。(　)

3. 装箱单或重量单的签发日期应与发票日相同或迟于发票日，也可早于发票签发日。(　)

4. 根据《跟单信用证统一惯例》的规定，除非信用证另有规定，商业发票的抬头必须做成开证申请人。(　)

5. 根据 UCP600 规定，发票无须签字。(　)

6. 如果商业发票上的声明文句太长，基于制单的简洁原则，可以省略某些内容。(　)

7. 商业发票可以由受益人以外的第三方出具。(　)

二、理解下列信用证有关商业发票的要求，并思考应如何缮制发票

1. signed commercial invoice in octuplicate

2. signed commercial invoice in quadruplicate showing a deduction of USD100. 00 being communication charges

3. manually signed commercial invoice in two copies indicating L/C NO.

4. original signed commercial invoice in triplicate indicating merchandise, country of origin and any other relevant information

5. signed commercial invoice in quintuplicate showing F. O. B. value, freight charge, insurance premium

三、根据下列信用证资料缮制商业发票

FROM: THE HONG KONG AND SHANGHAI BANKING CORPORATION LIMITED
TO: BANK OF CHINA, HUBEI BRANCH
BENEFICIARY: HUBEI ARTS AND CRAFTS IMP. & EXP. COMPANY
301 YANJIANG ROAD, WUHAN, CHINA
APPLICANT: INTERNATIONAL TRADING CO.
P. O. BOX 88, HONGKONG
L/C NO.: HH899
FORM OF L/C: IRREVOCABLE
DATE OF ISSUE: 20 MAY, 2004
EXPIRY DATE AND PLACE: 30 JULY, 2004 CHINA
L/C AMOUNT: USD26 160.00, CFR HONGKONG
AVAILABLE WITH/BY: ANY BANK BY NEGOTIATION
DRAFTS AT: AT SIGHT FOR FULL INVOICE VALUE
DRAWEE: ISSUING BANK
LATEST DATE OF SHIPMENT: 15 JULY 2004
GOODS: 24000 PAIRS "LIGHT" SLIPPER MODEL DO27 SIZE 36-40
24000 PAIRS "LIGHT" SLIPPER MODEL DO02 SIZE 30-35
AS PER S/C 8899 DATED 17 APRIL, 2004
DOCUMENTS REQUIRED:
SIGNED INVOICE IN SIX COPIES SHOWING THAT THE GOODS EXPORTED ARE OF CHINESE ORIGIN.
ADDITIONAL CONDITIONS:
(1) "MADE IN CHINA" MUST BE STICKED ON EACH PAIR AND THE RELATIVE INVOICE MUST CERTIFY TO THIS EFFECT.
(2) ALL DOCUMENTS REQUIRED UNDER THIS DOCUMENTARY CREDIT SHOULD BE ISSUED IN ENGLISH.
(3) ALL DOCUMENTS REQUIRED UNDER THIS DOCUMENTARY CREDIT MUST MENTION THIS L/C NUMBER AND THE ISSUING BANK NAME.

四、根据第二章强化训练的合同和第三章的信用证（表 3-1）缮制商业发票

第五章　装　箱　单

【导入思考】

A 土产进出口公司对某国际贸易公司出口一批香菇。在开来的信用证中有关条款规定：500 箱香菇，木箱装，每箱装 10 聚乙烯袋，每袋净重 3 千克。运输标志为“T. M. /KUCHING”。

A 土产进出口公司根据该信用证规定于 7 月 10 日装运完毕，12 日交单。7 月 19 日却接到开证行拒付电：“你第××号单据经我行核对，发现如下不符点，提单、发票、保险单和检验证书上运输标志都表示为‘T. M. /KUCHING’，惟独装箱单上的运输标志却为‘As per invoice’。因此，单单不一致。以上不符点经联系申请人亦不同意接受。单据暂代保管，如何处理听候你方复电。”

A 土产进出口公司认为开证行的意见完全是挑剔，经研究于 7 月 22 日作如下反驳：

“你 19 日电悉。你行所谓的单单不一致，我们认为不成立，我装箱单上运输标志栏表示‘As per invoice’，也就是说我装箱单上的运输标志和发票上所表示的运输标志是一样的，即发票表示为‘T. M. /KUCHING’，装箱单也是‘T. M. /KUCHING’。据上所述，我们认为单单是一致的。”

开证行于 7 月 25 日又来电：“你 22 日电悉。我信用证明确规定有具体的运输标志，你所有单据都依照信用证规定作了表示，而惟独装箱单所表示的与其不一致。即使按你方所解释‘As per invoice’（按照发票）就是与发票所表示的运输标志一样，那么又与哪一张发票一样？装箱单上并未说明‘与第××号发票一样’。所以无法说明问题。因此，单单明显存在不符。速告对单据处理的意见。”

A 土产进出口公司又与开证行交涉、解释几次均无结果。与买方进行洽商，买方一直借口开证行不接受而拒绝。最终以出口方降价而结案。

思考：我们应从本案中吸取什么教训？

第一节 装箱单概述

一、装箱单的概念

装箱单（packing list，packing specification）又称包装单、码单，是用以说明货物包装细节的清单。装箱单是发票的补充单据，它列明了信用证（或合同）中买卖双方约定的有关包装事宜的细节，便于国外买方在货物到达目的港时供海关检查和核对货物，通常可以将其有关内容加列在商业发票上，但是在信用证有明确要求时，就必须严格按信用证约定缮制。类似的单据还有：重量单、规格单、尺码单等。

重量单是按照装货重量（shipping weight）成交的货物，在装运时出口方须向进口方提供的重量证明书。它证明所装重量与合同规定相符，货到目的港有缺量时，出口方不负责任。若按照卸货重量（delivered weight/landed weight）成交的货物，如果货物有缺量时，进口方也必须提出重量证明书，才可以向出口方、轮船公司或保险公司提出索赔。

尺码单偏重于说明货物每件的尺码和总尺码，即在装箱单内容的基础上再重点说明每件不同规格货物的尺码和总尺码。如果不是统一尺码应逐件说明。

二、装箱单、重量单和尺码单的填制要求

（1）装箱单、重量单和尺码单为了保持与发票一致，其号码和日期两栏与发票完全相同。

（2）装箱单、重量单和尺码单一般不显示收货人、价格、装运情况，对货物描述一般都使用统称概述。

（3）包装单所列的情况，应与货物的包装内容完全相符。装箱单着重表现货物的包装情况，从最小包装到最大包装的包装材料、包装方式一一列明。而对于重量和尺码内容，一般只体现累计总额。重量单在装箱单的基础上，详细表示货物的毛重、净重、皮重等。

（4）装箱单、重量单和尺码单的缮制要以信用证、合同、备货单、出货单为凭据。如装箱单上的总件数或重量单上的总重量，应与发票、提单上的总件数或总重量一致。

（5）如果信用证上要求在装箱单、重量单和尺码单上填写一些特殊条款，应照办。如来证要求在这两种单据（或其中一种）上注明总尺码，此单据上的尺码应与提单上注明的尺码一致。

第二节　装箱单的缮制

一、装箱单的主要内容

装箱单的主要内容包括：

（1）买卖双方名称和地址。

（2）单据名称。填写装箱单、重量单和尺码单的中英文字样。中英文字样用粗体标出。常见的单据名称有：

packing list（note）：装箱单

weight list（note）：重量单

measurement list（note）：尺码单

packing list（note）and weight list（note）：装箱单/重量单

（3）货物描述。包括货号及货物名称等。

（4）包装细节。包括包装件数、毛重、净重及尺码等。

二、装箱单的缮制要求

1. 缮制基本要求

装箱单的缮制要求如表 5-1 所示：

表 5-1

<table>
<tr><td colspan="2" rowspan="2">ISSUER　出口商名称和地址
TO　进口商名称和地址</td><td colspan="4">PACKING LIST
装箱单号码和日期</td></tr>
<tr><td>NO.</td><td colspan="3">DATE</td></tr>
<tr><td>C/NO. OR SHIPPING MARKS</td><td>ARTICLE NO. AND DESCRIPTION OF GOODS</td><td>PACKAGES</td><td>G. W.</td><td>N. W.</td><td>MEAS.</td></tr>
<tr><td>唛头 或者
箱号</td><td>货号
货描</td><td>件数，如
200CTNS</td><td></td><td></td><td></td></tr>
<tr><td colspan="3">SAY TOTAL：
总件数的大写。格式：SAY +总件数大写+ONLY
例如：SAY TWO HUNDRED CARTONS ONLY</td><td colspan="3">毛重、净重及尺码，不同货号的此内容要单独列出，然后进行加总</td></tr>
<tr><td colspan="6">SIGNATURE：出口商全名+印章</td></tr>
</table>

(1) 出单人 (issuer): 一般情况下, 装箱单的出具人应是受益人, 此处可填写出口商的名称和地址, 须填写正确。但是如未规定, 也可由第三方出具。

(2) 受单人 (to): 通常为进口商。信用证下, 除非另有规定, 一般为开证申请人。

(3) 装箱单号码和日期 (packing list No. and date): 装箱单号码由出口方编写, 装箱单的出单日期应与发票日期一致, 但不得早于商业发票日期, 也不能迟于信用证的有效日期和提单日期, 一般来说, 包装单据的出具应与发票一致或不早于发票, 并且与其他单据不矛盾。

(4) 运输标志/箱号 (shipping marks /C/NO.): 即唛头或箱号, 需严格按照信用证填写。若无唛头, 应填写 N/M; 对于箱号, 应根据信用证及合同规定的包装方式进行折算, 然后按照每一规格分开填写。例如 "6 000 DOZ, 100 DOZ IN ONE CARTON", 则可算出该货物的箱数为 60 纸箱, 在 C/NO. 处应填写: 1-60。

(5) 货物描述 (article No. and description of goods): 根据信用证规定填写, 可填写大类, 但是不得与商业发票相抵触。

(6) 包装件数 (packages): 本栏填写货物的包装件数。必须注意的是, 装箱单上的包装件数与商业发票上的数量是不一样的, 装箱单上的包装件数是大包装 (如纸箱) 的数量, 商业发票上的数量一般是小包装的数量或计价数量。

另外, 装箱单也应该有关于货物包装的描述, 否则, 装箱单就丧失了其应有的功能。

(7) 毛重和净重 (gross weight, net weight): 指货物大包装的毛重和净重, 一般应反映总毛重和总净重。值得注意的是: 规格不同的货物, 其毛重和净重要分别列出, 最后再进行加总。

(8) 尺码 (measurement): 指货物大包装的尺码 (单位: m^3, CUBIC METERS), 一般应反映货物的总尺码。值得注意的是: 规格不同的货物, 其尺码要分别列出, 最后再进行加总。

(9) 签署 (signature): 指出单人签章。一般情况下, 装箱单无需签字, 除非信用证要求签字或要求某种证明内容。根据 ICC515, 凡是带有证实 (certificate)、声明 (statement)、宣言 (declaration) 等证明性质的, 即单据上要求某种证明内容, 无论信用证是否规定签署 (signed), 均须签署, 并加注签发日期, 否则构成不符点 (如产地证 、证明书、检验证、保单、提单等)。而单 (list)、备忘录 (memo) 之类非要式单据, 可以不签。所以当信用证要求出具重量单 (weight list), 且重量单上无 "We certify that..." 类似内容时,则无需签字。

2. 缮制注意事项

(1) 包装单据的名称应与信用证规定的名称一致。假如信用证要求提供“Weight Memo”，则宜将“Packing List”改成“Weight Memo”。

(2) 重量单如冠以“Certificate of Weight”，最好加批注：“We certify that the weight is true and correct”。

(3) 装箱单缮制的每项内容一定要正确无误。货物的品名、件数、数量、重量等，一定要与实物一致。否则，一旦被国外海关查实，轻则将以走私货罚没，重则要追究刑事责任。在国内，一旦查实不符，轻的不能及时出口，重的要追究责任。

(4) 如果信用证要求装箱单和重量单，当提交两份单独的装箱单和重量单，或提交两份正本装箱和重量联合单据，只要该联合单据同时表明装箱和重量细节，即可满足信用证的要求。

第三节 课内实践

一、理解装箱单

已知每包装件的尺码是 1.13×0.56×0.3m^3，信用证 46A 对装箱单的描述为“PACKING LIST IN TRIPLICATE INDICATING ALL GOODS MUST BE PACKED IN CARTON/NEW IRON DRUM SUITABLE FOR LONG DISTANCE OCEAN TRANSPORTATION”，根据表 5-2 所示的装箱单，思考下列问题：

(1) 该批货物的包装方式如何？

(2) 每包装件货物的毛重和净重是多少？

(3) 将该装箱单空白的栏目填写完整。

仔细阅读该装箱单，通过各栏目之间的信息进行互相印证，直接或间接地确定各信息的具体内容。

(1) 根据第一种货号 1625/3D 之 QUANTITY 栏可知每箱装 10 盒，因此其包装方式为纸箱包装，每箱装 10 盒，总盒数为 2 000；同理，第二种货物总盒数为 1 000，第三种货物总盒数为 1 000，整批货物共有 4 000 盒。

(2) 根据第一种货号之 GW 栏知：200 箱的总毛重为 16 000KGS，每箱毛重为 80KGS；同理可得每箱净重为 75KGS。

表 5-2

<table>
<tr><td colspan="3">ISSUER
XIAMEN HIGHER IMP. AND EXP. CO. LTD.
NO. 88 XIANGYI ROAD, RONG HUA BUILDING, XIAMEN, CHINA</td><td colspan="4">厦门飞扬进出口公司

PACKING LIST</td></tr>
<tr><td colspan="3">TO
PROSPERITY INDUSTRIAL COMPANY
FLYING BUILDING, KINGDOM STREET
HONGKONG</td><td colspan="4">NO. H3456 DATE AUG. 31ST, 2005
L/C NO. HK4698 S/C NO. XIAPRO3456</td></tr>
<tr><td>C/NO.</td><td>ARTICLE NO. AND GOODS DESCRIPTION</td><td>PACKAGES</td><td>QUANTITY</td><td>G. W.</td><td>N. W.</td><td>MEAS.</td></tr>
<tr><td></td><td>GLASS MARBLE</td><td></td><td></td><td></td><td></td><td></td></tr>
<tr><td>1-200</td><td>1625/3D</td><td>200CTNS</td><td>10BOXES/CTN</td><td>16 000KGS</td><td>15 000KGS</td><td>③</td></tr>
<tr><td>①</td><td>1641/3D</td><td>100CTNS</td><td>10BOXES/CTN</td><td>8 000KGS</td><td>7 500KGS</td><td>④</td></tr>
<tr><td>②</td><td>2506D</td><td>100CTNS</td><td>10BOXES/CTN</td><td>8 000KGS</td><td>7 500KGS</td><td>⑤</td></tr>
<tr><td colspan="2">TOTAL:</td><td>400CTNS</td><td>⑥</td><td>32 000KGS</td><td>30 000KGS</td><td>⑦</td></tr>
<tr><td colspan="7">SAY TOTAL: SAY FOUR HUNDRED CARTONS ONLY

⑧</td></tr>
</table>

（3）各空白栏目分析：

①根据 1641/3D 的件数 100，该栏应填写：201-300。

②根据 2506D 的件数 100，该栏应填写：301-400。

③每箱尺码为 $1.13\times0.56\times0.3m^3=0.189\ 84m^3$，因此，第一种货号的总尺码为：$0.189\ 84\times200=37.968\ (m^3)$；第二种货号的总尺码为：$0.189\ 84\times100=18.984\ (m^3)$；第三种货号的总尺码为：$0.189\ 84\times100=18.984m^3$。这三种货号的总尺码加总为 $75.936m^3$。

④根据信用证对装箱单的要求，装箱单应显示："ALL GOODS MUST BE PACKED IN CARTON/NEW IRON DRUM SUITABLE FOR LONG DISTANCE OCEAN TRANSPORTATION"，由于该货物采用的是纸箱包装，所以删掉"NEW IRON DRUM"。

综上所述，八项空白栏目应填写：①201-300；②301-400；③ 37. 968 m³；④ 18. 984m³；⑤18. 984 m³；⑥4 000 BOXES；⑦75. 936m³；⑧ALL GOODS HAVE BEEN PACKED IN CARTON SUITABLE FOR LONG DISTANCE OCEAN TRANSPORTATION。

二、根据合同和信用证填制装箱单

1. 制单基本资料

(1) 合同（表5-3）。

表5-3

SALES CONTRACT

Seller: Contract No.: 04SGQ468001

HUANGPU BRIGHT PERAL TRADING COMPANY Date: Nov. 15th, 2004

Signed at: SHANGHAI

Address: 88, CHONGSHAN ROAD, SHANGHAI, CHINA

Buyer: ANTER COMPANY LIMITED

Address: 99 P. O. BOX, FINLAND

This Sales Contract is made by and between the Sellers and the Buyers, whereby the Sellers agree to sell and the Buyers agree to buy the under-mentioned goods according to the terms and conditions stipulated below:

(1) 货号、品名及规格 Name of Commodity and Specification	(2) 数量 Quantity	(3) 单位 Unit	(4) 单价 Unit Price	(5) 金额 Amount
TRIANGLE BRAND 3U-SHAPE ELECTRONIC ENERGY SAVING LAMP				
TR-3U-A 110V 5W E27/B22	5 000PCS	PC	USD2. 50/PC	USD12 500. 00
TR-3U-A110V 7W E27/B22	5 000PCS	PC	USD3. 00/PC	USD15 000. 00
TR-3U-A 110V 22W E27/B22	5 000PCS	PC	USD3. 80/PC	USD19 000. 00
TR-3U-A110V 26W E27/B22	5 000PCS	PC	USD4. 20/PC	USD21 000. 00
5% more or less both in amount and quantity allowed	Total Amount			USD67 500. 00

(6) Packing: 50 pieces in one carton

Gross weight: 9kgs / carton, Net weight: 7. 5kgs / carton, Measurement: 50×50×28cm³/carton

(7) Dclivcry: From SHANCHAI to HELSINKI

(8) Shipping Marks: ANTER/HELSINKI/No. 1-400

续表

(9) Time of Shipment: Within 30 days after receipt of L/C

Allowing transshipment and partial shipment

(10) Terms of Payment:

By 100% irrevocable Letter of Credit in favor of the Sellers to be available by sight draft to be opened and to reach China before Dec . 1st, 2004 and to remain valid for negotiation in China until the 15th days after the foresaid time of shipment. L/C must mention this contract number. L/C advised by BANK OF CHINA, SHANGHAI BRANCH. TLX: 444U4K GZBC. CN. All banking charges outside China (the mainland of China) are for account of the Drawee.

(11) Insurance:

To be effected by Sellers for 110% of full invoice value covering F. P. A up to HELSINKI.

(12) Quality/Quantity Discrepancy and Claim:

In case of the quality and/or quantity/weight are found by the Buyers to be not in conformity with the Contract after arrival of the goods at the port of destination, the Buyers may lodge claim with the Sellers supported by survey report issued by an inspection organization agreed upon by both parties, with the exception, however, of those claims for which the insurance company and/or the shipping company are to be held responsible, claim for quality discrepancy claim should be filed by the Buyers within 15 days after arrival of the goods at the port of destination. The Sellers shall, within 30 days after receipt of the notification of the claim, send reply to the Buyers.

(13) Force Majeure:

In case of Force Majeure, the Sellers shall not be held responsible for late delivery or non-delivery of the goods but shall notify the Buyers by cable. The Sellers shall deliver to the Buyers by registered mail, if so requested by the Buyers, a certificate issued by the China Council for the Promotion of International Trade or/and competent authorities.

(14) Arbitration:

All dispute arising from the execution of or in connection with this contract shall be settled amicably by negotiation. In case of settlement can be reached through negotiation the case shall then be submitted to China International Economic & Trade Arbitration Commission. In Shanghai (or in Beijing) for arbitration in act with its sure of procedures. The arbitral award is final band binding upon both parties for setting the dispute. The fee for arbitration shall be borne by the losing party unless otherwise awarded.

(15) Shipping advice must be sent to buyers within 2 days after shipment advising number of packages, gross & net weight, vessel name, Bill of Lading No. and date, contract No. value.

The Seller: 董明珠　　　　The Buyer: ***Anter Fill***

(2) 信用证(表5-4)。

表 5-4

ISSUE OF A DOCUMENTARY CREDIT

Sequence of Total	* 27	: 1/1
Form of Doc. Credit	* 40A	: IRREVOCABLE
Doc. Credit Number	* 20	: LRT0402457
Date of Issue	31C	: 041125
Expiry	* 31D	: 050110
Applicant	* 50	: ANTER COMPANY LIMITED 99 P. O. BOX , FINLAND
Beneficiary	* 59	: HUANGPU BRIGHT PERAL TRADING COMPANY 88, CHONGSHAN ROAD, SHANGHAI, CHINA
Amount	* 32B	: CURRENCY USD AMOUNT 67 500. 00
Available with/by	* 41D	: BANK OF CHINA BY NEGOTIATION
Draft at...	42C	: AT SIGHT
Drawee	42D	: METITA BANK LTD. , FINLAND
Partial Shipments	43P	: ALLOWED
Transshipment	43T	: ALLOWED
Loading in Charge	44A	: SHANGHAI
For Transport to...	44B	: HELSINKI
Shipment Period	44C	: LATEST DEC. 26th, 2004
Descript. of Goods	45A	: TRIANGLE BRAND 3U-SHAPE ELECTRONIC ENERGY SAVING LAMP CIF HELSINKI AS PER S/C 04SGQ468001 DD 15, NOV. , 04 TR-3U-A 110V 5W E27/B22 5 000PCS USD2. 50/PC TR-3U-A 110V 7W E27/B22 5 000PCS USD3. 00/PC TR-3U-A 110V 22W E27/B22 5 000PCS USD3. 80/PC TR-3R-A 110V 26W E27/B22 5 000PCS USD4. 20/PC
Documents required	46A	: 1. COMMERCIAL INVOICE IN 5 COPIES 2. PACKING LIST IN 5 COPIES 3. FULL SET OF 3/3 ORIGINAL CLEAN ON BOARD MARINE BILLS OF LADING, MADE OUT TO ORDER, MARKED " FREIGHT PREPAID " AND NOTIFY APPLICANT 4. GSP CERTIFICATE OF ORIGIN FORM A, CERTIFYING GOODS OF ORIGIN IN CHINA, ISSUED BY COMPETENT AUTHORITIES 5. INSURANCE POLICY/CERTIFICATE COVERING RISKS F. P. A OF PICC. INCLUDING WAREHOUSE TO

续表

		WAREHOUSE CLAUSE UP TO FINAL DESTINATION AT HELSINKI, FOR AT LEAST 110 PCT OF CIF-VALUE 6. SHIPPING ADVICES MUST BE SENT TO APPLICANT WITHIN 2 DAYS AFTER SHIPMENT ADVISING NUMBER OF PACKAGES, GROSS & NET WEIGHT, VESSEL NAME, BILL OF LADING NO. AND DATE, CONTRACT NO., VALUE.
Addition Cond.	47A	: PACKING LIST MUST SHOW NET WEIGHT AND GROSS WEIGHT AND THAT THE GOODS BE PACKED IN CARTONS.
Presentation Period	48	: DOCUMENTS TO BE PRESENTED WITHIN 15 DAYS FROM SHIPMENT DATE
Confirmation	*49	: WITHOUT
Send To Rec. Info.	42	: THIS CREDIT IS ISSUED SUBJECT TO 1993 REVISION, I. C. C. PUBLICATIONS NO. 500.

2. 分析

根据装箱单的缮制要求，要制作装箱单，须采集九大信息。根据本合同和信用证资料，可确定如下信息：

（1）出单人（issuer）：HUANGPU BRIGHT PERAL TRADING COMPANY, 88, CHONGSHAN ROAD, SHANGHAI, CHINA

（2）受单人（to）：ANTER COMPANY LIMITED, 99 P. O. BOX, FINLAND

（3）装箱单号码和日期（packing list No. and date）：装箱单号码由受益人自行编制；对于其出具日期，可根据商业发票日期及最迟装船日期进行推断。

（4）运输标志/箱号（shipping marks/ C/No.）：可从合同中找到运输标志，即 ANTER/HELSINKI/No. 1-400。

若此栏须填写箱号，可从合同中“Packing：50 pieces in one carton”折算出：该节能灯四种货号共 20 000 个，50 个装 1 个纸箱，共有 400 箱。因此，初步推断箱号应填写 1-400，但是由于不同规格的箱号应分别填写，所以，应填写如下：

TR-3U-A 110V 5W E27/B22 1-100
TR-3U-A 110V 7W E27/B22 101-200
TR-3U-A 110V 22W E27/B22 201-300
TR-3R-A 110V 26W E27/B22 301-400

（5）货物描述（description of goods）：货描栏内容可从合同之货号、品名及规格（name of commodity and specification）及信用证 45A 确定为："TRIANGLE BRAND 3U-SHAPE ELECTRONIC ENERGY SAVING LAMP"。

（6）包装件数（packages）：根据前述箱号的描述可知，四种货号均为 100 箱。

（7）毛重和净重（gross weight，net weight）：根据合同信息，可知：

TR-3U-A 110V 5W E27/B22 总毛重：9×100＝900kgs，总净重：7.5×100＝750kgs

TR-3U-A 110V 7W E27/B22 总毛重：9×100＝900kgs，总净重：7.5×100＝750kgs

TR-3U-A 110V 22W E27/B22 总毛重：9×100＝900kgs，总净重：7.5×100＝750kgs

TR-3R-A 110V 26W E27/B22 总毛重：9×100＝900kgs，总净重：7.5×100＝750kgs

然后对四个货号的毛重和净重进行加总可知：该货物总毛重为 3 600 kgs，总净重为 3 000 kgs。

（8）尺码（measurement）：每个纸箱的尺码为：$50\times50\times28cm^3=0.07m^3$，则每种货号的总尺码为 $0.07\times100=7$（m^3），那么整批货物的总尺码为 $7\times4=28$（m^3）。

（9）签署（signature）：信用证对装箱单的签署并无特别规定，因此该箱单不必签署。

另外，信用证 47A 对装箱单有附加规定，除要求装箱单显示毛重和净重外，还须显示货物装在纸箱中，即"THE GOODS ARE PACKED IN CARTONS"。

3. 缮制

缮制完成的装箱单见表 5-5。

表5-5

黄埔明珠贸易公司

HUANGPU BRIGHT PERAL TRADING COMPANY

PACKING LIST

ORIGINAL

Exporter: **Date**：DEC. 3，2004

HUANGPU BRIGHT PEARL TRADING COMPANY **S/C NO.**：04GQ468001

88，CHONGSHAN ROAD，SHANGHAI，CHINA

Transport details:

FROM SHANGHAI TO HELSINKI BY VESSEL

SHIPPING MARKS	ARTICLE NO.	PACKAGES	G. W.	N. W.	MEAS.
ANTER HELSINKI NO. 1-400	TRANGLE BRAND 3U-SHAPE ELECTRONIC ENERGY SAVING LAMP TR-3U-A110V 5W E27/B22	100CARTONS	900KGS	750KGS	$7M^3$
	TR-3U-A110V 7W E27/B22	100CARTONS	900KGS	750KGS	$7M^3$
	TR-3U-A110V 22W E27/B22	100CARTONS	900KGS	750KGS	$7M^3$
	TR-3R-A110V 26W E27/B22	100CARTONS	900KGS	750KGS	$7M^3$
		------ 400CARTONS	---- 3600 KGS	---- 3000 KGS	-- $28\ M^3$
SAY TOTAL：SAY FOUR HUNDRED CARTONS ONLY. THE GOODS ARE PACKED IN CARTONS.					

【本章小结】

本章主要介绍了装箱单的概念、种类及目的等基础知识，装箱单的基本内容与常用格式，重点介绍了装箱单的缮制要求与有关注意事项。

【强化训练】

一、理解下列信用证的装箱单要求，并思考如何缮制装箱单

1. packing list in 3-fold showing color assortment of each art No., gross weight, net weight and measurement of each package

2 . detailed packing list required in quadruplicate showing shipping marks

3. signed packing list in quadruplicate showing gross weight, net weight, measurement, color, size and quantity breakdown for each package, if applicable

4. manually signed packing list in triplicate detailing the complete inner packing specifications and contents of each package

二、根据第四章之强化训练三提供的信用证，缮制装箱单一份，装箱单上需表明总箱数、总毛重、总净重及总尺码，使用标准化唛头。每箱毛重、净重、体积的资料如下：

ART NO.	SIZE	QTY.	CTNS.	GW.（KG）	NW.（KG）	MEAS.（CM）
DO27	36-40	24 000PAIR	400	25/10 000	23/9 200	60×55×40
DO02	30-35	24 000PAIR	400	22/8 800	20/8 000	60×50×40

三、根据第二章强化训练的合同和第三章的信用证（表 3-1）缮制装箱单

第六章　保险单据

【导入思考】

某外贸公司在一笔出口业务中，船公司签发的提单装运日为2007年4月4日，向银行提交的保险单据的签发日为2007年4月23日，保险单据上注明的船舶起运日（sailing date）为2007年4月4日，且保险单据未以任何文字形式表示该保险单最迟于装船那天生效，银行根据《跟单信用证统一惯例》的有关规定拒绝议付货款。那么如何向保险公司办理投保并取得合格的保险单据，使其既符合合同或信用证的要求，又能满足国际贸易惯例的规定呢？

第一节　投　保　单

一、投保单常用格式

投保单的常用格式见表6-1。

表6-1

中保财产保险有限公司上海市分公司

The People's Insurance (Property) Company of China, Ltd. Shanghai Branch

进出口货物运输保险投保单

Application Form I/E Marine Cargo Insurance

被保险人 Assured's Name			
发票号码(出口用)或合同号码(进口用) Invoice No. or Contract No.	包装数量 Quantity	保险货物项目 Description of Goods	保险金额 Amount Insured

续表

<table>
<tr><td>装载运输工具____________航次、航班或车号____________开航日期____________
Per Conveyance　　　　　　Voy. No.　　　　　　　　　Slg. Date
自____________至____________转运地____________赔款地____________
From　　　　　To　　　　　W/T at　　　　　　Claim Payable at
承保险别：
Condition &/ or
Special Coverage：

投保人签章及公司名称、电话、地址：
Applicant's Signature and Co. 's Name, Add Tel. No.</td></tr>
<tr><td>备注：　　　　　　　　　　　　　　　　投保日期：

Remarks：　　　　　　　　　　　　　　　Date：</td></tr>
</table>

二、投保单缮制要求

1. 被保险人

被保险人是保险合同保障的对象。

当以 CIF 或 CIP 条件出口时，应由出口商以投保人的身份办理保险，为能使自身承担的货物运输途中的风险得到保障，出口商应以本人作为被保险人。当货物在起运港越过船舷或交付承运人接管之前发生损失时，风险由出口商承担，出口商可以向保险人索赔。一旦货物越过船舷，或交承运人接受后，出口商只需根据信用证或其他文件的要求在保险单上签章背书，即可将保险单转让给进口商或指定的第三方（如银行）。

采用托收支付方式时，被保险人栏应填出口商。

采用信用证支付方式时，则分为如下几种情况：

（1）若信用证和合同对被保险人一栏无特别规定，此栏一般填信用证的受益人，即出口商名称，但出口商必须在保险单背面进行背书。

（2）若信用证要求被保险人栏填"to order of beneficiary"或"in favor of beneficiary"，则照办，但出口商必须在保险单背面进行背书。

（3）若信用证指定以进口国的特定方为被保险人，如开证行、申请人，则在被保险人栏内直接填上开证行或申请人，出口方不需背书。

（4）若信用证规定"made out to the order of issuing bank"，则在被保险人栏内照填"to the order of issuing bank"，受益人无须背书；或者在被保险人栏

填写受益人名称，之后加上“held to the order of issuing bank”，如：China National …Import & Export Corp.，held to the order of … Bank。

（5）若信用证规定保险单据做成指示抬头“to order”，则在被保险人一栏内直接显示“to order”，再由受益人背书。

（6）如果信用证规定保险单做成来人抬头“to bearer”，被保险人一栏照填“to bearer”，受益人无须背书。根据 ISBP 第 194 条，来人抬头的保险单据也可以空白背书，而要求空白背书也可以做成“to bearer”抬头，无须背书。

（7）信用证规定保单抬头为第三者名称即中性名义，应填写“to whom it may concern”。

（8）有时信用证未指明被保险人，但规定如果发生赔偿，付给××公司（loss if any，pay to ×× Co.）或明确 payable to ×× Co.。为做到单证一致，应仍以受益人为被保险人，在赔偿地点栏后填写“pay to ×× Co.”或“payable to×× Co.”，受益人需要背书。

保险单背书分为如下几种情况：

（1）空白背书。当来证保险条款规定“blank endorsed”或没有明确规定使用哪一种背书时，均使用空白背书方式。一律由被保险人做空白背书。例如，来证要求“insurance policy made out to order and endorsed in blank or blank endorsed”，应对保险单进行空白背书，即被保险人一栏填“to order”，保险单背面签上受益人的名称和经办人的名字。

（2）记名背书。当来证保险条款规定“endorsed to order of …”，应做记名背书。做记名背书时，背书人先做被背书人的记载，再签字，即在保险单背面填上“to order of …”或“claim if any pay to the order of …”，受益人再签字、盖章。

如果以 FOB、FCA 或 CFR、CPT 条件成交，则由进口商自行办理国际货运保险，投保人与被保险人一般均为进口方。出口商承担的货物在起运港越过船舷或货交承运人接受之前的风险可通过投保国内短途货运险予以保障。

2. 发票号码、合同号码

此项确定保险保障的贸易货物的具体批号，主要是为了便于发生索赔时进行核对。按我国目前的外贸实践，为利于工作，出口货物一般只需填写该批货物的发票号码，进口货物则填写贸易合同号码。

3. 包装数量

此栏需写明包装方式，如捆（bundles）、箱（cases）、袋（bags）、桶（drums）等，以及包装的数量。如果一次投保有数种不同包装时，可以件（packages）为单位。散装货应填写散装重量（…M/T in bulk）。如果采用集装箱运输，应予注明“in container”。

4. 保险货物项目

应填写保险货物的具体类别、名称，例如小麦、茶叶、热水瓶等，以便保险人确定适用的保险费率，不应笼统地写成百货、食品等大类。

5. 保险金额

保险金额是指保险人承担赔偿或者给付保险金责任的最高限额（已包括贸易方利润），这是计收保险费的基础。

保险金额按照合同上的要求填制，如信用证和合同无明确规定，应按照货款的 CIF 或 CIP 价的 110%。

发票金额有佣金（commission）或折扣（discount）时，保险金额按扣佣金或扣折扣以前的毛额再加成计算。值得注意的是，过去我国香港地区中资银行开立的信用证如果要求保险，一般使用简化的保险凭证，即保险公司在商业发票上加盖保险编号、保险险别、保险金额和印戳。该保险凭证上注明：承保金额以本发票减折扣后加 10%计算，或者以货价加 10%计算。如发票上列有折让，仅列明为 DISCOUT 项目，在计算保额时予以扣除，其他项目均不扣除，即采用“折后”作为保险金额计算基础。对此，ISBP 做出了不同的解释。ISBP 指出，如果从信用证或单据中可以得知最后的发票金额仅仅是货物总价值的一部分（例如由于折扣、预付或类似情况，或由于货物的部分价款将晚些支付），也必须以货物的总价值为基础来计算保险金额，即采用“折前”作为保险金额计算基础。

例 1：信用证金额为 USD10 000。发票显示货物总值 USD11 000，减去折扣 USD1 000，发票净值 USD10 000。在这种情况下，保险金额应为发票货物总值 USD11 000×110%，而不是净值 USD10 000×110%。

例 2：开立的信用证金额为 USD80 000，为发票金额的 80%，因为 20%货款已预付。受益人在制作发票时会显示 100%货值，即毛值 USD100 000，同时显示扣除预付款 USD20 000，显示发票净值为 USD80 000 作为银行议付金额。在这种情况下，最低投保金额应为货物毛值 USD100 000 的 110%。

UCP600 规定：

（1）保险单据必须表明投保金额并以与信用证相同的货币表示。

（2）信用证对于投保金额为货物价值、发票金额或类似金额的某一比例的要求，将被视为对最低保额的要求。

（3）如果信用证对投保金额未作规定，投保金额至少为货物的 CIF 或 CIP 价格的 110%。

（4）如果从单据中不能确定 CIF 或者 CIP 价格，投保金额必须基于要求承付或议付的金额或者基于发票上显示的货物总值来计算，两者之中取金额较高者。

（5）当填写金额有小数点时，可以“进位取整数”，或按照实际金额，即按照含有小数点的精确数字填写，这种方法也是许多国外出口商缮制保险单的通常做法。注意保险金额大小写要一致。

6. 装载运输工具

海运时应写明具体的船名，如果中途需转船，已知第二程船时应打上船名，如果第二程船名未知，则只需打上转船字样（with transshipment）。集装箱运输应打明（container shipment），采用集装箱运输，保险费率低于一般的散货船运输。如采用联运时，应写明联运方式。

如果是大宗货物，发货人租船时为减少运输费用而可能租用老龄船。由于保险公司对船龄超过 15 年的船舶所载货物的运输保险要加收保险费，所以投保人应事先在投保时做出说明。

7. 航次、航班

应写明船舶航行的航班、航次。

8. 开航日期

一般应注明“按照提单”（as per B/L），或注明船舶的大致开航日期。

9. 运输路线

填写起始地和目的地名称。中途如需转运，则应注明转运地。若到目的地后需转运内陆，应注明内陆地名称。如果到达目的地的路线不止一条，要填写经过的中途港（站）的名称。

10. 承保险别

填写投保何种险别（包括主险和附加险），还应注明采用何种条款。投保人如果对保险条款有特殊要求，应予注明，以便保险人考虑接受与否。

11. 赔款地

通常在目的地支付赔款。如果被保险人要求在目的地以外的地方赔款，应予注明。

12. 投保人签章及企业名称、电话、地址

填写投保人的名称 、电话、地址等具体信息。

13. 投保日期

出口商投保时，投保日期应在船舶开航日期或货物起运日期之前。根据 UCP600 的规定，银行有权拒收保险单日期迟于货物装船或发运日期的保险单。

第二节 保 险 单

一、保险单常用格式

保险单的常用格式见表 6-2。

表 6-2

中 国 人 民 保 险 公 司 PICC

The People's Insurance Company of China

总公司设于北京　　　　一九四九年创立

Head Office Beijing　　　　Established in 1949

货物运输保险单

CARGO TRANSPORTATION INSURANCE POLICY

发票号 **INVOICE NO.**：

合同号 **CONTRACT NO.**：

信用证号 **L/C NO.**：

被保险人：

INSURED：

中国人民保险公司（以下简称本公司）根据被保险人的要求，由被保险人向本公司缴付约定的保险费，按照本保险单承保险别和背面所载条款与下列条款承保下述货物运输保险，特立本保险单。

THIS POLICY OF INSURANCE WITNESSES THAT THE PEOPLE'S INSURANCE COMPANY OF CHINA (HEREINAFTER CALLED "THE COMPANY") AT THE REQUEST OF THE INSURED AND IN CONSIDERATION OF THE AGREED PREMIUM PAID TO THE COMPANY BY THE INSURED, UNDERTAKES TO INSURE THE UNDERMENTIONED GOODS IN TRANSPORTATION SUBJECT TO THE CONDITIONS OF THIS POLICY AS PER THE CLAUSES PRINTED OVERLEAF AND OTHER SPECIAL CLAUSES ATTACHED HEREON.

标　记 MARKS&NOS	包装及数量 QUANTITY	保险货物项目 DESCRIPTION OF GOODS	保险金额 AMOUNT INSURED

总保险金额 TOTAL AMOUNT INSURED					
保费 PERMIUM		启运日期		装载运输工具 PER CONVEYANCE	
自 FROM		经 VIA		至 TO	
承保险别：					

所保货物，如发生保险单项下可能引起索赔的损失或损坏，应立即通知本公司下述代理人查勘。如有索赔，应向本公司提交保单正本（本保险单共有份正本）及有关文件。如一份正本已用于索赔，其余正本自动失效。	
IN THE EVENT OF LOSS OR DAMAGE WHITCH MAY RESULT IN A CLAIM UNDER THIS POLICY, IMMEDIATE NOTICE MUST BE GIVEN TO THE COMPANY'S AGENT AS MENTIONED HEREUNDER. CLAIMS, IF ANY, ONE OF THE ORIGINAL POLICY WHICH HAS BEEN ISSUED IN ________ ORIGINAL (S) TOGETHER WITH THE RELEVANT DOCUMENTS SHALL BE SURRENDERED TO THE COMPANY. IF ONE OF THE ORIGINAL POLICY HAS BEEN ACCOMPLISHED, THE OTHERS TO BE VOID.	
赔款偿付地点 CLAIM PAYABLE AT 出单日期 ISSUING DATE	中国人民保险公司 The People's Insurance Company of China Authorized Signature：

二、保险单缮制要求

1. 保险公司名称

出口商应根据信用证和合同所要求的保险公司去办理由该公司出具的保险单据，此栏在保险单上一般事先已印制好。

2. 保险单据名称

应根据信用证和合同的要求向保险公司办理相应的保险单据，此栏在保险单上一般事先已印制好。

3. 发票号码/合同号码

同投保单填写要求。

4. 保险单号

此栏填写保险公司的保险单号码。

5. 被保险人

同投保单填写要求。

6. 标记

此栏填制装运唛头，与发票、提单上同一栏目内容相同或填上"AS PER INVOICE NO. ×××"。

7. 包装及数量

此栏填写最大包装件数，与提单上同一栏目相同。

8. 保险货物项目

此栏按发票品名填写，如果品名繁多，可使用统称，即可与提单上名称相同。

9. 保险金额

同投保单填写要求。

10. 总保险金额

此栏只需将保险金额以大写的形式填入，计价货币也应以全称形式填写。保险金额使用的货币单位应与信用证中的一致。

11. 保费

此栏一般由保险公司填制或已印好 AS ARRANGED，除非信用证另有规定，如"INSURANCE POLICY ENDORSED IN BLANK FULL INVOICE VALUE PLUS 10% MARKED PREMIUM PAID"时，此栏就填"PAID"或把已印好的"AS ARRANGED"删去加盖校对章后打上"PAID"字样。

12. 启运日期

此栏与运输单据相符或用"AS PER B/L"表示。

13. 装载运输工具

同投保单填写要求。

14. 运输路线

同投保单填写要求。

15. 承保险别

同投保单填写要求。

16. 理赔代理人

由保险公司选定，但必须提供地址，以便在损失发生时，收货人通知其代理人进行勘查和赔款。

17. 赔款偿付地点

按信用证或合同规定填制，如来证无具体规定或是托收方式，则填目的地，赔款货币为与投保金额相同的货币。如来证要求"INSURANCE CLAIMES PAYABLE AT A THIRD COUNTRY GERMANY"。此时，应把第三国填入此栏。

18. 出单日期

此栏填制保险单的签发日期。由于保险公司提供仓至仓服务，所以保险手续应在货物离开出口方仓库前办理，保险单的签发日期应不早于货物离开仓库的日期和不晚于提单签发的日期。

19. 保险单的正本份数和"ORIGINAL"字样

UCP600规定，正本保险单必须有"ORIGINAL"字样，并显示该套保险单据正本的出具份数，如信用证没有明确规定保险单的份数时，保险公司一般出具一套三份正本的保险单。

在信用证没有特别规定交几份的情况下，必须向银行提交全套正本。如果保险单据未注明正本份数，而信用证也没有特别规定，则银行可以接受只提交一份正本的保险单据。

20. 保险公司签章

保险单须由保险公司或保险人或其代理人承保并签发。

第三节 课内实践

根据下列信用证（表6-3，仅给出与保险单有关的细节）和货物明细单（表6-4）及补充资料缮制保险单。

表 6-3

50 APPLICANT：SEMPREVIO SRL IMPORT EXPORT
VIA GINO FUNAIOLI I/B
90123 PALERMO
59 BENEFICIARY：SHANGHAI ZHEN YUAN IMP. AND EXP. CO. LTD.
RM 302-305，700 JIAN GUO DONG RD.
SHANGHAI，CHINA
32B CURRENCY CODE，AMOUNT：US DOLLARS 24 284. 00
41A AVAILABLE WITH/BY：ANY BANK BY NEGOTIATION
44A ON BOARD/DISP/TAKING CHARGE：SHANGHAI
44B FOR TRANSPORTATION TO： PALERMO
45A DESCRIPTION OF GOODS AND/OR SERVICES：
SPORTS MUG AS PER SALES CONTRACT NO. 05SHSS199 DATED 10-JUL-05；DELIVERY：CIF PALERO
46A DOCUMENTS REQUIRED：
+INSURANCE POLICY OR CERTIFICATE ENDORSED IN BLANK ISSUED FOR 110 PERCENT INVOICE VALUE COVERING I. C. C. ALL RISKS AND CLAIMS PAYABLE AT PALERMO.

表 6-4 **货物明细单**

商品名称：4 items of Sports Mug

货号	数量	单位	单价	包装方式	包装种类	毛重	净重	尺码
DL-001A	1 200	pc	USD2. 87	24	carton	9kgs	8kgs	47×32×25cm
DL-002A	3 600	pc	USD2. 60	24	carton	13kgs	11kgs	48×32×30cm
YQB-A315	4 000	pc	USD1. 94	40	carton	16kgs	14kgs	62. 5×40×23cm
YQB-A500	2 000	pc	USD1. 86	40	carton	17. 5kgs	15. 5kgs	64×40×28cm

补充资料：

发票号码：ZYIE0502 发票日期：20-Aug-07

唛头：SEMPREVIVO
330703199
PALERMO
C/NO. 1-UP

装运船只：TUO HE 航次：V. 25 装船日期：15-Sep-07

提单号码：COSCOTEC192 发票金额：USD 24 284. 00

产地证号：GSPWIZJ0894 保险单号码：IPGOEN0435

保险代理：AIG Europe，S. A.，Italy Branch
VIA della Chiusa 2
20123 Italy/ Tel：39 02 36901

缮制完成的保险单见表 6-5。

表6-5

中国人民保险公司 PICC
The People's Insurance Company of China
总公司设于北京　　一九四九年创立
Head Office Beijing　　Established in 1949

货物运输保险单
CARGO TRANSPORTATION INSURANCE POLICY
发票号 INVOICE NO. ：（1）ZYIE0502 保单号次：
合同号 CONTRACT NO.：05SHSS199 POLICY NO. （2）IPGOEN0435
信用证号 L/C NO. ：
被保险人：
INSURED：（3）SHANGHAI ZHEN YUAN IMP. AND EXP. CO. LTD.

中国人民保险公司（以下简称本公司）根据被保险人的要求，由被保险人向本公司缴付约定的保险费，按照本保险单承保险别和背面所载条款与下列特款承保下述货物运输保险，特立本保险单。

THIS POLICY OF INSURANCE WITNESSES THAT THE PEOPLE'S INSURANCE COMPANY OF CHINA（HEREINAFTER CALLED "THE COMPANY"）AT THE REQUEST OF THE INSURED AND IN CONSIDERATION OF THE AGREED PREMIUM PAID TO THE COMPANY BY THE INSURED, UNDERTAKES TO INSURE THE UNDERMENTIONED GOODS IN TRANSPORTATION SUBJECT TO THE CONDITIONS OF THIS POLICY AS PER THE CLAUSES PRINTED OVERLEAF AND OTHER SPECIAL CLAUSES ATTACHED HEREON.

标　记 MARKS&NOS	包装及数量 QUANTITY	保险货物项目 DESCRIPTION OF GOODS	保险金额 AMOUNT INSURED
（4）AS PER INVOICE NO. ZYIE0502	（5）350 CARTONS	（6）4 ITEMS OF SPORTS MUG	（7）26 713. 00

总保险金额
TOTAL AMOUNT INSURED（8）SAY US DOLLARS TWENTY SIX THOUSAND SEVEN HUNDRED AND THIRTEEN ONLY

保费 PERMIUM	（9）AS ARRANGED	启运日期 （10）AS PER B/L	装载运输工具 PER CONVEYANCE	（11）TUO HE V. 25

自 FROM（12）SHANGHAI, CHINA	经 VIA	至 TO（13）PALERMO, ITALY

承保险别：CONDITIONS
（14）COVERING I. C. C ALL RISKS AS PER I. C. C DATED 1/1/1982

所保货物，如发生保险单项下可能引起索赔的损失或损坏，应立即通知本公司下述代理人查勘。如有索赔，应向本公司提交保单正本（本保险单共有（15）叁 份正本）及有关文件。如一份正本已用于索赔，其余正本自动失效。

IN THE EVENT OF LOSS OR DAMAGE WHITCH MAY RESULT IN A CLAIM UNDER THIS POLICY, IMMEDIATE NOTICE MUST BE GIVEN TO THE COMPANY'S AGENT AS MENTIONED HEREUNDER. CLAIMS, IF ANY, ONE OF THE ORIGINAL POLICY WHICH HAS BEEN ISSUED IN（15）3 ORIGINAL（S）TOGETHER WITH THE RELEVANT DOCUMENTS SHALL BE SURRENDERED TO THE COMPANY. IF ONE OF THE ORIGINAL POLICY HAS BEEN ACCOMPLISHED, THE OTHERS TO BE VOID.

（16）AIG Europe, S. A., Italy Branch
VIA della Chiusa 2
20123 Italy
Tel：39 02 36901

赔款偿付地点 CLAIM PAYABLE AT（17）PLERMO IN USD 出单日期 ISSUING DATE（18）SEP. 15, 2007	中国人民保险公司 The People's Insurance Company of China Authorized Signature（19）×××

分析：

（1）发票号码栏：按我国目前的外贸实践，为利于工作，此栏出口货物一般只需填写该批货物的发票号码，进口货物时则填写贸易合同号码。补充资料中已给出发票号码 ZYIE0502，照打即可。

（2）保险单号栏：本栏由保险公司填写，货物明细单中已给出，照打即可。

（3）被保险人栏：从信用证的保险单据条款“INSURANCE POLICY OR CERTIFICATE ENDORSED IN BLANK ISSUED FOR 110 PERCENT INVOICE VALUE COVERING I. C. C. ALL RISKS AND CLAIMS PAYABLE AT PALERMO”可以看出，信用证对保险单据的被保险人一栏无特别要求，则此栏应填上信用证受益人的名称，即此笔业务的出口商“SHANGHAI ZHEN YUAN IMP. AND EXP. CO. LTD.”，然后做空白背书。

（4）标记栏：此栏有两种填法。一种是填上与发票、提单同一栏目相同的唛头（唛头在货物明细单中已给出）；另一种是填上“AS PER INVOICE NO. ZVIE0502”（此种填法较为简便）。

（5）包装及数量栏：此栏须根据货物明细单中的数据进行简单计算，将每个货号的总件数除以对应货号所用纸箱的可容纳件数，得出此笔交易共需50+150+100+50=350 个纸箱。故此栏应填“350 CARTONS”。

（6）保险货物项目栏：此栏按发票品名填写，如果品名繁多，可使用统称，即可与提单上名称相同。货物明细单中列明了 4 个货号，根据上述要求，此栏可填统称，即“4 ITEMS OF SPORTS MUG”。

（7）保险金额栏：根据信用证的保险单据条款“FOR 110 PERCENT INVOICE VALUE”，保险金额应为 24 284×110%＝26 712. 40。按照“进一法”，将小数点去掉，保险金额应填 USD26 713. 00。

（8）总保险金额栏：此栏只需将 USD26 713. 00 以大写的形式填入，计价货币也应以全称形式填写，即“SAY US DOLLARS TWENTY SIX THOUSAND SEVEN HUNDRED AND THIRTEEN ONLY”。

（9）保费栏：此笔业务的信用证中对此栏无特殊要求，可填入“AS ARRANGED”。

（10）启运日期栏：此栏既可填入补充资料给出的装船日期，也可简单填入“AS PER B/L”。

（11）装载运输工具栏：根据补充资料给出的船名和船次填入。

（12）（13）运输路线栏：根据信用证 44A“ON BOARD/DISP/TAKING CHARGE SHANGHAI”和 44B“FOR TRANSPORTATION TO PALERMO”分别填入装运港和目的港名称。

(14) 承保险别栏：根据信用证对投保险别的要求“COVERING I. C. C. ALL RISKS”，并在其后加上保险条款名称“AS PER I. C. C DATED 1/1/1982”。

(15) 保险单份数栏：此栏由保险公司填写，保险公司一般出具一套三份正本的保险单。

(16) 理赔代理人栏：根据补充资料中给出的信息照填即可。

(17) 赔款偿付地点栏：根据信用证的规定“CLAIMS PAYABLE AT PALERMO”，此栏填“PALERMO”，且信用证没有规定赔款货币名称，则应与信用证金额中的货币名称一致，故填“IN USD”。

(18) 出单日期栏：由于补充资料中给出的装船日期为2007年9月15日，则保险单的出单日期不得晚于该日期。

(19) 保险公司签章栏：加盖保险公司印章并由其负责人签字。

【本章小结】

本章主要介绍了国际货物运输投保的一般程序；投保单的常用格式和填写要求；保险单的概念、作用、种类；保险单的常用格式和填写要求。

通过本章的学习，学生应在熟悉国际货物运输保险基本知识的基础上，掌握常见投保单和保险单的制单要求及在实务中应注意的问题，能根据信用证、合同及相关业务背景独立制单。

【强化训练】

一、填空题

1. 信用证条款为：

APPLICANT：XYZ COMPANY，NEW YORK

BENEFICIARY：ABC COMPANY，NANJING

DOCUMENTS REQUIRED：INSURANCE POLICY IN FAVOR OF THE BENEFICIARY AND BLANK ENDORSED COVERING MARINE TRANSPORTATION ALL RISKS，WAR RISKS AS PER ICC CLAUSES.

信用证未对保险单抬头作任何其他规定。

保险单抬头应为：______________

2. 信用证条款为：

DOCUMENTS REQUIRED：INSURANCE POLICY TO ORDER OF WHOM IT MAY CONCERN COVERING MARINE TRANSPORTATION ALL RISKS，WAR RISKS AS PER INSTITUTE CARGO CLAUSES.

信用证未对保险单抬头作任何其他规定。

保险单抬头应为：__________

3. 信用证条款为：

DOCUMENTS REQUIRED：INSURANCE POLICY/CERTIFICATE TO ORDER AND BLANK ENDORSED COVERING MARINE TRANSPORTATION ALL RISKS, WAR RISKS AS PER INSTITUTE CARGO CLAUSES.

保险单抬头应为：__________

4. 信用证条款为：

DOCUMENTS REQUIRED：INSURANCE POLICY COVERING MARINE TRANSPORTATION ALL RISKS, WAR RISKS AS PER INSTITUTE CARGO CLAUSES.

信用证未对投保比例作任何其他规定。

发票显示货物 CIF 总价为 USD100 000. 00，则保险单最低投保比例应为：__________

5. 信用证条款为：

DOCUMENTS REQUIRED： INSURANCE POLICY/CERTIFICATE ENDORSED IN BLANK COVERING MARINE TRANSPORTATION ALL RISKS, WAR RISKS AS PER INSTITUTE CARGO CLAUSE FOR 120PCT OF INVOICE VALUE WITH CLAIMES PAYABLE AT DESTINATION.

信用证未对投保金额作任何其他规定。

发票显示：

CIF	USD100 000. 00
LESS 1PCT COMM.	USD1 000. 00
TOTAL	USD99 000. 00

保险单投保金额最少应为：__________

6. 信用证条款为：

AMOUNT：USD550 000. 00

DOCUMENTS REQUIRED：INSURANCE POLICY/CERTIFICATE BLANK ENDORSED COVERING MARINE TRANSPORTATION ALL RISKS, WAR RISKS AS PER ICC（A）.

信用证未对保险投保金额作任何其他规定。

发票显示：

TOTAL MERCHANDISE VALUE	USD1 100 000. 00
LESS ADVANCE PAYMENT	USD550 000. 00
NET DUE UNER THE LETTER OF CREDIT	USD550 000. 00

保险单投保金额最少应为：__________

7. 信用证条款为：

L/C AMOUNT：USD100 000.00

DOCUMENTS REQUIRED：INSURANCE POLICY/CERTIFICATE BLANK ENDORSED FOR 110PCT OF INVOICE VALUE COVERING MARINE TRANSPORTATION ALL RISKS，WAR RISKS AS PER ICC（A）.

信用证未对保险单投保金额作任何其他规定。

发票显示：

TOTAL MERCHANDISE VALUE	USD110 000.00
LESS DISCOUNT	USD10 000.00
TOTAL CLAIMING AMOUNT	USD100 000.00

保险单投保金额最少应为：________________

8. 信用证条款为：

DOCUMENTS REQUIRED：INSURANCE POLICY/CERTIFICATE BLANK ENDORSED COVERING MARINE TRANSPORTATION ALL RISKS，WAR RISKS AS PER ICC（A）.

信用证未对保险单据份数作任何其他规定。

保险单上注明：

NO. OF ORIGINALS ISSUED：THREE

向银行提交的正本保险单据份数最少应为：________________

9. 信用证条款为：

DOCUMENTS REQUIRED：INSURANCE POLICY/CERTIFICATE BLANK ENDORSED COVERING MARINE TRANSPORTATION ALL RISKS，WAR RISKS AS PER INSTITUTE CARGO CLAUSES FOR 110PCT OF INVOICE VALUE WITH CLAIMS PAYABLE AT DESTINATION.

信用证未对保险赔付地点作任何其他规定。

保险单显示：

COVERING SHIPMENT FROM：NANJING

FOR TRANSPORTATION TO：NEW YORK

保险单赔付地点应为：________________

10. 信用证条款为：

DOCUMENTS REQUIRED：INSURANCE POLICY/CERTIFICATE TO ORDER AND BLANK ENDORSED COVERING MARINE TRANSPORTATION ALL RISKS，WAR RISKS AS PER INSTITUTE CARGO CLAUSES FOR 110PCT OF INVOICE VALUE WITH CLAIMS PAYABLE AT DESTINATION.

信用证未对保险单投保日期作任何其他规定。

保险单无任何关于保险投保日期的相关陈述。

提单显示：

ON BOARD DATE：AUGUST 8，2007，ISSUING DATE：AUGUST 7，2007

保险单的投保日期最迟为：________________

二、根据第二章强化训练的合同和第三章的信用证（表 3-1）缮制保险单。

第七章 运输单据

【导入思考】

武汉 ABC 公司和 XYZ 贸易公司于 2007 年初签订一份发制品出口合同，XYZ 贸易公司在规定的时间内开来了信用证，为了能在信用证规定的装运期内交货，ABC 公司业务员刘明于 3 月 13 日向货运公司办理相关运输手续。

1. L/C 相关资料

27 Sequence of Total：1/1

40A Form of Documentary Credit：IRREVOCABLE

20 Documentary Credit Number：1103050251

31C Date of Issue：070217

31D Date and Place of Expiry：070531 BENEFICIARY'S COUNTRY

50 Applicant：XYZ TRADING CORP
567 AVE WOODSIDE NY11377

59 Beneficiary：ABC HAIR PRODUCTS INC
28 QINAN RD，WUHAN
HUBEI，CHINA
TEL/027-12345678

32B Currency Code ，Amount：USD25 690. 00

41D Available with …by… ：ANY BANK BY NEGOTIATION

42C Drafts at … ：AT SIGHT

42D Drawee：WOORI AMERICA BANK TRADE FINANCE CENTER

43P Partial Shipments：ALLOWED

43T Transshipment：ALLOWED

44A Loading on Board：CHINESE PORT

44B For Transportation to …：NEW YORK，USA

44C Latest Date of Shipment：070430

45A Description of Goods and /or Services ：HAIR GOODS CIF NEW YORK

46A Documents Required：

+FULL SET OF CLEAN ON BOARD OCEAN BILLS OF LADING MADE OUT

TO THE ORDER OF WOORI AMERICA BANK, LEMOINE AVE FORT LEE NJ 07024 MARKED FREIGHT PREPAID AND NOTIFY APPLICANT.

47A Additional Conditions:

+AIR WAYBILLS ARE ACCEPTABLE.

+ ALL DOCUMENTS MUST BEAR THIS LETTER OF CREDIT NO. 1103050251.

2. 其他附加材料

发票号码：ABC001，合同号：ABC20070201XYZ，货物数量：2100PCS，21CTNS，毛重：325.5KGS，体积：1.7CBM。

唛头：HARLEM
NEW YORK
NO. 1-UP

（1）海运：

提单号：KAS050319TS，发货日期：Mar. 19，2007，装运港：青岛，船名船次：OOCLAMERICA /086E，CNTR/SEAL NO.：NYKU5536356/CN4549277 CFS/CFS。

（2）空运：

单号：777-1234 5675，航班日期：Mar. 20，2007，始飞机场：上海，航班：MU0514，运费费率：USD2.5/公斤，运单签发人：CHINA EASTERN AIRLINES，（承运人）授权人签名：王海，签发时间：Mar. 19，2007。

尝试完成下列任务，为缮制运输单据做准备：

1. 如何缮制运输单据中的如下栏目：

发货人、收货人、装运港、目的港、船期及船公司

2. 你能将发货人、收货人、装运港及目的港翻译成英文吗？

国际货物买卖合同签订后，根据相关的贸易术语，买卖双方要对货物的运输做出安排，常见的运输方式有：海洋运输、航空运输、铁路运输、公路、内河运输等。在这些运输方式中，又以海洋运输和航空运输最为常见，因此本章重点讲解这两种运输单据的填制。

第一节 海运单据

海洋运输因其运量大、运费低廉的优点成为国际贸易中最主要的运输方式。海洋运输分为班轮运输与租船运输两种方式。

一、货物的海运流程

以 CIF 和 CFR 等条件签订的出口合同，由出口方负责安排运输。如凭信用证方式结汇的，出口方须等收到信用证后方可安排运输，并在规定的装运时间内，办理好租船订舱手续，货物装运完毕，应及时通知进口方。其业务流程如图 7-1 所示：

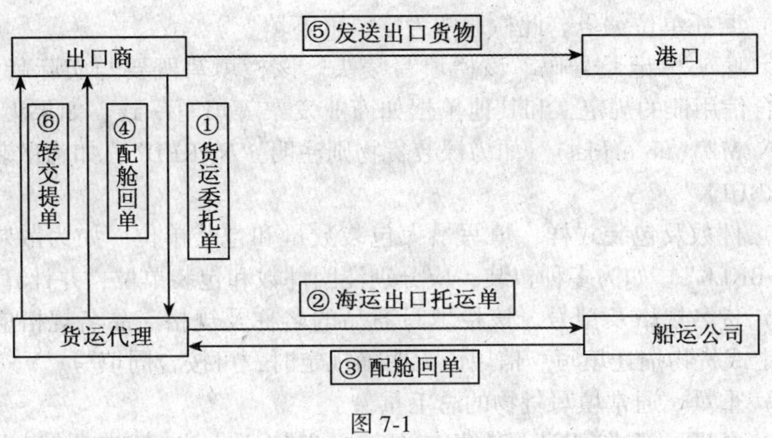

图 7-1

说明：

①出口商缮制海运货物委托单，委托货代向船运公司（承运人）办理租船订舱手续。

②货代向船运公司递交海运出口托运单，办理租船订舱手续。

③船运公司确认后，向货代签发配舱回单。

④货代将配舱回单交至出口商，通知其装货时间和地点。

⑤出口商将出口货物送到指定装货地点。

⑥货物出运后货代转交船运公司或其代理人签发的提单。

二、海运的主要单据

1. 海运货运委托单

货运委托单是委托方（出口方）向被委托方（货运代理人）提出的一种“要约”，被委托方一经书面确认意味着双方之间委托代理关系成立，因此委托单要由委托单位盖章，使之成为有效的法律文件。

委托单要详列托运的各项资料和委托办理的事项及工作要求，例如委托编号、合同号、信用证号（如有）、委托日期、发货人名称地址、收货人名称地址、通知方名称地址、唛头标记、货物内容、装运信息等。这些是货运代理人的工作依据。海运货运委托单的缮制内容如下：

（1）装运港。填写具体的装货港口名称。

（2）目的港。填写出口货物运往境外的最终目的港。最终目的港不能预知的，可按尽可能预知的目的港填报。

（3）合同号。指出口合同（sales contract）的编号。

（4）国别。填写货物实际运往国别。

（5）委托单位编号。此栏通常为空，可不填。

（6）唛头标记及号码。该栏填写唛头。该栏填写既要与实际货物相符，还要符合信用证的规定，和其他单据如商业发票等填写一致。如果无唛头时，填写“N/M”（no marks）。如为裸装货物则注明“NAKED”，如为散装货则注明“IN BULK”。

（7）件数及包装式样。填写最大包装数量和包装单位。如为散装货，注明“IN BULK”。如为多种包装，应分别注明件数和包装单位，并计算其总数。

（8）货名规格及型号。该栏填写商品的名称及规格。品名规格应按信用证的规定或货物描述填写。信用证无明确规定时，可按合同填写。

（9）重量。通常填写货物的总毛重。

（10）尺码。除信用证另有规定外，一般以立方米（CBM）列出货物体积。

（11）托运人。又称发货人，在托收项下为合同卖方；在信用证项下，托运人一般为信用证受益人，如信用证无具体规定，可以以第三方作为托运人。本栏通常填写托运人的全称和地址。

（12）收货人。该栏应按信用证要求填写。若为托收，可以填“TO ORDER”或指定收货人。在电开信用证项下通常在“DOCUMENTS REQUIRED 46A”提单条款里找到“CONSIGNED”或“MADE OUT ”字样，把该字样后的“TO THE ORDER OF ...”填入此栏。如果没有，也可以填写“TO ORDER”（详细填写可参阅本章提单的缮制）。

（13）通知人。填写最终收货方，通常是合同的买方或信用证规定的提单通知人。

（14）需要提单正本份数。根据信用证要求的提单份数填写。

（15）信用证号码。信用证项下的出口业务才需填写，若为托收或其他方式可不填。

（16）装运期限。按合同或信用证所列填写。

（17）有效期限。填写信用证的有效期，此期限是受益人向银行提交单据的最后日期。若为非信用证方式下，此项可不填写。

(18) 分批与转运。按合同或信用证规定填写。如果允许分批或转运，则填“YES”或“Y”，反之，则填“NO”或“N”。若信用证或合同未对此项作出明确规定，则默认为允许。

(19) 提单寄送地址。此栏是指示货代寄送提单的地址，通常就是托运人公司所在地。

(20) 运费支付方式。根据使用的价格术语而填制，当采用 CIF 或 CFR 时，应填制“FREIGHT PREPAID”，或“预付”；当采用 FOB 时，应填制“FREIGHT COLLECT”，或“到付”。

(21) 特约事项。指托运时需告知船公司的注意事项，或者是信用证对提单的特别要求。如导入思考中的信用证规定，所有单据需注明信用证号码。托运人可将该要求填入此栏，届时船公司或其代理人签发正本提单时会在提单上注明该号码。

(22) 随附单据。填写向货代或船公司安排运输时需要随附的单据，通常有商业发票、装箱单等。

(23) 船名、航次、装船日期、提单号。装船日期可填写托运人预定的发运日期。该日期一般为将来的提单日期。其他栏目在租船订舱时还没有数据，因此为空。

(24) 单据最后还应写托运人的联系方式和联系人，一般还应盖托运人公单。表 7-1 是刘明填制的海运出口货运委托单，委托货代向船运公司（承运人）办理租船订舱手续。

2. 海运托运单

托运人（出口方）填好货运委托书并随附商业发票、装箱单等单据向货运代理公司办理货物托运手续，货代接受托运人的委托制作出口托运单通过电子订舱系统向船公司办理租船订舱手续。托运单虽然不是出口结汇的正式单据，但由于它是日后制作提单的主要资料，所以相关内容要按信用证和合同的内容规范填制。

托运单的主要内容包括：托运人名称、收货人名称、货物的名称、重量、尺码、件数、包装样式、标志及唛头、目的港、装船期限、信用证的有效期、能否分批装运或转运、对运输的要求及对签发提单的要求等。托运单的填制通常按托运人提交的海运出口货运委托单及随附单据填制（填制内容和出口货运委托单大同小异，填制方法略）。

表 7-2 是货代根据刘明填制的货运委托书及随付的装箱单、发票等单据，接受 ABC 公司的委托后制作的海运出口托运单，向船方订舱。

表 7-1

海运出口货运委托单

委托单位：ABC 发制品公司　　　　　　　　　　　　委托编号：ABC001

<table>
<tr><td>装运港：
QINGDAO CHINA</td><td>目的港：
NEW YORK</td><td>合同号：
ABC20070201XYZ</td><td>国别：
USA</td><td>委托单位编号：</td></tr>
<tr><td>唛头标记及号码：
HARLEM
NEWYORK
NO. 1-21</td><td>件数及
包装式样：
21CTNS</td><td>货名规格及型号：
HAIR GOODS</td><td>重量（公斤）：
325. 5KGS</td><td>尺码（立方米）：
1. 7CBM</td></tr>
<tr><td colspan="4">托运人（英文）SHIPPER：.
ABC HAIR PRODUCTS INC.
28 QINAN RD, WUHAN HUBEI CHINA</td><td>需要提单正本份数：
THREE</td></tr>
<tr><td colspan="4">收货人 CONSIGNEE：
TO THE ORDER OF WOORI AMERICA BANK
LEMOINE AVE. , FORT LEE NJ 07024</td><td>信用证号：
1103050251</td></tr>
<tr><td colspan="4">通知人（英文）NOTIFY：
XYZ TRADING CORP .
56 7 AVE. WOODSIDE NY 11377</td><td>装期：070430
效期：070531
可否转运：Y
可否分批：Y</td></tr>
<tr><td colspan="4">提单寄送地址：
湖北省武汉市汽南路 28 号</td><td>运费支付方式：
预付</td></tr>
<tr><td colspan="4">特约事项：每份单据上均需注明信用证号码。</td><td>随附单据
发票、装箱单</td></tr>
<tr><td colspan="4">船名　　航次　　装船日期：MAR. 19, 2007　　提单号</td><td>货物情况：</td></tr>
</table>

我公司联系人：　　刘明　　TEL：027-12345678　　FAX：027-12345678

3. *海运提单*

海运提单（bill of lading）简称提单，是由船公司或其代理人收到承运货物后向托运人签发的一种凭证。其主要作用有：（1）货物收据。是承运人或其代理人出具的货物收据，证明承运人已收到或接管提单上所列的货物。（2）物权凭证。提单是货物的所有权凭证，提单在法律上具有物权证书的作用，货物抵达目的港后，承运人应向提单的合法持有人交付货物。提单可以通过背书转让从而转让货物的所有权。（3）运输契约的证明。提单是承运人与托运人之间订立的运输契约的证明。

海运提单是托运人凭以向银行办理议付、结汇的主要单据之一，并在运输费用的结算和对外索赔中具有重要作用。提单因船公司的不同而格式各异，但其各栏目和内容基本一致，通常包括正面的记载事项和背面印就的运输条款。海运提单的缮制要求如表 7-3 所示。

表 7-2　　货代制作的海运出口托运单（订舱用）

Shipper（发货人） ABC HAIR PRODUCTS INC 28 QINAN RD. WUHAN HUBEI CHINA	委托号：ABC001 Forwarding agents: B/L No.
Consignee（收货人） TO THE ORDER OF WOORI AMERICA BANK LEMOINE AVE.,FORT LEE NJ 07024	中国对外贸易运输公司 集装箱货物托运单 船代留底 第二联
Notify Party（通 知 人） XYZ TRADING CORP 56 7 AVE WOODSIDE NY 11377	
Pre-carriage by（前程运输） Place of Receipt（收货地点）	

Ocean Vessel（船名）	Voy. No.（航次）	Port of Loading（装货港） QINGDAO CHINA	Date（日期）
Port of Discharge（卸货港） NEW YORK	Place of Delivery（交货地点）	Final Destination for the Merchant's Reference（目的地）	

Container No.（集装箱号）	Seal No.（封志号） Marks & Nos.（标记与号码）	No. of containers or P'kgs（箱数与件数）	Kind of Packing; Description of Goods（包装种类与货名）	Gross Weight（毛重）	Measurement 尺码（m^3）
	HARLEM NEW YORK NO.1-21	21 CARTONS L/C NO. 1103050251	HAIR GOODS	325.5 KGS	1.7CBM

Total Number of Container or Package (in words) 集装箱数或件数合计（大写）	SAY TOTAL TWENTY ONE CARTONS ONLY.

Contain No.（箱号）	Seal No.（封志号）	P'kgs（件号）	Contain No.（箱号）	Seal No.（封志号）	P'kgs（件号）
		21 CARTONS			

Received（实收）	By Terminal clerk/Tally Clerk（场站员/理货员签字）

Freight & Charges	Prepaid at（预付地点）	Payable at（到付地点）	Place of Issue（签发地点）	Booking Approved by（定舱确认）
	Total Prepaid（预付总额）	No. of Original Bs/L（正本提单的分数） THREE	货值金额	

Service Type on Receiving	Service Type on Delivery	Reefer Temperature Required（冷藏温度）	F	C
□…CY ☑…CFS □…DOOR	□…CY ☑…CFS □…DOOR			

Type of Goods（种类）	☑ Ordinary（普通）	□ Reefer（冷藏）	□ Dangerous（危险）	□ Auto（裸装车辆）	危险品	Class: Property
	□ Liquid（液体）	□ Live Animal（活动物）	□ Bulk（散装）			IMDG code Page UN No.

发货人或代理地址：28 QINAN RD. WUHAN HUBEI,CHINA		联系人：刘明	电话：027-12345678
可否转船　Y	可否分批　Y	装运期限 MAR.19.2007	备注
有效期：MAY 31.2007		制单日期 MAR.13.2007	集装场站名称
海运费由　由ABC发制品公司支付 如预付运费托收承付，请填写银行账号			

表 7-3

Shipper 托运人		B/L NO. 提单号 ORIGINAL 中国对外贸易运输总公司 CHINA NATIONAL FOREIGN TRADE TRANSPORT CORPORATION 直运或转船提单 BILL OF LADING DIRECT OR WITH TRANSSHIPMENT SHIPPED on board in apparent good order and condition (unless otherwise indicated) the goods or packages specified herein and to be discharged or the mentioned port of discharge of as near there as the vessel may safely get and be always afloat. THE WEIGHT, measure, marks and numbers quality, contents and value, being particulars furnished by the Shipper, are not checked by the Carrier on loading. THE SHIPPER, Consignee and the Holder of this Bill of Lading hereby expressly accept and agree to all printed, written or stamped provisions, exceptions and conditions of this Bill of Loading, including those on the back hereof. IN WITNESS where of the number of original Bill of Loading stated below have been signed, one of which being accomplished, the other(s) to be void.
Consignee or order 收货人		
Notify Party 通知人		
Pre-carriage by 首程运输	Port of loading 装运港	
Vessel 船名船次	Port of transshipment 转运港	
Port of discharge 卸货港	Final destination 最终目的地	

Container Seal No. or marks and Nos.	Number and kind of packages Designation of goods	Gross weight (kgs.)	Measurement (m^3)
标志/号码 集装箱号及 铅封号等	货物名称、包装数量及种类	毛重	尺码

REGARDING TRANSHIPMENT INFORMATION PLEASE CONTACT 如需转运时联系人			Freight and charge 运费和费用
Ex. rate 费率	Prepaid at 费用预付地点	Fright payable at 运费支付地点	Place and date of issue 签单地点及日期
	Total Prepaid 预付的总费用	Number of original Bs/L 正本提单份数	Signed for or on behalf of the Master 承运人签字

(1) 提单号（B/L No.）。提单号一般位于提单右上角，提单上必须注明承运人或代理人规定的提单号以便核查，否则该提单无效。此号码由承运人或其代理人提供。

(2) 托运人（shipper）。又称发货人，在托收项下为合同卖方；在信用证项下，托运人一般为信用证受益人，如信用证无具体规定，可以以第三方作为托运人。本栏通常填写托运人的全称和地址。

(3) 收货人（consignee）。又称“抬头”，提单的抬头决定了海运提单的性质和货权的归属。如果是托收项下的提单，一般做成空白指示（to order）或托运人指示（to order of shipper）提单，然后由托运人背书送交托收银行，托收项下的提单应避免做成以买方为抬头的提单，防止物权转移。信用证项下的提单必须严格按照信用证的提单条款填制。信用证项下多使用指示性抬头。指示性抬头又分为两种：不记名指示（to order）和记名指示（to order of ×× bank/shipper）。如信用证规定：

①“Full set of B/L made out to order”：此栏填“To order”。

②“Full set of B/L made out to the order of ×× bank”：此栏填“To the order of ×× bank”。

③“Full set of B/L made out to order of shipper”：此栏填“To order of shipper”。

④“Full set of B/L issued to order of applicant”：此栏填“To order of 开证人名称”。

(4) 通知人 (notify party)。这是船公司在货物到达目的港时发送到货通知的收件人。通知人不一定就是最终收货人。在托收项下此栏可填合同的买方。在信用证项下，应严格按信用证要求填写。

①Notify applicant：此栏填开证申请人全称和地址。

②Notify applicant and us：此栏填开证人和开证行全称。

(5) 首程运输 (pre-carriage by)。如货物需转运，此栏填入第一程船名。无需转运，此栏可为空。

(6) 收货地点 (place of receipt)。如货物需转运，填写收货地名称。无需转运，此栏可为空。

(7) 船名 (ocean vessel)。如货物需转运，填写第二程船名和航次，如无需转运，填实际货运船名和航次。

(8) 装运港 (port of loading)。填写具体的装货港口名称。如果信用证规定“Chinese Port”，实际装货港为上海，则此栏应填“Shanghai”而不是“Chinese”。

(9) 卸货港 (port of discharge)。填写卸货港（目的港）名称。若有重名港口，港口名称后还应加上国家名称，以避免货物送错的情况。

(10) 交货地点 (place of delivery)。填写最终目的地名称。如果货物目的地是目的港的话，此栏为空。

(11) 运费支付地 (freight payable at)。FOB 价格成交时，填写目的港名称，CIF 或 CFR 成交时则填装运港名称。此栏也可为空。

(12) 正本提单份数 (number of original B/Ls)。提单有正副本之分，正本提单可流通，用于交单议付，副本则不能。全套的正本提单通常有三份，其中一份提货，则其余各份即失效。每份正本提单的效力相同。

(13) 标志和号码 (marks and Nos.)。该栏填写唛头，应与商业发票等单据内容相同。如果无唛头，填写“N/M”(no marks)。

(14) 件数和包装种类 (number and kind of packages)。填包装数量和包装单位。如为散装货，用“in bulk”。如为多种包装，应分别注明件数和包装单位，并计算其总数，例如：

200 cartons
100 bales
100 cases
―――――――
400 packages

(15) 货物名称 (description of goods)。货物名称应按信用证或合同描述的填写，并与其他单据的货名相同。可以写商品的统称，但是不能与信用证或发票的货物描述冲突。

(16) 毛重 (gross weight)。填货物总毛重量，通常以 KG 表示。

(17) 尺码 (measurement)。填货物的总体积数。

(18) 大写件数 (total number of containers or packages in words)。用英文大写表示，此栏目数量应与 (14) 栏内容一致。规范性填制通常句首加 "SAY" 句末加 "ONLY"。

(19) 运费和费用 (freight and charges)。除非信用证明确规定填具体运费与费率外，一般此栏填 "As Arranged (按约定) " 或为空。

(20) 签单地点及日期 (place and date of issue)。提单的签发地应为装运地。提单签发日期则是装运日期，该日期不能迟于信用证或合同规定的最迟装运时间。

(21) 承运人签字 (signed for or on behalf of the carrier)。提单必须由承运人或其代理人签字方能生效，且提单上各当事人身份需表述清楚。

(22) 其他缮制要求。

①装船批注 (on board notation)。如果信用证规定要求提供已装船提单，而提单没有预先印就 "Shipped on Board" ("已装船") 字样，则必须在提单上加注装船批注。已装船提单的签发日期视为装运日期。

②运费条款 (freight clause)。根据使用的价格术语而填制，当采用 CIF 或 CFR 时，应填制 "Freight Prepaid"，当采用 FOB 时，应填制 "Freight Collect"，此内容一般在提单运费和费用栏内或在提单空白处填上。

③若为集装箱运输，通常提单上还应打印集装箱号码 (container No.) 和铅封号 (seal No.)，相关信息通常填制在唛头下方空白处。

④若提单的抬头做成指示性抬头，通常要求转让人 (背书人) 在提单背面写明或者不写明受让人，并签名，即通常所说的背书。背书可分为记名背书、不记名背书等几种方式。

记名背书是指背书人在提单背面写明被背书人的名称，并由背书人签名的背书形式。例如：ABC 公司将提单背书转让给 XYZ 公司，可做以下背书：

TO DELIVER TO XYZ CO.

ABC CO.

NOV. 10, 2007

不记名背书又称空白背书，是指背书人在提单背面签名，但不记载任何受让人的背书形式。例如 ABC 公司收到的信用证规定 "Full set of B/L made out to order endorsed in blank"，则背书做成：

ABC CO.

NOV. 10，2007

表 7-4 是船公司或其代理人签发给 ABC 发制品公司的海运提单，通常在正本签发之前，会传真草单给刘明确认，刘明需根据信用证和合同的有关要求进行审核，无误后船公司或其代理人签正本提单交给 ABC 公司作为制单结汇的单据之一。

表 7-4

<table>
<tr><td colspan="2">Shipper
ABC HAIR PRODUCTS INC
28 QINAN RD, WUHAN HUBEI,CHINA</td><td colspan="2" rowspan="6">B/L NO. KAS050319TS　　ORIGINAL

中 国 对 外 贸 易 运 输 总 公 司
CHINA NATIONAL FOREIGN TRADE TRANSPORT CORPORATION
直 运 或 转 船 提 单
BILL OF LADING DIRECT OR WITH TRANSSHIPMENT

SHIPPED on board in apparent good order and condition (unless otherwise indicated) the goods or packages specified herein and to be discharged or the mentioned port of discharge of as near there as the vessel may safely get and be always afloat.

THE WEIGHT, measure, marks and numbers quality, contents and value, being particulars furnished by the Shipper, are not checked by the Carrier on loading.

THE SHIPPER, Consignee and the Holder of this Bill of Lading hereby expressly accept and agree to all printed, written or stamped provisions, exceptions and conditions of this Bill of Loading, including those on the back hereof.

IN WITNESS where of the number of original Bill of Loading stated below have been signed, one of which being accomplished, the other(s) to be void.</td></tr>
<tr><td colspan="2">Consignee or order
TO THE ORDER OF WOORI AMERICA BANK
LEMOINE AVE.,FORT LEE NJ 07024</td></tr>
<tr><td colspan="2">Notify address
XYZ TRADING CORP
56 7 AVE WOODSIDE NY 11377</td></tr>
<tr><td>Pre-carriage by</td><td>Port of loading
QINGDAO CHINA</td></tr>
<tr><td>Vessel
OOCLAMERICA
/086E</td><td>Port of transshipment</td></tr>
<tr><td>Port of discharge
NEW YORK</td><td>Final destination</td></tr>
<tr><td>Container Seal No. or
marks and Nos.</td><td>Number and kind of packages
Designation of goods</td><td>Gross weight (kgs.)</td><td>Measurement (m^3)</td></tr>
<tr><td>HARLEM
NEW YORK
NO.1-21
CNTR/SEAL NO.
NYKU5536356
/CN4549277</td><td>HAIR GOODS
L/C NO.1103050251
21CTNS
SAY TOTAL:TWENTY ONE CARTONS ONLY.
CFS/CFS</td><td>325.5KGS</td><td>1.7CBM

SHIPPED ON BOARD:MAR.19,2007</td></tr>
<tr><td colspan="2">REGARDING TRANSHIPMENT
INFORMATION PLEASE CONTACT</td><td colspan="2">Freight and charge

FRIGHT PREPAID</td></tr>
<tr><td>Ex. rate</td><td>Prepaid at</td><td>Fright payable at
QINGDAO</td><td>Place and date of issue
QINGDAO CHINA MAR.19,2007</td></tr>
<tr><td></td><td>Total Prepaid</td><td>Number of original Bs/L
THREE</td><td>Signed for or on behalf of the Master</td></tr>
</table>

第二节 空运单据

航空运输在各种货物运输方式中出现较晚但又是发展最快的一种。它与海洋运输、铁路运输相比较，具有交货迅速、准确方便、保证运输质量且不受地面条件限制等优点。

一般来说，在国际货物航空运输中，航空公司只负责从一个机场将货物运至另一个机场，对于揽货、接货、报关、订舱及在目的地机场提货和将货物交付收货人等方面的业务全由航空代理（简称空代）办理。空代可以是货主的代理，负责办理航空货物运输的订舱等手续，也可以是航空公司的代理，办理接货并以航空承运人的身份签发航空运单，对运输全程负责。

一、货物的空运流程

货物的空运流程见图 7-2。

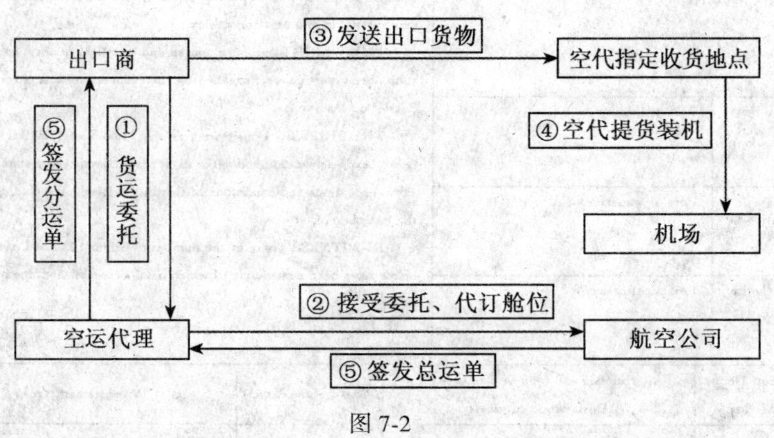

图 7-2

以出口货物班机运输为例，其基本程序如下：

①办理托运。出口商备齐货物，填写托运单并提供有关单证，委托货代订舱。

②安排货舱。空代汇总所接受的委托，集中向航空公司预订舱位。

③发送货物。空代接受委托后，出口商将货物送到其指定仓库待运。

④收货装机。空代根据航班代出口商提取货物送进机场，凭装货单据将货物送到指定舱位待运。

⑤签发运单。货物装机完毕，由航空公司签发航空总运单，空代签发航空分运单给出口商。

二、空运的主要单证

1. 国际货物托运书

办理出口货物航空运输手续须填写国际货运托运书，并随附商业发票与装箱单。国际货物托运书是托运人用于委托承运人或其代理人填开航空运单的一种单据，单据上列有填制货运单所需各项内容，并应印有授权于承运人或其代理人代其在运单上签字的文字说明。

表 7-5 是刘明填制的国际货运托运书（假设 ABC 公司采用空运方式发货）。

表 7-5　　国际货运托运书

<table>
<tr><td colspan="3">托运人姓名及地址（Shipper's Name and Address）
ABC HAIR PRODUCTS INC.
28 QINAN RD, WUHAN HUBEI,
CHINA TEL/027-12345678</td><td colspan="4" rowspan="2">上海航空货运代理有限公司
SHANGHAI INTERNATIONAL FREIGHT FORWARDING CO., LTD.</td></tr>
<tr><td colspan="3">收货人姓名及地址（Consignee's Name and Address）
XYZ TRADING CORP.
56 7 AVE. WOODSIDE NY 11377</td></tr>
<tr><td colspan="3">另请通知（Notify Party）
SAME AS CONSIGNEE</td><td colspan="4" rowspan="2">费用及备注：
FREIGHT PREPAID
L/C NO. 1103050251</td></tr>
<tr><td>始发站 From Place/ Airport of Departure
SHANGHAI AIRPORT</td><td colspan="2">目的地 To Airport of Destination
NEW YORK AIRPORT</td></tr>
<tr><td>件数 No. of Packages
21CARTONS</td><td>毛重（KGS）Gross Weight
325. 5KGS</td><td>体积（CBM）Measurement
1. 7CBM</td><td rowspan="2">费率 Rate/ Charges</td><td rowspan="2">空运费付款方式
√ 预付
到付</td><td rowspan="2">其他费用付款方式
√ 预付
到付</td><td rowspan="2">货物详细品名 Description of Goods
HAIR GOODS</td></tr>
<tr><td colspan="3">报关 Customs Clearance
快件报关　自行报关
报关退税　√ 委托报关</td></tr>
<tr><td colspan="3">所附文件 Documents Accompanying Airway Bill
√ 发票　√ 装箱单
产地证　其他</td><td colspan="4" rowspan="2">托运人证实以上所填全部属实，并愿遵守承运人的一切载运章程。
The shipper certifies that particulars on the face hereof are correct and agrees to the conditions of carriage of the carrier.
托运人签字及盖章　刘明
Stamp and Signature of shipper
日期：MAR. 13，2007
Date：</td></tr>
<tr><td colspan="3">在货物不能交付收货人时，托运人指示的处理方法（Shipper's instructions in case of inability to deliver shipment as consigned）</td></tr>
</table>

2. 空运单（air waybill）

空运单是托运人和承运人之间的运输合同和货物收据。空运单不是物权凭证，不能凭以提货或转让，其仅供收货人作为运费账单与核收货物的依据，也是承运人的计账凭证。

空运单和海运提单一样，随承运人的不同而格式各异，但缮制内容及要求大致相似。表 7-6 是空代接受刘明的托运后签发的分运单。

空运单的缮制要求如下：

（1）运单号码（air waybill number）。航空公司编写，由航空公司的票证代号和货运单序号及检验号组成，如 777-1234 5675。

（2）发货人名称及地址（shipper's name and address）。按信用证或合同要求填写，信用证项下一般为受益人，托收方式下一般为出口商。

（3）发货人账号（shipper's account number）。此栏通常留空不填。

（4）收货人名称及地址（consignee's name and address）。按信用证要求填收货人名称和地址，一般为开证行或开证人；托收方式下以代收行为收货人可避免风险，但须征得代收行的同意，在实际业务中多为进口商。与海运提单不同，因为空运单不可转让，所以“凭指示”之类的字样不得出现。

（5）收货人账号（consignee's account number）。此栏通常留空不填，除非信用证另有规定。

（6）承运人代理的名称及城市（issuing carrier's agent name and city）。如果由货运代理公司签发，此栏填实际名称和城市。若为承运人直接签发，可留空不填。

（7）代理人的 IATA 代号（agent's IATA code）。IATA 是国际航空运输协会的英文缩写，填代理人的该代号。

（8）代理人账号（agent's account No.）。供承运人结算使用，由代理人填写。此栏可留空不填。

（9）始发机场及所要求的航线（airport of departure and requested routing）。填始发机场名称和实际航线。

（10）支付信息（accounting information）。此栏只有在采用特殊付款方式时才填写。

（11）货币（currency）。填入 ISO（国际标准组织）货币代码。

（12）运费代号（charge code）。一般不需要填写，仅供电子传送货运单信息时使用。

（13）运费及声明价值费和其他费用（WT/VAL，weight charge/valuation charge，other）。此时可以有两种情况：预付（PPD，prepaid）或到付（COLL，collect）。如预付在 PPD 栏中打“×”，如到付，则在 COLL 栏内打

"×"。需要注意的是，航空货物运输中运费与声明价值费支付的方式必须一致，不能分别支付。

表 7-6

空运单

Shipper's name and adderss	Shipper's account number	NOT NEGOTIABLE NO.777-1234 5675
ABC HAIR PRODUCTS INC 28 QINAN RD, WUHAN HUBEI CHINA		**Air Waybill** Issued by **中国东方航空公司** CHINA EASTERN AIRLINES Copies 1,2 and 3 of this Air Waybill are originals and have the same validity
Consignee's name and address	Consignee's account number	It is agreed that the goods described herein are accepted in apparent good order and condition (except as noted) for carriage SUBJECT TO THE CONDITIONS OF CONTRACT ON THE REVERSE HEREOF. THE SHIPPER'S ATTENTION IS DRAWN TO THE NOTICE CONCERNING CARRIER'S LIMITATION OF LIBILITY. Shipper may increase such limitation of liability by declaring a higher value for carriage and paying a supplemental charge if required.
XYZ TRADING CORP. 56 7 AVE WOODSIDE NY 11377		
Issuing Carrier's Agent Name and City		Accounting Information FREIGHT PREPAID L/C NO.1103050251
Agent's IATA Code	Account No.	
Airport of Departure (Addr. of first Carrier) and requested Routing SHANGHAI CHINA		

To	By first Carrier / Routing and Destination	To	By	To	By	Currency	CHGS Code	WT/VAL PPD	WT/VAL COLL	Other PPD	Other COLL	Declared Value for Carriage	Value for Carriage
						USD		×		×		NCD	

Airport of Destination	Flight/Date / For Carrier Use only / Flight/Date	Amount of Insurance	INSURANCE – If carrier offers insurance, and such insurance is requested in accordance with conditions on reverse hereof, indicate amount to be insured in figures in box marked "amount of insurance".
NEW YORK USA	MU0514/MAR.20,2007	NIL	

Handing Information

No of Pieces RCP	Gross Weight	Kg Lb	Rate Class / Commodity Item No.	Chargeable Weight	Rate / Charge	Total	Nature and Quantity of Goods
21	325.5	K	Q	325.5	2.5	813.75	HAIR GOODS HARLEM NEW YORK NO.1-21 1.7CBM FLIGHT DATE: MAR.20,2007

Prepaid / Weight Charge / Collect	Other Charges
813.75	AWB FEE :USD30.00
Valuation Charge	
Tax	
Total Other Charges Due Agent 30	Shipper certifies that the particulars on the face hereof are correct and that insofar as any part of the consignment contains dangerous goods, such part is properly described by name and is in proper condition for carriage by air according to the applicable Dangerous Goods Regulations.
Total other Charges Due Carrier	Signature of Shipper or his Agent
Total prepaid / Total collect 843.75	For British Airways as Carrier MAR.19,2007 SHANGHAI CHINA EASTERN AIRLINES AS CARRIER 王海
Currency Conversion Rates / cc charges in Dest. Currency	Executed on (date) at (place) Signature of Issuing Carrier or its Agent
For Carrier's use only at Destination / Charges at Destination	Total Collect Charges

ORIGINAL 3 (FOR SHIPPER)

（14）供运输用声明价值（declared value for carriage）。在此栏填入发货人要求的用于运输的声明价值。如果发货人不要求声明价值，则填入“NVD”（no value declared）。

（15）供海关用声明价值（declared value for customs）。发货人在此填入对海关的声明价值，或者填入“NCV”（no customs valuation），表明没有声明价值。

（16）目的地机场（airport of destination）。填写信用证或合同规定的目的地机场名称。

（17）航班及日期（flight/date）。填入货物所搭乘航班及日期。

（18）保险金额（amount of insurance）。只有在承运人提供代办保险业务而托运人也有此需要时才填写。此栏填制托运人货物投保金额，无此项业务，此栏打“×××”。

（19）操作信息（handling information）。指信用证要求的被通知人，或随机的单证名称，或包装情况，或托运人对货物在途中的特别要求等。一般此栏不填。

（20）货物件数和运价组成点（No. of pieces RCP，rate combination point）。填入货物包装件数。如 10 包即填“10”。当需要组成比例运价或分段相加运价时，在此栏填入运价组成点机场的 IATA 代码。

（21）毛重（gross weight）。填入货物总毛重。

（22）公斤或磅（Kg/Lb）。按实际计量单位选择。

（23）运价等级（rate class）。根据需要打印代号。针对不同的航空运价常见的共有 6 种代码，它们是：

M（minimum charge）：起码运价

C（specific commodity rates）：特种商品运价

S（surcharged class rate，more than normal rate）加价运价，高于 45 公斤普通货物运价的等级运价

R（reduced class rate，less than normal rate）折扣运价，低于 45 公斤普通货物运级的等价运价

N（normal rate）45 公斤以下货物适用的普通货物运价

Q（quantity rate）45 公斤以上货物适用的普通货物运价

（24）商品编号（commodity item No.）。使用指定商品运价时，此栏打印指定商品名代号（打印位置要与运价代号水平）；使用等级货物运价时，此栏打印附加或附减运价比例；如果是集装货物，打印集装货物的运价等级。

（25）计费重量（chargeable weight）。此栏填入航空公司据以计算运费的

计费重量，该重量可以与货物毛重相同也可以不同。通常将货物体积换成立方厘米除以6 000得出的数值和毛重（Kg）相比较，取其值大者作为计费重量。

（26）运价（rate/charge）。填入该货物适用的费率。

（27）运费总额（total）。此栏数值应为起码运费值或运价与计费重量两栏数值的乘积。

（28）货物的品名、数量、尺码或体积（nature and quantity of goods incl. dimensions or volume）。按信用证或合同要求填写。

（29）以重量计算的运费额（weight charge）。将运费额按实际情况填入"预付"或"到付"栏中。

（30）其他费用（other charges）。指除运费和声明价值附加费以外的其他费用，主要包括运单费、仓储费和危险货物费等。根据IATA规则，各项费用分别用三个英文字母表示。其中前两个字母是某项费用的代码，如运单费就表示为AW（air waybill fee）。第三个字母是C或A，分别表示费用应支付给承运人（carrier）或货运代理人（agent）。

（31）需要付给代理人的其他费用（total other charges due agent）。

（32）需要付给承运人的其他费用（total other charges due carrier）。

（33）预付费用总额（total prepaid）。

（34）到付费用总额（total collect）。

（35）签单时间（日期）、地点、承运人或其代理人的签字（executed on ××at ××，signature of issuing carrier or its agent）。正本空运单必须由承运人或代理人签章才有效。本栏签发日期不得晚于合同或信用证规定的最迟装运期，该日期将被视为发运日期，除非空运单据载有专门批注注明实际发运日期，此时批注中的日期将被视为发运日期。

第三节 课内实践

一、实务操作

根据下述信用证有关条款及附加内容，填制一份多式联运提单。

信用证的有关条款包括：

（1）L/C NO. CDR22/04，DATED SEPT. 4，2004，ISSUED BY BANK OF INDIA.

（2）FULL SET CLEAN SHIPPED "ON BOARD" OCEAN BILL OF LADING DATED NOT LATER THAN 15TH OCT.，2004 MARKED "FREIGHT PAID"

MADE OUT AND ENDORSED TO THE ORDER OF BANK OF INDIA, LOUBORUCH, STERSHIRE DENIL ZBK, USA NOTIFY WIN SHIPPING SERVICES, 94 BEAUMOND ROAD, NEW YORK.

(3) EXPIRY DATE: OCT. 30TH, 2004

(4) EVIDENCING CURRENT SHIPMENT FROM PEOPLE'S RRPUBLIC OF CHINA PORT TO NEW YORK FOR THE UNDER-MENTIONED GOODS:

810 CARTONS SLICED WATER CHESTNUTS @ USD12. 00 PER CARTON UNDER CONTRACT NO. SF5976 CIF NEW YORK

(5) BENEFICIARY: CHINA NATIONAL I/E CORP. WUHAN BRANCH

(6) APPLICANT: MICHEL BULL CO. LTD., 1210 CONKER RD CENTRAL, USA

有关资料包括:

(1) MARKS: N. H.
NEW YORK
NO. 1-810

(2) SHIPMENT DATE: 10TH OCT., 2004

(3) B/L NO.: 453

(4) GROSS WEIGHT: 1 800KGS

(5) MEASUREMENT: 24. 533CBM

(6) OCEAN VESSEL: KANGKE V. 37

(7) 货物运输是从武汉卡车运往上海，在上海装 KANGKE V37 号货轮。多式联运经营人收货地点和签发提单地点为武汉。

分析：答案见表 7-7。

1. SHIPPER（托运人）：本信用证无特殊规定，则通常填制出口商，即信用证受益人名称“CHINA NATIONAL I/E CORP. WUHAN BRANCH”。

2. CONSIGNEE（收货人）：本信用证有关条款第 2 条规定海运提单“MADE OUT AND ENDORSED TO THE ORDER OF BANK OF INDIA, LOUBORUCH, STERSHIRE DENIL ZBK, USA”。因此，收货人应填制“TO THE ORDER OF BANK OF INDIA, LOUBORUCH, STERSHIRE DENIL ZBK, USA”。从这里我们可以看出，该提单是一份指示性提单。

3. NOTIFY PARTY（通知方）：本信用证有关条款第 2 条规定海运提单“NOTIFY WIN SHIPPING SERVICES, 94 BEAUMOND ROAD, NEW YORK”，因此该栏应填制“WIN SHIPPING SERVICES, 94 BEAUMOND ROAD, NEW YORK”，而不是开证申请人“MICHEL BULL CO. LTD., 1210 CONKER RD

CENTRAL，USA”。

4. PRE-CARRIAGE BY（首程运输）：多式联运中通常填写首程运输工具的方式和名称。该例中应填写武汉到上海的运输工具。

5. PLACE OF RECEIPT（收货地点）：信用证中规定“FROM PEOPLE'S REPUBLIC OF CHINA PORT TO NEW YORK”，但是填制时需填写具体地点名称，本例中收货地点为武汉，因此填制“WUHAN”。若收货地点和装运港相同，则此栏可为空。

6. OCEAN VESSEL & VOY NO.（船名及船次）：该项填制二程船名及船次。根据背景资料填制为“KANGKE V. 37”。

7. PORT OF LOADING（装运港）：根据背景资料装运港为“SHANGHAI”。

8. PORT OF DISCHARGE（卸货港）：根据信用证有关条款第 4 条的规定，卸货港为“NEW YORK”。

9. PLACE OF DELIVERY（交货地点）：本例中交货地点即为卸货地，因此可为空。

10. MARKS AND NOS. & CONTAINER SEAL NO.（标志和号码与集装箱及铅封号）：此栏将唛头填入，若是集装箱运输，承运人或其代理人签发提单时还会将集装箱号和铅封号填入此处。

11. NUMBER AND KIND OF PACKAGES（件数和包装种类）：填入包装数量及种类。根据信用证内容，该货物为“810 CARTONS”。

12. DESCRIPTION OF GOODS（货物名称）：根据信用证有关条款第 4 条规定，该批货物为“SLICED WATER CHESTNUTS”。

13. GROSS WEIGHT（毛重）：根据背景资料该栏填入“1 800KGS”。

14. MEASUREMENT（尺码）：根据背景资料该栏填入“24. 533CBM”。

15. TOTAL NUMBER OF CONTAINERS OR PACKAGES IN WORDS（大写件数）：此栏用文字填写货物数量，应与第 12 栏保持一致，规范性填制通常句首加“SAY”句末加“ONLY”。

16. PLACE AND DATE OF ISSUE（签单地点及日期）：根据背景资料该多式联运提单签发地点为“WUHAN”。

17. NUMBER OF ORIGINAL B/LS（正本提单份数）：通常为三份。

另外，根据信用证有关条款第 2 条，该提单要求是“ON BOARD（已装船提单）”并注明“FREIGHT PAID（运费已付）”。因此，本提单还应有装船批注和“FREIGHT PAID”字样。

表 7-7

中海集装箱运输(香港)有限公司
CHINA SHIPPING CONTAINER LINES (HONG KONG) CO., LTD.
Cable : CSHKAC Telex : 87986 CSHKAHX

Port-to-Port or Combined Transport

BILL OF LADING

B/L NO. 453

1. Shipper
CHINA NATIONAL I/E CORP. WUHAN BRANCH.

2. Consignee
TO THE ORDER OF BANK OF INDIA,
LOUBORUCH,STERSHIRE DENIL ZBK,USA

3. Notify Party (Carrier not to be responsible for failure to notify)
WIN SHIPPING SERVICES
94 BEAUMOND ROAD.NEW YORK.

RECEIVED in external apparent good order and condition, except otherwise noted. The total number of containers or other packages or units shown in this Bill of Lading receipt, is said by the shipper to contain the goods described above, which description the carrier has no reasonable means of checking and is not part of the Bill of Lading. One original Bill of Lading should be surrendered, except clause 22 paragraph 5, in exchange for delivery of the shipment. Signed by the consigned or duly endorsed by the holder in due course. Whereupon the other original(s) issued shall be void. In accepting this Bill of Lading, the Merchants agree to be bound by all the terms on the face and back hereof as if each had personally signed this Bill of Lading.

WHEN the Place of Receipt of the Goods is an inland point and is so named herein, any notation of "ON BOARD" "SHIPPED ON BOARD" or words to like effect on this Bill of Lading shall be deemed to mean on board the truck, trail car, air craft or other inland conveyance (as the case may be), performing carriage from the Place of Receipt of the Goods to the Port of Loading.

SEE clause 4 on the back of this Bill of Lading (Terms continued on the back hereof Read Carefully)

ORIGINAL

4. Pre-carriage by*	5. Place of Receipt*
BY TRUCK	WUHAN
6. Ocean Vessel Voy.No. KANGKE V.37	7. Port of Loading SHANGHAI CHINA
8. Port of discharge NEW YORK	9. Place of Delivery*

10. Final Destination (of the goods-not the ship)

Particulars Furnished by the Merchants

11. Marks & Nos. container seal No.	12. No. of containers or P'kgs.	13. kind of Packages : Description of Goods	14. Gross Weight kgs	15. Measurement
N.H. NEW YORK NO.1-810	810CTNS	SLICED WATER CHESTNUTS FREIGHT PAID	1800KGS	24.533CBM

16. Description of Contents for Shipper's Use Only (CARRIER NOT RESPONSIBLE)

17. TOTAL NO. CONTAINERS OR PACKAGES (IN WORDS): SAY TOTAL:EIGHT HUNDRED AND TEN CARTONS ONLY.

18. FREIGHT & CHARGES	19. Revenue Tons	20. Rate	21. Per	22. Prepaid	23. Collect

中海集装箱运输武汉有限公司
CHINA SHIPPING CONTAINER LINES CO., LTD. (WUHAN)

ON BOARD 11 OCT.2004 SHANGHAI

24. Ex. Rate:	25. Prepaid at	26. Payable at	27. Place and Date of Issue WUHAN 10 OCT.2004
	28. Total prepaid in	29. No. of Original B(s)/L THREE	Signed for the Carrier

DATE

(WUHAN)

BY ....

GENERAL MANAGER
AS AGENT FOR THE CARRIER
CHINA SHIPPING CONTAINER LINES (HONGKONG) CO., LTD

CHINA SHIPPING CONTAINER LINES (HONG KONG) CO., LTD STANDARD FORM 9701

二、单据改错

根据背景资料和信用证有关条款,指正表 7-8 国际货物托运书中的错误。

信用证有关条款包括:

FORM OF DOC. CREDIT *40 A : IRREVOCABLE

DOC. CREDIT NUMBER *20 : 4028D

DATE OF ISSUE 31 C : 20070314

EXPIRY *31 D : DATE 20070515 ,PLACE CHINA

APPLICANT *50 :SUMITOMO CORPORATION
2 HOTOTSUBASHI, CHIYADA-KU
TOKYO/ TEL NO. (0081)6-65391234

BENEFICIARY *59 : JIANGSU SUCCESS COMPANY
36 GARDEN STREET,
NANJING, CHINA

AMOUNT *32 B : CURRENCY JPY AMOUNT 3 078 075

PARTIAL SHIPMENTS 43 P : NOT ALLOWED

TRANSSHIPMENT 43 T : NOT ALLOWED

LOADING IN CHARGE 44 A : ANY CHINESE AIRPORT

FOR TRANSPORT TO 44 B : NARITA AIRPORT

LATEST DATE OF SHIP. 44 C : 20070331

DESCRIPT. OF GOODS 45 A : TRADE TERM CIP NARITA AIRPORT

700 KGS NET OF CHINESE ROYAL JELLY PACKING IN 1KG/PLASTIC BOTTLE 10KGS/CARTON IN REFRIGERATED CONTAINER AT JPY4 510 PER KG NET

LESS DISCOUNT 2. 5 PERCENT

DOCUMENTS REQUIRED 46 A :

FULL SET OF AIR WAYBILL CONSIGNED TO SUMITOMO CORPORATION TOKYO AND MARKED FREIGHT PREPAID AND SHOWING SAME NAMES AS CONSIGNEE AS NOTIFY PARTY AND INDICATING ACTUAL FLIGHT DATE.

CONFIRMATION *49 : WITHOUT

REIMBURSING BANK 53 : MITSUI BANK LIMITED NEW YORK

ADDITIONAL COND. *47B:

SHIPPING MARKS SHOULD INCLUDE SUMIT IN TRIANGLE, PURCHASER ORDER NO. , AIRPORT OF DESTINATION, CARTON NO.

TRANSPORT DOCUMENTS WHICH BEAR REFERENCE BY STAMP OR OTHERWISE TO COSTS ADDITIONAL TO THE FREIGHT ARE NOT ACCEPTABLE.

其他资料包括：

商品名称：CHINESE ROYAL JELLY

数量：700Bottles；毛重：1 050KGS；体积：3.4M³

订单号：07JSSC1010

该批货物实际航班日期：2007 年 3 月 25 日

表 7-8 国际货物托运书

<table>
<tr><td colspan="3">托运人姓名及地址（Shipper's Name and Address）
JIANGSU SUCCESS COMPANY
36 GARDEN STREET，NANJING，CHINA</td><td colspan="4" rowspan="2">上海航空货运代理有限公司
SHANGHAI INTERNATIONAL FREIGHT FORWARDING CO.，LTD.</td></tr>
<tr><td colspan="3">收货人姓名及地址（Consignee's Name and Address）
SUMITOMO CORPORATION
2 HOTOTSUBASHI，CHIYADA-KU TOKYO
TEL NO.（0081）6-65391234</td></tr>
<tr><td colspan="3">另请通知（Notify Party）
SUMITOMO CORPORATION
2 HOTOTSUBASHI，CHIYADA-KU TOKYO
TEL NO .（0081）6-65391234</td><td colspan="4" rowspan="2">费用及备注：
FREIGHT COLLECT
SHIPPING MARKS：
SUMIT IN TRIANGLE
P/O NO. 07JSSC1010
NARITA
1-70
允许分批和转运</td></tr>
<tr><td colspan="2">始发站 From Place/Airport of Departure
ANY CHINESE AIRPORT</td><td>目的地 To Airport of Destination
NARITA AIRPORT</td></tr>
<tr><td>件数 No. of Packages
700
BOTTLES</td><td>毛重（KGS）
Gross Weight
1 050KGS</td><td>体积（CBM）
Measurement
3.4CBM</td><td rowspan="2">费率
Rate/
Charges</td><td rowspan="2">空运费
付款方式
预付
√ 到付</td><td rowspan="2">其他费用
付款方式
预付
√ 到付</td><td rowspan="2">货物详细品名
Description of Goods
CHINESE
ROYAL
JELLY</td></tr>
<tr><td colspan="3">报关 Customs Clearance
快件报关   自行报关
报关退税   √ 委托报关</td></tr>
<tr><td colspan="3">所附文件 Documents Accompanying Airway Bill
√ 发票   √ 装箱单
产地证   其他</td><td colspan="4" rowspan="2">托运人证实以上所填全部属实，并愿遵守承运人的一切载运章程。
The shipper certifies that particulars on the face hereof are correct and agrees to the conditions of carriage of the carrier.
托运人签字及盖章　刘明
Stamp and Signature of shipper
日期：MAR. 20，2007
Date：</td></tr>
<tr><td colspan="3">在货物不能交付收货人时，托运人指示的处理方法（Shipper's instructions in case of inability to deliver shipment as consigned）</td></tr>
</table>

分析：

（1）始发站填写错误。信用证规定中国任何机场均可，但应注明实际起运地，该例中起运地为上海机场，则应填“SHANGHAI AIRPORT”。

（2）件数有误。此件数往往填最大包装数量，信用证 45A 条款中包装规定每瓶装 1KG，10KG 装入一个纸箱，因此件数应填 70 CARTONS，而不是 700 BOTTLES。

（3）运费计收方式有误。从信用证 45A 条款可以看出价格条件为 CIP，应由卖方支付运费，46 款中也明确要求注明“FREIGHT PREPAID”，因此费用及备注栏中“FREIGHT COLLECT”应改为“FREIGHT PREPAID”；空运费和其他费用付款方式也应改为“预付”。

（4）分批和转运应为不允许。信用证 43P 条款和 43T 条款规定分批和转运为不允许。

（5）唛头有误。SUMIT 应放入三角形内，而不是用文字表示出来，如图 7-3 所示。

三、单据填空

根据单据改错题中的背景资料，将表 7-9 空运单据填制完整。

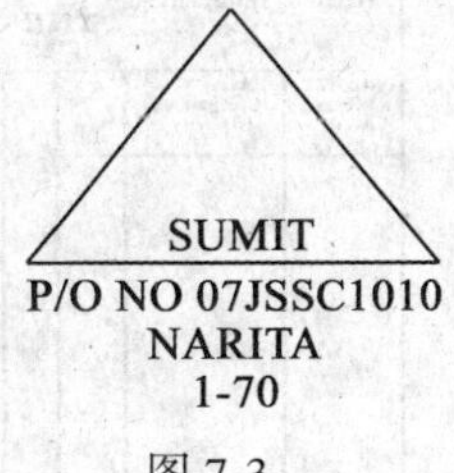

图 7-3

分析：

（1）收货人名称及地址栏（consignee's name and address）应填制：“SUMITOMO CORPORATION 2 HOTOTSUBASHI，CHIYADA-KU TOKYO/ TEL NO.（0081）6-65391234”。

（2）目的地机场（airport of destination）应填制：“NARITA”。

（3）货物件数和运价组成点（No. of pieces RCP，rate combination point）应填制：“70CTNS”。

（4）毛重（gross weight）：应填制货物的毛重“1 050KGS”。

（5）货物的品名、数量、尺码或体积（nature and quantity of goods incl. dimensions or volume）：此栏应填制商品名称，习惯上唛头也填在此处（亦可在单据其他空白处填制）。填制如下：“CHINESE ROYAL JELLY 700KGS NTE 3. 4CBM”。

（6）另外信用证 46A 条款要求空运单注明“运费已付”和“实际航班日期”，因此在空运单上还需注明相关内容。

“FREIGHT PREPAID”可在“Accounting information”这一栏空白处注明。

“ACTUAL FLIGHT DATE：MAR. 25，2007”字样在货描栏内作标注。

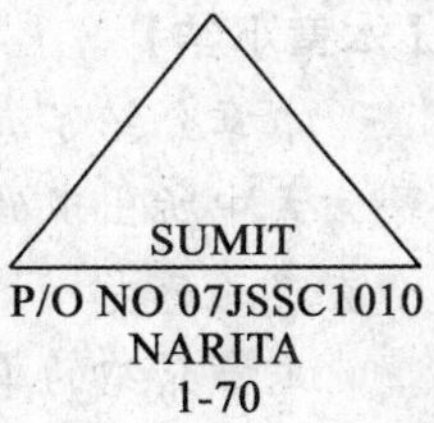

表 7-9

空运单

Shipper's name and adderss	Shipper's account number	NOT NEGOTIABLE
JIANGSU SUCCESS COMPANY 36 GARDEN STREET NANJING, CHINA		Air Waybill NO.999-82932511 Issued by 中国东方航空公司 CHINA EASTERN AIRLINES Copies 1,2 and 3 of this Air Waybill are originals and have the same validity
Consignee's name and address	Consignee's account number	It is agreed that the goods described herein are accepted in apparent good order and condition (except as noted) for carriage SUBJECT TO THE CONDITIONS OF CONTRACT ON THE REVERSE HEREOF. THE SHIPPERS ATTENTION IS DRAWN TO THE NOTICE CONCERNING CARRIERS' LIMITATION OF LIBILITY. Shipper may increase such limitation of liability by declaring a higher value for carriage and paying a supplemental charge if required.
Issuing Carrier's Agent Name and City SINOTRANS AIR JIANGSU CO.		Accounting Information NOTIFY PARTY: SUMITOMO CORP. 2 HOTOTSUBASHI CHIYADA-KU TOKYO JAPAN
Agents IATA Code	Account No.	
Airport of Departure (Addr. Of first Carrier) and requested Routing SHANGHAI CHINA		

To	By first Carrier / Routing and Destination	To	By	To	By	Currency	CHGS Code	WT/VAL PPD	WT/VAL COLL	Other PPD	Other COLL	Declared Value for Carriage	Declared Value for Customs
						CNY		×		×		NCD	

Airport of Destination	Flight/Date / For Carrier Use only / Flight/Date	Amount of Insurance	INSURANCE – [illegible]
	CA1508 MAR.25, 2007	NIL	

Handling Information

THE CARGO SHOULD BE KEPT -18DEGREES DURING SHIPMENT.

No of Pieces RCP	Gross Weight	Kg Lb	Rate Class / Commodity Item No.	Chargeable Weight	Rate / Charge	Total	Nature and Quantity of Goods
		K	Q	1050 KGS	18.00	18900.00	

Prepaid	Weight Charge	Collect	Other Charges
18900.00			
	Valuation Charge		
	Tax		
	Total Other Charges Due Agent		Shipper certifies that the particulars on the face hereof are correct and that insofar as any part of the consignment contains dangerous goods, such part is properly described by name and is in proper condition for carriage by air according to the applicable Dangerous Goods Regulations.
4250.00			
	Total other Charges Due Carrier		Signature of Shipper or his Agent
Total prepaid		Total collect	SINOTRANS AIR JIANGSU CO. 石磊 AS AGENT FOR THE CARRIER:CHINA EASTERN AIRLINES
23150.00			
Currency Conversion Rates		cc charges in Dest. Currency	Executed on (Date) at (place) Signature of Issuing Carrier or its Agent
For Carrier's use only at Destination		Charges at Destination	Total Collect Charges

ORIGINAL 3 (FOR SHIPPER)

【本章小结】

本章介绍了海洋运输和航空运输这两种最常见的运输方式，并就这两种运输方式中所出现的单据按流程顺序进行编排，希望学生对运输单据的流程有一个直观的感受。

本章介绍的单据有海运货运委托单、海运出口托运单、配舱回单、海运提单、国际货物委托书、空运单。海运提单及空运单通常是出口方制单结汇的重要单据，因此本章详细介绍了这两份单据的填制。

【强化训练】

一、简答题

若某份信用证的提单条款为：3/3 original + 3 NN copies clean on board marine bills of lading，issued to order and endorsed in blank marked "freight paid" notify applicant.

问：1. 该提单收货人栏如何填制？

2. 该提单是否应背书，首先由谁背书？

3. 若船公司在提单上批注"One carton a little damaged"等字样，这种提单是否符合信用证的要求？

4. 若提单上只有批注"Shippers load，count and seal，Carriers not responsible for quality，quantity，packing condition and/or nature of goods"，该提单是否不清洁提单，是否符合信用证的要求？

二、填空题

信用证条款为：

BENEFICIARY：ABC COMPANY，NANJING

APPLICANT：XYZ COMPANY，SAN FRANCISCO

SHIPMENT FROM：SHANGHAI

FOR TRANSPORTATION TO：SAN FRANCISCO

DOCUMENTS REQUIRED：FULL SET OF CLEAN ON BOARD OCEAN B/L CONSIGNED TO THE OREDR OF SHIPPER NOTIFYING APPLICANT MARKED FREIGHT PREPAID

信用证未对提单做任何其他规定。提单为收妥备运提单（RECEIVED FOR SHIPMENT B/L），提单签发日期为 2006 年 12 月 28 日，装船批注日期为：2006 年 12 月 29 日，装货港为上海，海运船只（OCEAN VESSEL）为 SEA STAR V 666，卸货港为 SAN FRANCISCO，该批货物的承运人为：DEF SHIPPING COMPANY，提单表面未表明承运人名称及身份，提单由承运人签发，授权签发人为张三。

1. PORT OF LOADING：______________________

2. PORT OF DISCHARGE：______________________

3. 提单装船批注应为：______________________

4. 提单的抬头/收货人应为：______________________

5. 提单的 NOTIFY PARTY 应为：______________________

6. B/L DATE 应为：______________________

7. 提单的签发人应为：________________________

三、根据第二章之强化训练提供的合同和第三章的信用证（表 3-1）缮制提单

第八章　原产地证书

【导入思考】

我国甲公司与美国乙公司签订一笔以L/C为付款条件的合同。对方来证对部分单据做出规定："签字的商业发票，由商检局出具的格式A普惠制产地证书（FORM A）。全套清洁已装船的提单做成我行抬头，通知开证申请人，并以'ABC'公司作为提单的发货人。除发票以外，所有单据不得表示发货人或受益人的地址。"甲公司按规定装运，并向商检局申请FORM A，商检局称FORM A上的发货人详细地址必须列出，此栏不得留空是强制性的。甲公司立即把此事电告乙公司，并要求乙公司修改L/C的条款为："除发票、普惠制产地证书以外，所有单据不表示受益人地址。"

乙公司来电称："货物是转销其他国家的，非在本地销售，所以难以修改L/C。如一定要修改L/C，必须有一个条件，即FORM A上不能表示发货人的真实地址，须设计一个虚拟地址。"

甲公司考虑到货物已装运完毕，急待制单议付，所以同意乙方的条件，也收到银行修改的L/C条款："除发票、普惠制产地证书外，所有单据不表示受益人的地址。"

甲公司根据修改后的L/C制作全套单据后到银行交单议付。银行发现发票与FORM A的地址不一致，甲公司只好将发票上的地址临时删掉，才办理交单手续。

单据寄到开证行后，对方以单据不符为理由拒付货款，因为L/C规定"除发票、普惠制产地证外，所有单据不表示受益人的地址"。寄来的发票上地址已删除，也就是没有地址，所以单据与L/C规定不符。甲公司与乙公司和银行多次协商仍然无效，最后货物只好降价处理。此案给我们的教训是什么？

原产地证书是出口商应进口商的要求提供的，并由出口国政府有关机构签发的一种证明货物原产地或制造地的证明文件。它多用于不需要提供海关发票或领事发票的国家或地区，主要是进口国海关实行差别关税，实施进口税率和进口配额等不同国别政策的依据。原产地证书有多种形式，其中应用最多的是一般原产地证和 GSP 原产地证。

第一节　一般原产地证书

一、一般原产地证书的缮制要求

一般原产地证共有 12 项内容，除证书号由发证机构指定以外，其余各栏均由企业用英文规范打印。一般原产地证的缮制要求如表 8-1 所示：

表 8-1

<table>
<tr><td colspan="2">1. Exporter
出口商的全称+地址</td><td colspan="3" rowspan="3">Certificate No. 证书号

**CERTIFICATE OF ORIGIN
OF
THE PEOPLE'S REPUBLIC OF CHINA**</td></tr>
<tr><td colspan="2">2. Consignee
进口商的全称+地址</td></tr>
<tr><td colspan="2">3. Means of transport and route
运输方式和路线，格式是 FROM 装运港 TO 卸货港 BY 运输方式</td></tr>
<tr><td colspan="2">4. Country/region of destination
运抵国/地区</td><td colspan="3">5. For certifying authority use only
供签证机构使用</td></tr>
<tr><td rowspan="2">6. Marks and numbers
唛头</td><td rowspan="2">7. Number and kind of packages; description of goods
包装件数和种类；货描</td><td>8. HS code</td><td>9. Quantity or weight</td><td rowspan="2">10. Number and date of invoice
发票号码和日期（必填）</td></tr>
<tr><td colspan="2">商品编码；毛重或其他数量</td></tr>
<tr><td colspan="2">11. Declaration by the exporter
The undersigned hereby declares that the above details and statement are correct, that all the goods were produced in China and that they comply with the Rules of Origin of the People's Republic of China.

申报地点+申报日期+出口商签署+出口商公章</td><td colspan="3">12. Certification
It is hereby certified that the declaration by the exporter is correct.

签证地点+签证日期+签证机构签署+签证机构公章</td></tr>
<tr><td colspan="2">Place and date, signature of authorized signatory</td><td colspan="3">Place and date, signature and stamp of certifying authority</td></tr>
</table>

(1) 出口商 (exporter)。此栏应填出口商的全称和地址。在信用证项下,此栏一般为信用证受益人,托收项下是卖方。

(2) 收货人 (consignee)。此栏填本批货物最终目的地收货人的名称、地址、国家全称。

收货人通常是外贸合同的买方或信用证规定的提单通知人。但由于外贸需要,有时信用证规定所有单证收货人一栏留空。在这种情况下,此栏应加注"TO WHOM IT MAY CONCERN"或"TO ORDER"。若需填写转口商名称时,可在收货人后面加填英文 VIA,然后再填写转口商名称、地址。

(3) 运输方式和路线 (means of transport and route)。根据实际情况填入运输的方式和路线,如果有转运,也应表示出来。

(4) 运抵国/地区 (country/region of destination)。一般按信用证或合同规定的目的港和国家,填报港口名称和国家或地区名称。在转口贸易时,一般不填报转口商的国家,而填报最终进口国的国名或地区。

(5) 供签证机构使用 (for certifying authority use only)。本栏供签证机构对后发证书、补发证书、签发副本或其他事项加注声明时使用,证书申领单位应将此栏留空。

(6) 唛头和包装号 (marks and numbers)。此栏按信用证或合同的规定填写,且与商业发票和提单的同项内容一致。如唛头过多此栏不够,可填报在第7、8、9、10栏的空白处。如还不够,则另加附页,并在附页右上角显示原证号,由签证机构人员手签、加盖签证章。唛头不能出现中国以外地区或国家制造字样。若没有唛头,应填写"N/M"或"No Marks"。

(7) 商品名称、包装件数和种类 (number and kind of packages, description of goods)。此栏填货物的最大包装件数及货物名称两项内容。在包装件数的阿拉伯数字后用括号加上大写的英文数字,然后用"of"连接商品名称,例如"100 CARTONS (ONE HUNDRED CARTONS ONLY) OF 52-PIECE DINNERWARE SET"。有时信用证要求在所有单证上加注合同号、信用证号码等,可加在此栏。本栏的末行要打上表示结束的符号 (* * * * * *),以防添加内容。

(8) 商品编码 (H. S. code)。商品编码是海关合作理事会《商品名称及编码协调制度》的缩写。商务部和海关总署根据 H. S. 分类编制了《中华人民共和国进出口商品的目录对照表》,规定了商品名称和编码。本栏应按该规定填入,不同商品应分别标明不同的商品编码。同一证书包含几种不同商品,则应当将相应的商品编码全部填报。此栏不得留空。此栏有时候填报 10 位商品编码,其中后两位为补充号。填报的商品编码必须与实际货名一致,并与报关单中显示的商品编码一致。

(9) 毛重或其他数量（quantity or weight）。根据发票和货运单据中有关毛重、数量、正常计量单位来填写。

(10) 发票号码及日期（number and date of invoice）。按发票实际号码及日期填写，发票日期不得迟于出货日期。一般第一行填发票号，第二行填日期，此栏不得留空。日期顺序为月、日、年，月份用英文缩写表示，如：NOV. 17，2007。

(11) 出口商声明（declaration by the exporter）。出口商声明已事先印制，内容为："兹出口商声明以上所列内容正确无误，本批出口商品的生产地在中国，完全符合中华人民共和国出口货物原产地规则。"

出口商在此栏空白处，由法人或手签人员签字并盖公章（有中英文），还需填制申报地点、申报日期（不得早于本证第10栏的发票日期）。

(12) 签证机构证明（certification）。签证机构证明已事先印制，内容为："兹证明出口商的声明是正确无误的。"

签证机构在此加盖签证机构印章并由授权人签名，两者不能重叠。签证机构在此注明签发地点和签发日期。签发日期不得早于发票日期和申请日期。

由贸促会签发的产地证书一般在此还加注下列声明："China Council for the Promotion of International Trade（CCPIT）is China Chamber of International Commerce."

二、一般原产地证书的申领

1. 一般原产地证的签发人

签发人主要有国家质量监督检验检疫总局、中国国际贸易促进委员会。

说明：

选择使用哪一种原产地证书，应根据信用证或合同条款确定。如无特别规定，一般由检验检疫局出具。

2. 申领时间

根据我国有关规定，出口企业最迟于货物出运前3天，持签证机构规定的正本文件，向签证机构申请办理原产地证书。

3. 申领时需提交的文件

我国发证机构一般规定，申请企业必须提供以下文件：

(1) 规定格式并已缮制的一般原产地证申请书一份；

(2) 缮制完毕的《中华人民共和国原产地证明书》一套（一正三副）；

(3) 出口商业发票正本一份；

(4) 发证机构所需的其他证明文件，如"加工工序清单"等。

4. 一般原产地证申请书的格式

一般原产地证申请书的格式见表 8-2：

表 8-2

中华人民共和国出口货物

原产地证明书/加工装配证明书申请书

企业名称： 证书号：

申请人郑重声明：

本人被正式授权代表本企业办理和签署本申请书。本申请书及《中华人民共和国出口货物原产地证明书/加工装配证明书》所列内容正确无误，如发现弄虚作假，冒充证书所列货物，擅改证书，本人愿按《中华人民共和国出口货物原产地规则》的有关规定接受处罚并承担法律责任，现将有关情况申报如下：

<table>
<tr><td colspan="2">商品名称（中英文）</td><td colspan="2"></td><td colspan="2">HS 编码</td></tr>
<tr><td colspan="3">商品 FOB 总值（以美元计）</td><td></td><td>最终目的国/地区</td><td></td></tr>
<tr><td>拟出运日期</td><td></td><td>发票号</td><td></td><td>转口国/地区</td><td></td></tr>
<tr><td colspan="6">贸易方式和企业性质（请在适用处画“√”）</td></tr>
<tr><td colspan="2">一般贸易</td><td colspan="2">灵活贸易</td><td colspan="2">其他贸易</td></tr>
<tr><td>中资企业</td><td>外资企业</td><td>中资企业</td><td>外资企业</td><td>中资企业</td><td>外资企业</td></tr>
<tr><td></td><td></td><td></td><td></td><td></td><td></td></tr>
<tr><td colspan="2">数量或重量：</td><td colspan="4">是否含有进口成分：是（ ） 否（ ）</td></tr>
<tr><td>证书种类（画“√”）</td><td></td><td>一般原产地</td><td></td><td colspan="2">加工装配证</td></tr>
<tr><td colspan="2">该批货物实际生产企业</td><td colspan="4"></td></tr>
<tr><td colspan="6">现提交中国出口货物商业发票副本一份，《中华人民共和国出口货物原产地证明书/加工装配证明书》一正三副及其他附件 份，请予审核签证。

申请单位盖章： 申领人：（签名）

电 话：

日 期： 年 月 日</td></tr>
</table>

注：1. 灵活贸易包括：来料加工、补偿贸易、进料加工贸易。

2. 外资企业指所有含有外资的企业。

3. 其他贸易指一般贸易和灵活贸易以外的贸易，如展卖、易货、租赁等贸易方式。

第二节 GSP 原产地证书

一、GSP 原产地证书的缮制要求

GSP 原产地证书的缮制要求如表 8-3 所示：

表 8-3

<table>
<tr><td colspan="3">1. Goods consigned from (Exporter's name, address, country)
出口商名称+地址+国家</td><td colspan="3" rowspan="2">Reference No.
GENERALIZED SYSTEM OF PREFERENCES
CERTIFICATE OF ORIGIN
(Combined declaration and certificate)
FORM A
Issued in The PEOPLE'S REPUBLIC OF CHINA
(country)</td></tr>
<tr><td colspan="3">2. Goods consigned to (Consignee's name, address, country)
进口商名称+地址+国家</td></tr>
<tr><td colspan="4">3. Means of transport and route (as far as known)
运输方式和路线，格式是 FROM 装运港 TO 卸货港 BY 运输方式</td><td colspan="2">4. For official use
供签证机构使用</td></tr>
<tr><td rowspan="2">5. Item Number</td><td rowspan="2">6. Marks and numbers of packages
商品顺序号；唛头和包装号</td><td rowspan="2">7. Number and kind of packages; description of goods
包装件数和种类；货描</td><td>8. Origin criterion (see notes overleaf)</td><td>9. Gross weight or other quantity</td><td rowspan="2">10. Number and date of invoice
发票号码和日期（必填）</td></tr>
<tr><td colspan="2">原产地标准；毛重或其他数量</td></tr>
<tr><td colspan="3">11. Certification
It is hereby certified, on the basis of control carried out, that the declaration by the exporter is correct.

签证地点+签证日期+签证机构签署+签证机构公章</td><td colspan="3">12. Declaration by the exporter
The undersigned hereby declares that the above details and statements are correct, that all the goods were produced in CHINA
and that they comply with the origin requirements specified for those goods in the Generalized System of Preferences for goods exported to 进口国

申报地点+申报日期+出口商签署+出口商公章</td></tr>
<tr><td colspan="3">Place and date, signature and stamp of certifying authority</td><td colspan="3">Place and date, signature and stamp of authorized signatory</td></tr>
</table>

（1）出口商名称、地址、国家（exporter's name，address，country）。根据我国有关规定，此栏是带有强制性的，应填明中国出口单位的名称、地址等。

注意：

此栏不能出现香港、台湾、澳门地区及其他受惠国的名称和地址。

按实际出口商的业务名称、地址、国别填入，一定要填入详细地址，包括街道名、门牌号。

如果信用证未规定详细地址，本证书可以填入实际地址。

（2）收货人名称、地址、国家（consignee's name，address，country）。此栏填货物最终目的地给惠国收货人的名称、地址、国别。

若是在信用证项下，一般为开证申请人。如果不明确最终收货人，则可填提单通知人或发票抬头。银行接受开证申请人、提单通知人、发票抬头作为收货人，一般银行也接受该栏填写为"To Whom It May Concern"。

此栏不要填中间商的名称，收货人应是在给惠国。

（3）运输方式和路线，就所知而言（means of transport and route（as far as known））。一般应填装货、到货地点（装运港、目的港）及运输方式，如海运、陆运、空运、海陆联运等。如果发生转运，应加上转运港，如"VIA HONGKONG"。

（4）供签证机构使用（for official use）。此栏留空，供签证机构加注说明时用。

本证书要求发货人在货物装运前向检验检疫局申请签证，如装运货物后申请签证，则只能签发"后发证书"，签证机关在本栏加盖"ISSUED RETROSPECTIVELY"红色印章。日本海关一般不接受"后发证书"。

如证书已签发，因遗失或损毁等向检验检疫局申请补发证书时，经检验检疫局审查批准后，其补发证书在本栏加注"THIS CERTIFICATE IS IN REPLACEMENT OF CERTIFICATE OF ORIGIN NO. ... DATED ... WHICH IS CANCELLED"，并在证书上盖"DUPLICATE"红色印章。

（5）商品顺序号（item number）。如果同一批出口货物有不同种类商品品种，则按每一项商品归类品种后，用阿拉伯数字"1"、"2"、"3"等编一个顺序号填入此栏。即使就只有一项，也用"1"表示。

（6）唛头和包装号（marks and numbers of packages）。如果没有唛头，应填写"NO MARK"（N/M）。如果唛头过多，此栏不够填写，可填写在第7、8、9、10栏之截止线以下（附页的纸张要与原证书一般大小），在右上角打上证书号，并由申请单位和签证当局授权签字人分别在附页末页的右下角和左下角手签、盖印。附页手签的笔迹、地点、日期均与证书第11、12栏相一致。

（7）商品名称、包装件数及种类（number and kind of packages；description

of goods)。与一般原产地证相应栏目填法相同。

（8）原产地标准（origin criterion（see notes overleaf））。本栏文字最少，但却是国外海关审核的核心项目，具体填法如表 8-4 所示：

表 8-4

填报代码	给惠国	原产地标准
P	所有给惠国	完全原产品
W HS	欧盟、挪威、瑞士、日本	产品列入给惠国“加工清单”并符合其加工条件
		产品未列入“加工清单”，但产品使用的进口原料和零部件经过充分加工，产品 HS 号不同于原材料或零部件的 HS 号
F	加拿大	有进口成分，但进口成分价值未超过产品出厂价的 40%
W HS	波兰	有进口成分，但进口成分未超过离岸价的 50%
Y 进口成分	俄罗斯、乌克兰、哈萨克斯坦、捷克、斯洛伐克	有进口成分，但进口成分价值未超过离岸价的 50%
（空白）	澳大利亚、新西兰	

（9）毛重或其他数量（gross weight or other quantity）。与一般原产地证相应栏目填法相同。

（10）发票号码及日期（number and date of invoice）。与一般原产地证相应栏目填法相同。

（11）签证机构证明（certification）。签证机构证明事先已印制，内容为：“兹证明出口商的声明是正确无误的，本批货物已由承运人运出。”

此栏应由检验检疫局批注，包括以下内容：

①中华人民共和国出入境检验检疫局盖公章，只签一份正本，副本不予签章。

②由检验检疫局授权人或手签人手签。

③签证日期（签发日期不得早于发票日期和申请日期）。

④签发具体地点（城市名及国别）。

（12）出口商声明（declaration by the exporter）。出口商声明“兹由出口商声明以上所列内容正确无误”已印制，须填写的内容有：

①生产国国名（英文）。

②进口国国名（英文）。

③申报单位签署，且加盖申报单位公章（正副本均须手签并盖章）。

④申报日期、地点（应填写申报的具体日期及城市名、国别；申报日期应合理）。

二、GSP 原产地证书的申领

1. GSP 原产地证书的签发人

在我国，一般由各地出入境检验检疫机构签发 GSP 原产地证书。

2. 申领时间

根据我国检验检疫局有关规定，出口企业最迟于货物出运前 5 天，持签证机构规定的正本文件，向签证机构办理 GSP 原产地证书。

3. 申领时需提交的文件

我国发证机构一般规定，申请企业必须提供以下文件：

（1）规定格式并已缮制的普惠制产地证明书申请书一份。

（2）缮制完毕的普惠制产地证明书（FORM A）一套（一正三副）。

（3）出口商业发票正本一份。

（4）发证机构所需的其他证明文件，如“加工工序清单”等。

（5）如果出口商品含有进口成分，还应交纳《含进口成分受惠商品成本明细单》一式两份。

4. GSP 原产地证申请书的格式

GSP 原产地证申请书的格式见表 8-5。

表 8-5

普惠制产地证明书申请书

申请单位（盖章）：

注册号： 证书号：

申请人郑重声明：

本人是被正式授权代表出口单位办理和签署本申请书的。

本申请书及普惠制产地证格式 A 所列内容正确无误，如发现弄虚作假，冒充格式 A 所列货物，擅改证书，自愿接受签证机关的处罚及负法律责任。现将有关情况申报如下：

续表

<table>
<tr><td colspan="2">生产单位</td><td colspan="2"></td><td colspan="2">生产单位联系人电话</td><td colspan="2"></td></tr>
<tr><td colspan="2">商品名称
（中英文）</td><td colspan="2"></td><td colspan="2">H. S 税目号
（以六位数码计）</td><td colspan="2"></td></tr>
<tr><td colspan="3">商品（FOB）总值（以美元计）</td><td colspan="2"></td><td>发票号</td><td colspan="2"></td></tr>
<tr><td>最终销售国</td><td></td><td colspan="2">证书种类　画“/”</td><td colspan="2">加急证书</td><td colspan="2">普通证书</td></tr>
<tr><td colspan="2">货物拟出运日期</td><td colspan="6"></td></tr>
<tr><td colspan="8">贸易方式和企业性质（请在适用处画“/”）</td></tr>
<tr><td>正常贸易．C</td><td>来料加工．L</td><td>补偿贸易．B</td><td>中外合资．H</td><td>中外合作．Z</td><td>外商独资．D</td><td>零售．Y</td><td>展卖．M</td></tr>
<tr><td></td><td></td><td></td><td></td><td></td><td></td><td></td><td></td></tr>
<tr><td colspan="4">包装数量或毛重或其他数量</td><td colspan="4"></td></tr>
<tr><td colspan="8">原产地标准：
本项商品系在中国生产，完全符合该给惠国给惠方案规定，其原产地情况符合以下第　　条。
（1）“P”（完全国产，未使用任何进口原材料）；
（2）“W”其 H. S 税号为　（含进口成分）；
（3）“F”（对加拿大出口产品，其进口成分不超过产品出厂价值的 40%）。
本批产品系：1. 直接运输从＿＿＿＿＿＿到＿＿＿＿＿＿；
2. 转口运输从＿＿＿＿中转国（地区）＿＿＿＿到＿＿＿＿＿＿。</td></tr>
<tr><td colspan="8">申请人说明
领证人（签名）
电　话：
日期　　年　　月　　日</td></tr>
</table>

现提交中国出口商业发票副本一份，普惠制产地证明书格式 A（FORM A）一正二副，以及其他附件　份，请予审核签证。

注：凡含有进口成分的商品，必须按要求提交《含进口成分受惠商品成本明细单》。

第三节　课内实践

根据信用证（表 8-6，仅给出与原产地证有关的细节）和货物明细单（表 8-7）及其他信息缮制 GSP 原产地证。

GSP 原产地证样本见本章第二节。

表 8-6

50 APPLICANT：SEMPREVIO SRL IMPORT EXPORT
VIA GINO FUNAIOLI I/B
90123 PALERMO

59 BENEFICIARY：SHANGHAI ZHEN YUAN IMP. AND EXP. CO. LTD.
RM 302-305，700 JIAN GUO DONG RD.
SHANGHAI，CHINA

32B CURRENCY CODE，AMOUNT：US DOLLARS 24 284. 00

41A AVAILABLE WITH/BY：ANY BANK BY NEGOTIATION

44A ON BOARD/DISP/TAKING CHARGE：SHANGHAI

44B FOR TRANSPORTATION TO：PALERMO

45A DESCRIPTION OF GOODS AND/OR SERVICES：
SPORTS MUG AS PER SALES CONTRACT NO. 05SHSS199 DATED 10-JUL-05；DELIVERY：CIF PALERO

46A DOCUMENTS REQUIRED：
+ CERTIFICATE OF ORIGIN FORM A PLUS ONE COPY ISSUED BY COMPETENT AUTHORITY OF THE PEOPLE'S REPUBLIC OF CHINA，SPECIFYING THE CONTRACT NO. .

表 8-7　　货物明细单

商品名称：4 items of Sports Mug

货号	数量	单位	单价	包装方式	包装种类	毛重	净重	尺码
DL-001A	1 200	pc	USD2. 87	24	carton	9kgs	8kgs	47×32×25cm
DL-002A	3 600	pc	USD2. 60	24	carton	13kgs	11kgs	48×32×30cm
YQB-A315	4 000	pc	USD1. 94	40	carton	16kgs	14kgs	62. 5×40×23cm
YQB-A500	2 000	pc	USD1. 86	40	carton	17. 5kgs	15. 5kgs	64×40×28cm

其他信息：

发票号码：ZYIE0502　　发票日期：20-Aug-07

唛头：SEMPREVIVO
330703199
PALERMO　　C/NO. 1-UP

装运船只：TUO HE　　航次：V. 25

提单号码：COSCOTEC192　　装船日期：15-Sep-07

产地证号：GSPWIZJ0894　　保险单号码：IPGOEN0435

发票金额：USD 24 284.00

缮制完成的 GSP 原产地证见表 8-8。

分析：

(1) 这笔业务为信用证业务，故本栏应填写信用证规定的受益人全称、地址、国别，即将信用证 59 BENEFICIARY 一栏的内容照抄即可。

(2) 这笔业务为信用证业务，而且信用证对收货人无其他特别规定，应填写信用证 50 APPLICANT 一栏的内容。

(3) 本栏应填装货、到货地点（装运港、目的港）及运输方式。信用证 44A“ON BOARD/DISP/TAKING CHARGE”和 44B“FOR TRANSPORTATION TO”均已给出，再根据其他信息得知这笔业务的运输方式为海运。故本栏应填写“FROM SHANGHAI, CHINA TO PALERMO, ITALY BY SEA”。

(4) 发货人对本栏应留空不填，供出证机构在必要时填写。

(5) 根据货物明细单的商品名称，此笔业务中只涉及一种货物。那么根据要求，在此栏填上序号“1”。

(6) 其他信息给出的唛头最后一行是 C/NO. 1-UP，但在填此栏时应将 UP 改写为实际的箱数 350（根据货物明细单中的数据进行简单计算，将每个货号的总件数除以对应货号所用纸箱的可容纳件数，得出此笔交易共需 50+150+100+50=350 个纸箱）。

(7) 根据要求，此栏应填货物的最大包装件数及货物名称两项内容。在包装件数的阿拉伯数字后用括号加上大写的英文数字，然后用“of”连接商品名称。此外，信用证还要求在产地证上标明合同号码，应在“* * * * * * * *”下方注明。

(8) 其他信息未给出本批货物含有进口成分的信息，应为完全原产品，故本栏应填写的代码为“P”。

(9) 根据货物明细单中每个货号的箱数和毛重，计算得出整批货物的总毛重为 4 875KGS（50×9+150×13+100×16+50×17.5=4 875）。

(10) 本栏按发票实际号码及日期填写。第一行填发票号，第二行填日期。发票号码和日期的信息在其他信息中已给出。

(11) 此栏由签证机构填写并签章，并填写签发日期和地点。

(12) 此栏由出口商填写生产国、进口国、申报日期、地点。

表 8-8

<table>
<tr><td colspan="3">1. Goods consigned from (Exporter's name, address, country)
SHANGHAI ZHEN YUAN IMP. AND EXP. CO. LTD. RM302-305, 700 JIAN GUO DONG RD. SHANGHAI, CHINA</td><td colspan="3" rowspan="2">Reference No.

GENERALIZED SYSTEM OF PREFERENCES
CERTIFICATE OF ORIGIN
(Combined declaration and certificate)

FORM A
Issued in The PEOPLE'S REPUBLIC OF CHINA
(country)</td></tr>
<tr><td colspan="3">2. Goods consigned to (Consignee's name, address, country)
SEMPREVIVO SRL IMPORT EXPORT VIA GINO FUNAIOLI I/B 90123 PALERMO</td></tr>
<tr><td colspan="4">3. Means of transport and route (as far as known)
FROM SHANGHAI, CHINA TO PALERMO, ITALY BY SEA</td><td colspan="2">4. For official use</td></tr>
<tr><td>5. Item Number</td><td>6. Marks and numbers of packages</td><td>7. Number and kind of packages; description of goods</td><td>8. Origin criterion (see notes overleaf)</td><td>9. Gross weight or other quantity</td><td>10. Number and date of invoice</td></tr>
<tr><td>1</td><td>SEMPREVIVO
53 307 03199
PALERMO
C/NO. 1-350</td><td>350 CARTONS
(SAY THREE HUNDRED AND FIFTY CARTONS ONLY) OF SPORTS MUG
* * * * * * *
SALES CONTRACT NO. 05SHSS199</td><td>P</td><td>4875KGS</td><td>INVOICE NO. ZYIE0505 DATED 20-AUG-07</td></tr>
<tr><td colspan="3">11. Certification
It is hereby certified, on the basis of control carried out, that the declaration by the exporter is correct.

(签证机构签章)
SHANGHAI 28-AUG-2007

Place and date, signature and stamp of certifying authority</td><td colspan="3">12. Declaration by the exporter
The undersigned hereby declares that the above details and statements are correct, that all the goods were produced in CHINA
and that they comply with the origin requirements specified for those goods in the Generalized System of Preferences for goods exported to
ITALY (出口方签章)

SHANGHAI 27-AUG-2007
Place and date, signature and stamp of authorized signatory</td></tr>
</table>

【本章小结】

本章介绍了在国际贸易单证业务中常见的两种原产地证（一般原产地证和 GSP 原产地证）的概念、作用，重点介绍了它们各自的缮制要求和申领办法。虽然这两种单证是由签证机构签发的，但在实务中，都是由出口商先将有关项目缮打完毕，再交由签证机构核对并签章的。可见，作为国际商务单证员，不仅要掌握原产地证申请书的填写方法，也应熟练掌握原产地证的缮制要求。

【强化训练】

1.（多项选择）我国出口商可以向以下哪些机构申领原产地证书(　　)

A. 中华人民共和国海关总署

B. 中华人民共和国国家质量监督检验检疫总局

C. 中国国际贸易促进委员会

D. 中华人民共和国商务部

2.（多项选择）根据我国有关规定，出口企业最迟于货物出运前 3 天向签证机构申请办理原产地证书，并按签证机构所提供的格式和填制要求，应提供已缮制的（　　）

A. 一般原产地证明书申请书

B. 中华人民共和国原产地证明书

C. 出口商业发票

D. 装箱单

3.（填空）信用证条款为：

DOCUMENTS REQUIRED：GENERALIZED SYSTEM OF PREFERENCES COUNTRY OF ORGIGIN（FORM A）ISSUED BY AUTHORIZED ORGANIZATION IN CHINA.

信用证未对普惠制产地证的出具人做任何其他规定。

普惠制产地证出具人应填为（中、英文名称）：＿＿＿＿＿＿＿＿＿＿＿＿＿＿＿＿＿＿＿＿＿＿＿＿＿＿＿＿＿＿＿＿＿＿＿＿＿＿

4.（改错）信用证条款为：

APPLICANT：XYZ COMPANY，BELGIUM

BENEFICIARY：ABC COMPANY，NANJING

DOCUMETS REQUIRED：FULL SET OF BILL OF LADING CONSIGNED TO ORDER OF SHIPPER MARKED FREIGHT PREPAID NOTIFING THE APPLICANT

CERTIFICATE OF ORIGIN ISSUED BY COMPETENT INSTITUTION

信用证未对提单和产地证做出任何其他规定。

提单显示：CONSIGNEE：TO ORDER OF SHIPPER

产地证显示：

CERTIFICATE OF ORIGIN

A

SHIPPER：SUV COMPANY，NANJING

B

CONSIGNEE：XYZ COMPANY，BELGIUM

C

ISSUING PARTY：ABC COMPANY，NANJING

D

错误选项为（ ）

应修改为：________________

5.（单项选择）信用证条款为：

DESCRIPTION OF GOODS：GROUNDNUT COOKING OIL

ORIGIN：CHINA

DOCUMENTS REQUIRED：CERTIFICATE OF ORIGIN IN 2 COPIES ISSUED BY AUTHORIZED ORGANIZATION IN CHINA.

信用证未对产地证做出任何其他规定。

产地证应显示（ ）

A.

DESCRIPTION OF GOODS：GROUNDNUT COOKING OIL

ORIGIN：CHINA

B.

DESCRIPTION OF GOODS：COOKING OIL

ORIGIN：CHINA

C.

DESCRIPTION OF GOODS：GROUNDNUT COOKING OIL

D.

DESCRIPTION OF GOODS：OIL

ORIGIN：CHINA

6. 根据第二章之强化训练提供的合同和第三章的信用证（表3-1）缮制原产地证书。

第九章 汇 票

【导入思考】

2006 年，A 进出口公司向 B 有限公司出口一批玩具。信用证对汇票的规定为“CREDIT AVAILABLE BY THE BENEFICIARY 'S DRAFT（S）AT SIGHT, PAY TO THE STANDARD BANK，LTD. ONLY”（由受益人开具的即期汇票，只限付给标准银行）。

A 进出口公司在装运后，于 9 月 13 日将信用证所要求的单据向议付行交单议付。9 月 29 日，开证行对汇票提出一个不符点：我信用证规定“THE BENEFICIARY 'S DRAFT（S）AT SIGHT，PAY TO THE STANDARD BANK，LTD. ONLY”，你方提交的汇票收款人却只表示“PAY TO THE STANDARD BANK，LTD.”，漏“ONLY”，违背了信用证规定。

A 进出口公司于 10 月 4 日做出如下反驳意见：汇票收款人名称有三种惯例填法，即记名式抬头、指示式抬头和来人式抬头。记名式抬头即直接指定某某人为收款人。你信用证规定和我提交的汇票均属于记名式抬头，有无“ONLY”，作用一样。

A 进出口公司信心十足地向开证行提出上述反驳意见，认为开证行这次无理可驳了。未料于 10 月 9 日又接到开证行的异议，其电文如下：“你 10 月 4 日电悉。我信用证对汇票收款人明确规定‘只限付给标准银行’，其意思即禁止第三者参与本汇票的流通，不得背书转让。你实际汇票的收款人没有限制，即无‘ONLY’，则可以背书转让给第三者，其性质已改变。

思考：汇票收款人栏有没有“ONLY”，作用真是一样吗?

第一节 汇票概述

在国际贸易结算中，一般采用票据作为结算工具，利用现金结算的很少。一般说来票据是根据票据法签发和流通的，以无条件支付一定金额为目的的有价证券，包括本票、支票和汇票三种，国际结算票据也叫国际结算的支付工具，在国际货款的结算当中使用最多的就是汇票。

一、汇票的定义

汇票（bill of exchange），简称 draft 或 bill，在国际结算中的使用频率远远超过本票和支票，在各国的票据立法中，关于汇票的规定总是最为详细，这不仅因为汇票在现实经济中得到广泛应用，而且因为这些法律规定完全或部分地适用于本票与支票的情况。

根据英国票据法规定，汇票是一人向另一人签发的，要求即期或定期在可以确定的将来时间，向特定的人或其指定的人或持票来人支付一定金额的无条件的书面命令。我国票据法对汇票的定义是，汇票是出票人签发的，委托付款人在见票时或者在指定日期无条件支付确定的金额给收款人或者持票人的票据。

二、汇票的内容

汇票是一种要式证券，必须要式齐全。所谓要式齐全，就是必须具备法定的形式要件，必须载明必要的法定事项，才能成为完整的汇票，具有票据的效力。但是各国法律对此要求并非完全一致。

我国票据法明确规定，汇票必须记载下列事项：(1) 表明“汇票”字样；(2) 无条件支付的委托；(3) 确定的金额；(4) 付款人名称；(5) 收款人名称；(6) 出票日期；(7) 出票人签章。汇票上未记载规定事项之一的，汇票无效。

日内瓦统一法还把付款日期、汇票地点和出票地点也作为汇票应当记载的必要内容。我国票据法虽未把这些内容作为汇票的必备内容，但在第 23 条中也对这些项目作了原则规定。综合二者的规定，汇票共有九大内容。

1. *票据名称*（word of exchange）

汇票上注明“汇票”字样，主要是为了和其他支付工具，如本票、支票等加以区分，以免混淆，也有利于实际业务中的使用和操作。英国票据法无此要求，但在英国的结算业务中签发的汇票也大都用“汇票”字样表示。

2. *无条件支付的委托*（unconditional order to pay）

汇票是出票人指定付款人支付一定款项给收款人的无条件支付命令书，不受任何限制，所以不能将其他行为的履行或事件的发生作为执行支付命令的先决条件。因此，如果汇票上规定诸如“如果某公司支付的货物符合合同规定，即支付其金额 10 000 美元”等附加条件或限制，则该汇票无效。但是汇票加注出票条款（drawn clause）是用以表明汇票的起源交易，例如“按某号信用证开立”“按某合同装运某货物”等，并不构成支付的附加或限制条件。另外，支付委托书应当是书面的，包括手写、打字或印制，但不能用铅笔书写。

3. 确定的金额（certain in money）

汇票票面所记载的金额必须是确定的，所谓“确定”是指任何人按照汇票文义来计算应付金额时，都能得到同样的结果，而不会发生歧义。如有利息条款，则必须规定利率。有利息条款而未规定利率的汇票无效。日内瓦统一法规定，见票即付和见票后定期付款的汇票，出票人可以规定利息条款并载明利率，若未载明利率，该利息条款无效，汇票本身有效。

如果汇票上除了记载金额外，还记载了另一种货币作为支付货币，则必须注明汇率。

汇票金额要用文字大写（amount in words）和数字小写（amount in figure）分别表明。如果文字和数字不符，按照英国票据法和日内瓦统一法的规定，应以文字为准。实际做法多是退票，要求出票人更改相符后，再行提示要求付款。我国票据法第 8 条规定：“票据金额以中文大写和数字同时记载的，两者必须一致，两者不一致的，票据无效。”

4. 付款人名称（drawee）

各国票据法都要求汇票必须载明付款人的姓名或商号名称。汇票付款人名称和地址应当书写清楚，以便收款人或持票人向其提示付款或承兑。付款人就是受票人，在汇票上是以“To...”开头的英文文句。

5. 收款人名称（payee）

英国票据法认为，汇票上可以指定收款人，也可以不指定收款人，而仅写给持有人，这种汇票统称无记名汇票或来人汇票，持票人有权凭汇票要求付款人向其支付汇票所记载的全部金额。

按我国票据法规定，收款人名称是汇票必须记载的事项，否则无效。这说明我国的汇票必须是记名汇票，而不允许签发不记名汇票。这主要是从票据使用的安全性考虑的。因为不记名汇票转让时，转让人不在汇票上签字，就不承担票据责任，这对保护持票人的票据权利是不利的。同样，我国票据法也规定背书必须是记名背书，确保汇票转让关系可以从背书上加以认定，从而可以增强票据的信用度，有利于保护持票人的票据权利。

汇票上收款人的记载，通常称为“抬头”，根据抬头的不同写法，确定汇票的可流通性或不可流通性。汇票抬头的具体写法有三种：

（1）限制性抬头。例如，“仅付给保罗·西蒙”（pay to Paul Simon only）或“付给保罗·西蒙，不准转让”（pay to Paul Simon only，not transferable），这种汇票不能以背书的方式进行转让。

（2）指示性抬头。例如，“付给保罗·西蒙或其指定的人”（pay to Paul Simon or order; pay to order of Paul Simon），这种写有指示性抬头的汇票可以经过背书转让。倘若汇票上写明收款人姓名，但未加注限制转让字样的，如仅写明“pay to Paul Simon”，则此种汇票可视为指示性汇票，可经过背书转让。

(3) 持票人或来人抬头。按英美票据法，汇票可做来人抬头，即在汇票上不指定收款人名称，而只写明“付给持有人”(pay to holder)或“付给来人”(pay to bearer)字样。这种汇票可以仅凭交付汇票本身即可转让，而无须由持票人背书。

6. 出票日期 (date of issue)

汇票记载出票日期的作用有以下三个：

(1) 决定汇票的有效期。按票据法的相关规则，票据均有一定的有效期，但各国对有效期的具体期限和决定有效期的方法的规定不一致。自出票之日起算，即期汇票的提示付款和远期汇票的提示承兑的有效期为一年。我国票据法规定，见票即付汇票或见票后定期付款的汇票的持票人应当自出票日起1个月内向付款人提示承兑。

(2) 决定付款到期日。对于出票后定期付款的远期汇票，计算到期日必须知道出票日期。

(3) 决定出票人的行为能力。列明出票日期，可以确定出票人在签发汇票时有无行为能力。若出票人在出票时已被宣告破产或被清理，则出票人在出票时已经丧失行为能力，该汇票无效。

日内瓦统一法和我国票据法都认为出票日期是汇票的必要项目。英国票据法认为，即使没有列明出票日期，汇票依然成立。该法规定，凡出具定期汇票在签发时未写明出票日期，或见票定期汇票在承兑时未写明承兑日期，善意持票人均可以在汇票上加填自己认为正确的出票日期或承兑日期，汇票便将依据该日计算到期日。

7. 付款到期日 (tenor)

汇票的付款日就是付款人履行义务的日期。按英国票据法规定，到期日不是汇票的必备项目，未载明到期日的汇票按见票即付处理。我国票据法规定，汇票记载付款日期应当清楚、明确；未记载付款日期的视为见票即付。

日内瓦统一法和我国票据法都规定了以下四种付款期限：

(1) 见票即付 (at sight/on demand/on presentation)，这种汇票被称为即期汇票 (sight/demand draft)，无须承兑，已明确后者的付款责任。

(2) 定期付款 (at a fixed date)。这种汇票是一种远期汇票 (time/usance/term draft)，一般需由持票人先向付款人提示要求承兑，已明确后者的付款责任。

(3) 出票后定期付款 (at a fixed period after date)。这也是一种远期汇票，一般必须提示承兑。

（4）见票后定期付款（at a fixed period after sight）。这也是一种远期汇票，一般必须提示承兑。

此外，美国票据法中还规定了如下一种付款期限，在实务中也常见：延期付款（deferred payment）——某一说明日期后定期付款（payable at a fixed period after a stated date）。具体说来可以是：（1）提单（签发）日/交单日/其他特定日后定期付款（payable at a fixed period after the date of bill of lading/presentation of documents/other specified date）；（2）汇票注明日期后定期付款（payable at a fixed period after stated date）。这也是一种远期汇票，一般必须提示承兑。

在实务处理上，完全可以避免在汇票上出现这种不符合日内瓦统一法和我国票据法的付款期限，只需把汇票的出票日期填写成具体的提单日/交单日，同时再规定付款期限为出票后定期就可以了。

定期付款的期限，较多使用30天、45天、60天或90天，超过90天的虽也有使用，但比较少见。计算到期日的方法应根据汇票文义和国际惯例。一般国际惯例是：

（1）算尾不算头。例如，见票日为4月15日，付款期限为见票日后30天，则应从4月16日起算30天，到期日为5月15日。

（2）“月”为日历月，以月为单位计算付款期限的，指日历上的月份，不考虑每月的具体天数，一律以相应月份的同一天为到期日，若当月无对应日期，则以该月最后一天代替。例如，见票日为1月31日，见票后1个月、2个月、3个月付款，到期日分别为2月28日（如遇闰年，则为29日）、3月31日、4月30日。如汇票规定见票后3个月付款，见票日为4月15日，到期日应为7月15日。

（3）先算整月，后算半月，半月按15天计算。例如，出票日为7月20日，付款期限是出票后3个半月，则出票后3个月应为10月20日，再加半个月（15天），则到期日是11月5日。

（4）假日顺延，即若到期日恰逢周末节假日等非营业日，则顺延至其后的第一个营业日。例如，见票日为4月15日，付款期限为见票日后30天，到期日为5月14日，若5月14日恰逢假日，则付款期限应延至下一个银行营业日，如5月15日。

付款日期不肯定或根据某种条件确定付款日期的汇票，例如，“约于2月15日付款”、“货到后30天付款”等，按票据法均视为无效汇票。

8. 出票地点和付款地点（place of issue and payment）

出票地点和付款地点的记载，对涉外汇票具有重要意义，因为这关系到汇票的法律适用问题。按照国际惯例一般采用“行为地法律”原则。日内瓦统一法明确规定汇票应当记载出票地点和付款地点，未载明出票地点的，以出票人的营业场所、住所或者居住地作为出票地点。我国票据法虽未将出票地点和付款地点列为必要项目，但在第23条也明确规定，汇票上记载的付款地、出票地等事项，应当明确清楚；未记载付款地的，付款人的营业场所、住所或经常居住地为付款地；未记载出票地的，出票人的营业场所、住所或经常居住地为出票地。

9. 出票人签章（signature of the drawer）

根据票据法的一般规则，只有在票据上签字的人，才对票据承担付款或承兑的责任。因此，各国票据法都规定，汇票必须要由出票人签名才能生效，未经出票人签名的汇票在法律上是无效的。我国票据法第22条也把“出票人签章”作为汇票必须记载的事项之一。

出票人可以是个人，也可以是其代理人，当委托人是公司、银行、团体时，应在公司名称前面加上“For”或“On behalf”或“For and on behalf of”或“Per pro.”字样，并在个人签名后面加上其职务名称，例如：

For ABC Company Ltd.

Paul Simon Manager

这样ABC公司受到个人Paul Simon签字的约束，该汇票不是Paul Simon个人开出的汇票，而是其代理ABC公司开出的汇票。

此外，除了上述项目外，汇票还可以有一些其他内容的记载，例如，汇票编号、出票条款、利息和利率、付一不付二、借记账户、担当付款人、预备付款人、对价条款、托收条款、免作拒绝证书、免作拒付通知、免于追索、禁止转让等。

第二节 汇票的缮制

一、汇票格式

1. 空白汇票格式

空白汇票格式见表9-1。

表 9-1

BILL OF EXCHANGE

1

凭
Drawn under________________________

信用证号
L/C No.________________________

日期 年 月 日
Date________________________

按 息 付款
Payable with interest @______________%per annum

号码 汇票金额 中国 武汉 年 月 日

No.______________Exchange for Wuhan,China__________

见票 日后（本汇票之副本未付）付

At______________sight of this FIRST of Exchange(Second of Exchange being unpaid)

受款人
pay to the order of____

金额
the sum of

此致
To:__________________________

____

2. 汇票实例格式

汇票实例格式见表 9-2。

表 9-2

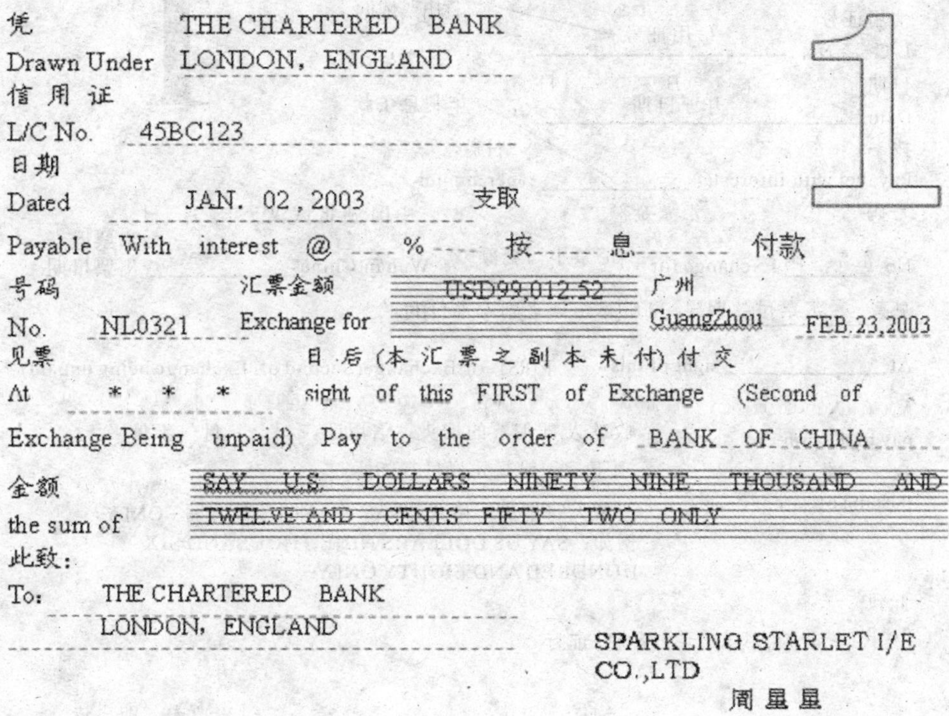

BILL OF EXCHANGE

凭 Drawn Under THE CHARTERED BANK LONDON, ENGLAND

信用证 L/C No. 45BC123

日期 Dated JAN. 02, 2003 支取

Payable With interest @ ___ % 按 息 付款

号码 No. NL0321 汇票金额 Exchange for USD99,012.52 广州 GuangZhou FEB.23,2003

见票 At * * * 日后（本汇票之副本未付）付交 sight of this FIRST of Exchange (Second of Exchange Being unpaid) Pay to the order of BANK OF CHINA

金额 the sum of SAY U.S. DOLLARS NINETY NINE THOUSAND AND TWELVE AND CENTS FIFTY TWO ONLY

此致：

To: THE CHARTERED BANK LONDON, ENGLAND

SPARKLING STARLET I/E CO.,LTD

周星星

二、缮制要求

1. 信用证项下汇票的缮制要求

汇票的缮制要求如表 9-3 所示。

信用证支付方式下缮制汇票时，除了应严格符合信用证的要求外，还应符合相关信用证业务惯例和票据法的规定。

（1）出票条款（drawn under）。即开具汇票的依据。信用证项下，应按信用证规定填写相关信用证开证行、信用证号及开证的日期。

例如：DRAWN UNDER THE CHASE MANHATTAN BANK NEWYORK, L/C NO. 053022, DATED JULY 5TH, 2005

（2）年利息条款（payable with interest @ …%…）。这一栏由结汇银行填写，用以清算企业与银行间的利息费用。出口公司不必填写此项目。

表 9-3

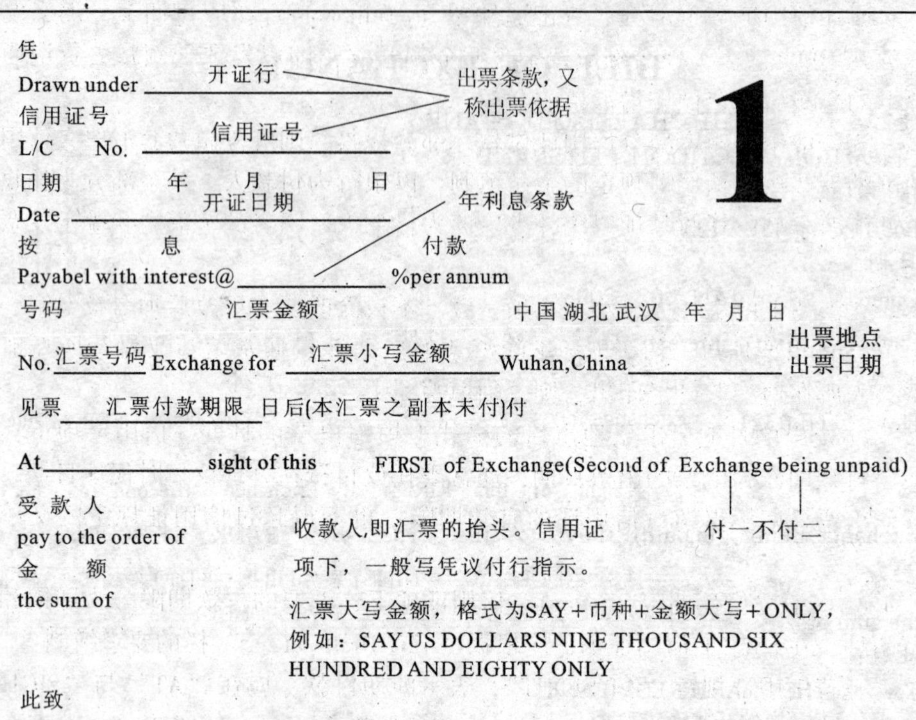

凭

Drawn under 开证行

信用证号

L/C No. 信用证号

（出票条款，又称出票依据）

日期 年 月 日

Date 开证日期

按 息 付款

Payabel with interest@ %per annum

（年利息条款）

号码 汇票金额 中国 湖北 武汉 年 月 日

No. 汇票号码 Exchange for 汇票小写金额 Wuhan,China （出票地点 出票日期）

见票 汇票付款期限 日后(本汇票之副本未付)付

At sight of this FIRST of Exchange(Second of Exchange being unpaid)

（付一不付二）

受 款 人

pay to the order of

（收款人,即汇票的抬头。信用证项下，一般写凭议付行指示。）

金 额

the sum of

（汇票大写金额，格式为SAY＋币种＋金额大写＋ONLY，例如：SAY US DOLLARS NINE THOUSAND SIX HUNDRED AND EIGHTY ONLY）

此致

To: 付款人，一般为开证行

（出票人，即出口商全名+签署）

（3）汇票号码（No.）。一般填写商业发票的号码，以便与发票核对相关内容及整套单证的查阅和引用。由于汇票的编号不是汇票的必要项目，所以有些汇票没有编号，银行也接受此处为空白的汇票。有时候出口公司为了便于银行结汇，通常使用银行的统一编号。例如，信用证项下在中国银行办理结汇的通常使用中国银行向该出口公司购买票据的 BP（bill purchased）号。

（4）汇票小写金额（amount in figure）。“Exchange for ”后填写货币名称缩写和用阿拉伯数字表示的小写金额，金额数保留到小数点后两位。除非信用证另有规定，汇票金额所使用的货币必须与信用证规定和发票所使用的货币一致。在正常情况下，汇票金额为发票金额的 100%，不得超过信用证规定的总金额。此外填写汇票金额时，还应注意以下问题：

①若信用证规定汇票的金额少于发票金额，例如 95%，则汇票金额应按

照发票金额的95%开立，差额5%一般为应扣佣金。

②如信用证规定部分以贷记通知单（credit note）扣应付佣金，那么发票金额开100%，而汇票金额应按不含佣金额开立，即以发票金额减去贷记通知单上的金额后的余额作为汇票的金额。

③若信用证规定部分信用证付款，部分托收，则应分做两套汇票，信用证项下的汇票按照信用证规定的金额填制，以银行为付款人，其余部分为托收项下的汇票金额，托收款项以国外进口商为付款人。两者的金额之和等于发票的金额。

④汇票上的金额大、小写必须一致，不得涂改或者更改后加盖校对章。

(5) 出票地点。信用证项下的汇票的出票地点通常填写议付行所在地或出票人所在地，若已经印出，则无须填写。

(6) 出票日期。出票地点后的横线上填写出票的日期。信用证项下，一般议付日期作为汇票的出票日期，通常委托议付行在办理议付时代填日期。汇票的出票日期不得超过信用证的有效期限，也不得超过信用证规定的交单期限。

(7) 汇票付款期限（tenor）。信用证项下，汇票的付款期限分为即期和远期两种，在SWIFT信用证中，应根据“42C Drafts at....”栏的要求缮制：

①若信用证规定“AT SIGHT”，表示即期付款，应在“AT”与“SIGHT”之间的横线上填写“＊＊＊＊＊＊”或者“---------”或者“×××××”，例如，“At＊＊＊＊＊＊Sight”，也可以直接打上“ATSIGHT”，但中间不得留空。

②若信用证规定“30 DAYS AFTER SIGHT”，表示见票后30天付款，应缮打为“At 30 DAYS AFTER Sight”。

③若信用证规定“30 DAYS AFTER DATE”，表示出票后30天付款，应缮打为“At 30 DAYS AFTER DATE Sight”，并应删掉印就的“Sight”字样。

④若信用证规定“30 DAYS AFTER B/L DATE”，表示提单日后30天付款，应缮打为“At 30 DAYS AFTER B/L DATE Sight”，并应删掉印就的“Sight”字样，还要特别注意的是应在该汇票上批注B/L日期，以便从汇票表面上能够判断到期日。这一做法的依据是ISBP第45条。根据其规定，如果汇票付款期限规定为某一事件后若干天内付款，那么汇票上的内容必须使人能够确定到期日，即应在汇票上注明到期日或某一事件的发生日期。据上述付款期限，假定B/L日为2007年8月1日，则到期日推算为2007年8月31日，则有以下五种缮打办法：

- AT 30 DAYS AFTER B/L DATE AUG . 1，2007；
- AT 30 DAYS AFTER AUG. 1，2007；

● AT 30 DAYS AFTER B/L DATE，在汇票上另外批注 B/L DATE：AUG. 1, 2007；

● AT 30 DAYS DATE，出票日与提单日为同一天，即 AUG. 1，2007；

●直接打到期日：AT AUG. 31，2007。

（8）付一不付二（pay this first of exchange，second of exchange being unpaid）。汇票一般一式两份，在其醒目的位置上印有“1”或“2”字样，表示该汇票是第一联或第二联，即 first exchange 或 second exchange。各联汇票的内容完全相同，具有同等的效力，并交叉注明“付一不付二”和“付二不付一”，表明其中一份付讫，另一份自动失效。

（9）收款人（payee）。信用证方式下，一般以议付行指示性抬头为汇票收款人，即“PAY TO ORDER OF ××BANK”。在 SWIFT 信用证项下，若出现“41A AVAILABLE WITH … BY …”项目，其内容为“××BANK BY NEGOTIATION”，则表示限制议付，应填写信用证指定的议付行作为收款人；若出现“41D AVAILABLE WITH…BY…”项目，其内容为“ANY BANK BY NEGOTIATION”，则表示自由议付，出口公司可自由地选择合适的议付行作为收款人。

（10）汇票大写金额（amount in words）。在“the sum of”后按照小写金额使用英文大写数字填写，大写金额前冠以货币全称的复数形式，句末加上“ONLY（整）”，也可以在货币名称前面加上“SAY”（计）。大写金额的小数点后的辅币，以 0.80 美元为例，有下面的几种表示方法：

CENTS EIGHTY ONLY

AND 80% ONLY

AND 80/100 ONLY

例如，USD20 900.80 大写金额可以表示为：SAY US DOLLARS TWENTY THOUSAND NINE HUNDRED AND CENTS EIGHTY ONLY（AND 80/100 ONLY）

（11）付款人（payer）。即汇票的受票人（drawee），信用证项下，应按照信用证的规定填写付款人的名称和地址，写在汇票上“此致……（To…）”处。

①当信用证规定须开立汇票又没有明确规定付款人时，应理解为开证行就是付款人，此栏打上开证行的名称和地址。

②如果信用证规定“DRAWN ON US”或者“DRAWN ON ××BANK”，则付款人为开证行或开证行指定的付款行（或偿付行）。

③如果信用证规定“DRAWN ON YOU”或“DRAWN ON YOURSELVES”，则付款人为通知行。

④在 SWIFT 信用证项下，若要提交汇票，应按照“42A DRAWEE”项目

的内容填写指定银行的名称和地址。

⑤如果信用证规定“DRAWN ON APPLICANT”或“DRAWN ON ACCOUNTEE”或“DRAWN ON ×××CO.”或“DRAWN ON PRINCIPAL (S)”等，应填写开证申请人的名称和地址。但值得注意的是根据 UCP500 第 9 条规定：“开立信用证时不应该以信用证申请人作为汇票的付款人。如信用证仍规定付款人为申请人，银行将认为此汇票为附加单据。”这种情况下对卖方存在一定的风险，如果遇到此种情况应及时要求买方修改信用证，以银行为汇票的付款人，才能真正体现信用证作为银行信用的性质。

(12) 出票人 (drawer)。即签发汇票的人，在信用证业务中，通常是卖方，也就是信用证的受益人，一般在汇票的右下角体现，包括两项内容：一是出口公司的名称，通常以盖章表示。二是法人代表的签字。此签字最好用手写签字，国内往往以盖手签图章表示。

2. 托收项下汇票的缮制要求

托收方式下的汇票主要依据买卖双方签订的合同条款来进行缮制，并且符合有关汇票的国际惯例和汇票的规范制法。托收项下的汇票缮制除了个别项目外，大体与信用证项下的汇票的缮制内容和格式相同，我们就其不同的几点进行说明。

(1) 出票条款 (drawn under)。托收项下，一般应列出发运货物的名称、数量，有的还要加上起运港口和目的港口以及合同号等，在实际的操作当中可以省略，例如，“Drawn under Contract No. 9912 against shipment of 1 000 cartons of garments from Shanghai to Singapore for collection”。

(2) 付款的期限以及方式 (tenor and mode of payment)。托收项下汇票的付款期限及方式主要有三种情况：

①即期付款交单 (D/P at sight)：应在“At”与“Sight”之间的横线上填写一排“＊＊＊＊＊＊”或者“---------”或者“××××××”，例如“At＊＊＊＊＊＊Sight”。也可以直接打上“ATSIGHT”，但中间不得留有空隙。然后在“At…Sight”前加上“D/P”，即“D/P At＊＊＊＊＊＊Sight”。

②远期付款交单 (D/P after sight)：填写为“D/P At ××DAYS AFTER Sight”。

③承兑交单 (D/A)：填写为“D/A At ××DAYS AFTER Sight”。

(3) 收款人 (payee)。托收方式下一般以托收行指示性抬头为汇票收款人，即“Pay to the order of ××× Bank”。

(4) 出票地点。托收项下汇票的出票地点通常填写托收行所在地或者出票人所在地。若已经印刷出来，无须再填写。

(5) 出票日期。托收项下，一般以托收行办理托收手续的日期作为汇票的出票日期，通常由托收行在办理托收时代填写日期。

（6）付款人（payer）。即汇票的受票人（drawee），托收项下，应按照合同的规定填写买方即进口商的名称和地址，写在汇票上“此致……（To...）”处。即使汇票上不能列出详细的地址，托收委托书上也应做出详细的指示，代收行对于因提供的地址不完整或者不准确而引起的任何延误概不负责。

（7）出票人（drawer）。托收方式下应由办理托收的委托人，即合同的出口商签字盖章。

第三节 课内实践

一、根据信用证的有关内容，缮制汇票

该货物已于2006年7月30日装船起运。

Issuing Bank：U. S. BANK PORTLAND

L/C No.：LLCPDX002148

Date of Issue：060712

L/C Amount：USD AMOUNT 201 780. 00

Applicant：THE OUTDOOR RECREATION GROUP
4659 VINEBURN AVENUE
LOS ANGELES，CA 40036

Drafts at：AT 30 DAYS AFTER B/L DATE

Available with：BANK OPF CHINA QINGDAO，SHANDONG，CHINA BY NEGOTIATION

Beneficiary：QINGDAO BRIGHT FUTURE GARMENT TRADING CO.，LTD.

Expiry date：DATE 060831 PLACE CHINA

Invoice：04326

Drawee：U. S. BANK NATIONAL ASSOCIATION PORTLAND，OREGON

通过阅读该信用证的有关条款，分析如下：

（1）开证行——Issuing Bank：U. S. BANK PORTLAND

（2）信用证号码——L/C No.：LLCPDX002148

（3）信用证开证日期——Date of Issue：050404

（4）信用证的币种和金额——L/C Amount：USD AMOUNT 201 780. 00

（5）开证申请人——Applicant：THE OUTDOOR RECREATION GROUP 4659 VINEBURN AVENUE LOS ANGELES，CA 40036

（6）汇票期限。由于是B/L日后的30天内付款，B/L日是2006年7月

30 日，推算到期日为 2006 年 8 月 29 日。根据 ISBP 的规定，有如下五种缮制方法供选择：

①At 30 days after B/L date Jul . 30，2006；

②At 30 days after Jul. 30，2006；

③At 30 days after B/L date，并另加注 B/L date：Jul. 30，2006；

④At 30 days after date，出票日为 Jul. 30，2006；

⑤At Aug. 29，2006。

（7）议付行——Available with：BANK OF CHINA QINGDAO，SHANDONG，CHINA BY NEGOTIATION

（8）受益人——Beneficiary：QINGDAO BRIGHT FUTURE GARMENT TRADING CO.，LTD.

（9）信用证的有效期和有效地——Expiry date ：DATE 050731 PLACE CHINA

（10）发票号码——Invoice：04326

（11）付款人——Drawee：U. S. BANK NATIONAL ASSOCIATION PORTLAND，OREGON

通过了解以上的内容，按照汇票填写的要求，进行缮制汇票（表 9-4）。

二、理解托收项下的汇票（表 9-5）

托收项下的汇票填写的依据为双方签订的国际贸易合同条款。托收项下的汇票填写与信用证项下的汇票填写的主要不同包括：

出票条款不同，在托收项下信用证号码和日期不用填写，一般填写商品名称、发票号码、件数，该汇票显示：Drawn under Contract No. L5024 against shipment of 1 000 carton of garment from Ningbo to Singapore for collection。付款期限和方式不一样，该汇票显示：D/P At ××××× Sight of this First Exchange（Second of Exchange being unpaid），表示即期付款交单。收款人填写代收行名称，该汇票显示：Pay to the order of BANK OF CHINA，NINGBO，CHINA。付款人填写详细的名称和地点，该汇票显示：To：Sunlight Garments Company 310 Lucky Road Singapore。

表 9-4

BILL OF EXCHANGE

凭
Drawn under U.S. BANK PORTLAND
信用证号
L/C No. LLCPDX002148
日期 年 月 日
Date JUL. 12, 2006
按 息 付款
Payable with interest @________%per annum

1

号码 汇票金额 中国 青岛 年 月 日
No.________Exchange for USD201，780.00 Qingdao,China________
见票 日后（本汇票之副本未付）付
At 30 DAYS AFTER JUL.30，2006 ~~sight~~ of this FIRST of Exchange(Second of Exchange being unpaid)
受款人
pay to the order of BANK OF CHINA QINGDAO，SHANDONG，CHINA
金额
the sum of SAY US DOLLARS TWO HUNDRED AND ONE THOUSAND SEVEN HUNDRED AND EIGHTY ONLY.
此致
To: U.S. BANK NATIONAL ASSOCIATION
PORTLAND,OREGON

QINGDAO BRIGHT FUTURE GARMENT
TRADING CO.,LTD. 秦岛

表 9-5

BILL OF EXCHANGE
No.：ST0012 Ningbo，16 April，2007 Drawn under Contract No. L5024 against shipment of 1 000 carton of garment from Ningbo Singapore for collection Exchange for USD 21500，00 D/P At ××××× Sight of this first Exchange（Second of exchange being unpaid ） Pay to the order of BANK OF CHINA，NINGBO，CHINA The sum of U. S. DOLLARS TWENTY ONE THOUSAND FIVE HUNDERED ONLY To：Sunlight Garments Company 310 Lucky Road ，Singapore Ningbo Textiles Import and Export Co.，Ltd. 李宁

三、根据信用证审核汇票

1. 信用证

FROM ：ARAB NATIONAL BANK
P. O. BOX 18745
JEDDAH SAUDI ARABIA

FORM OF DOC CREDIT：IRREVOCABLE

DOC. CREDIT NUMBER：254LK254

DATE OF ISSUE：MARCH 10，2002

APPLICANT：ARAB STEEL PRODUCTS CO.
P. O. BOX 18741 JEDDAH SAUDI ARABIA

BENEFICIARY：BRIGHT FUTURE TRADING COMPANY
12 TIANHE ROAD，GUANGZHOU，CHINA.

AVAILABLE WITH ：BANK OF CHINA，GUANGDONG AT 30 DAYS AFTER B/L DATE FOR AMOUNT OF USD75 683. 00 VALID IN CHINA UNTIL MAY 20 ，2002，5% COMMISSION MUST BE DEDUCTED FROM DRAWINGS UNDER THIS CREDIT.

2. 该公司单证员缮制的汇票（表 9-6）

表 9-6

BILL OF EXCHANGE

1

凭
Drawn Under ARAB NATIONAL BANK
信用证
L/C No. 254LK253
日期
Dated MAY 20 ,2002 支取
Payable With interest @ ______ % ______ 按 ______ 息 ______ 付款
号码 汇票金额 宁波
No. ______ Exchange for USD75,683.00 Ningbo ______
见票 日后(本汇票之副本未付)付交
At 30 DAYS sight of this FIRST of Exchange (Second of Exchange Being unpaid) Pay to the order of BANK OF CHINA,GUANGDONG
金额
the sum of US DOLLARS SEVENTY FIVE THOUSAND SIX HUNDRED AND EIGHTY THREE
此致:
To: ARAB STEEL PRODUCTS
CO. P. O. BOX 18741 JEDDAH
SAUDI ARABIA

BRIGHT FUTURE TRADING
COMPANY 南宫飞燕

3. 分析

通过认真地阅读信用证条款和已经填好的汇票实例，分析得出以下方面存在问题：

（1）汇票显示信用证号码与信用证不一致。

（2）汇票显示信用证开证日期与信用证不一致。

（3）汇票小写金额不对，信用证显示“5% COMMISSION MUST BE DEDUCTED FROM DRAWINGS UNDER THIS CREDIT”，所以汇票在计算金额的时候应在发票总金额中扣除5%佣金。

（4）由于小写金额不对，大写金额也不正确。

（5）汇票填写的付款期限不对，信用证显示“AT 30 DAYS AFTER B/L DATE”，即是以装船期为远期汇票起算时间的汇票，所以汇票的付款期限应该显示为“AT 30 DAYS AFTER B/L DATE SIGHT”。

（6）该汇票付款人填写不正确，应该理解为开证行就是付款人，填写详

细的地址和名称，即“ARAB NATIONAL BANK P. O. BOX 18745 JEDDAH SAUDI ARABIA”。

【本章小结】

国际贸易中，货款的结算涉及支付工具和支付方式，其选择直接关系到买卖双方的切身利益。本章就国际贸易中最常见的支付票据汇票进行了详细的讲解。

本章对汇票的九大内容、种类、作用进行了详细的讲解，然后分别讲解了托收项下和信用证项下进行缮制汇票标准格式的方法和要求以及需要注意的内容。

【强化训练】

一、根据下列内容，填写一张信用证项下的汇票

Issuing Bank：Societe General Paris，France

L/C No.：7081 dated April 1st，2004

L/C Amount：USD 9 996. 00

Applicant：NAVY&CO. Hamburg

Beneficiary：China National Textiles Imp. &Exp. Corp.

Expiry date：May 30th，2004

B/L dated May 5th，2004

Beneficiary's draft at sight drawn on the issuing bank and pay to the order of Bank of China for 98% of invoice value marked as drawn under this credit.

Quantity of Goods：15 000 Kilos net，unit price USD 680. 00 per 1 000 Kilo.

Invoice No：04097

二、根据信用证条款，将正确的内容填写在横线上

1. 信用证条款为：

FROM HANG SENG BANK LIMITED TAIWAN

TO BANK OF CHINA，WUHAN BRANCH

L/C NO.：1234 OPENED BY CREDIT LYONNAIS，PARIS DD 031229

OUR REF. NO. 6789 IN FAVOUR OF ABC COMPANY

汇票显示：

DRAWN UNDER CREDIT LYONNAIS，PARIS L/C NO. ____________ DD DECEMBER 29，2003

2. 信用证条款为：

FROM：BANK OF AMERICA，LOS ANGELES，CA

TO：BANK OF CHINA ，HUBEI BRANCH

DRAFT AT 60 DAYS AFTER SIGHT DRAWN ON BANK OF AMERICA，EL MONTE FOR 100 PERCENT OF INVOICE

汇票显示：

NO. C2233 WUHAN，MAY 20，2004

DRAWN UNDER ____________ L/C NO. 1234 DATED 040417

EXCHANGE FOR USD 18 500. 50 AT 60 DAYS AFTER SIGHT OF THIS

FIRST OF EXCHANGE PAY TO THE ORDER OF BANK OF CHINA THE SUM OF U. S. DOLLARS EIGHTEEN THOUSAND FIVE HUNDRED AND FIFTY CENTS ONLY

三、根据第二章之强化训练提供的合同和第三章的信用证（表 3-1）缮制汇票

第十章 报关单据

【导入思考】

资料1　　错填报关单，跑了好生意

1999年，A公司委托B运输服务有限公司代理合同项下的毛巾7 392打、目的港为以色列阿什杜德港的出口事宜。双方达成协议后，A公司将合同项下的全套单据，包括商业发票、装箱单、合同、空白报关单等交给B公司用于发货。B公司委托C货运代理公司组织联系该笔货物的报关、海运事宜，C货运代理公司又将该合同项下的全套单据交给D报关有限公司办理报关事宜。此时，货物已经到达深圳准备装运5月7日的船，深圳蛇口海关在审单时发现出口货物报关单的货物品名由“毛巾”变成了“化纤毛巾”，运抵国也变成了“巴基斯坦”，因单据不符被海关以骗税、闯关名义将货物扣下，后经海关调查，毛巾和化纤毛巾的出口退税率相同；以色列和巴基斯坦均属非配额地区，否定了骗税、闯关嫌疑，以错填报关单名义处罚B公司4万元。B公司认为造成该批货物被海关扣关的责任在A公司和报关行，所以罚金不应由他们单独承担，B公司与A公司经商议未果。

在此期间，A公司将船期延误之事通知了外商，外商随即提出退货和索赔。A公司在与外商多次协商后只得答应将这批货降价50%。但由于B公司对独自承担罚金不满，并没有向外商发货。外商因迟迟收不到货物，向A公司提出强烈抗议，并要进行全额索赔。

为避免事态进一步扩大，A公司将此事诉诸法律。某区人民法院裁定，B公司应退还所保管的货物。在信用证做了第二次修改后，该批货物被发往以色列。自该货发出后，虽然A公司与该外商多次联系未来订货事宜，但外商都置之不理，A公司损失了一个长期的客户。

资料2　　报关单的计量单位有误而影响正常退税

A公司在2003年委托其客户指定的船公司出口近50万美元的货物，涉及50多万元的出口退税。由于A公司是以“盒”为单位采购的，A公司提供的报关单上也注明“506 000 BOXES”，所以工厂的增值税发票开的单位也是“506 000盒”。船公司在重新填写报关单时却将“BOXES”漏打，只标明“6

000KGS”，因此海关计算机上该产品的数量为“6 000 千克”，导致报关单上的内容与发票上的数量和单位不同，A 公司不能正常退税。A 公司要求船公司办理改单，即在品名下注明“506 000 BOXES”，但是由于船公司的一再拖延，导致 A 公司无法办理退税手续。A 公司不断催促船公司办理改单，并要求其必须在 3 个月内将改后的单据退还给 A 公司，否则要其承担由于不能正常退税造成的相关经济损失。3 个月后，A 公司持船公司改正后的报关单如期办理了退税手续。

通过阅读以上资料，思考如下问题：

1. 报关单的缮制要求是什么？

2. 报关与退税是什么关系？

第一节　进出口货物报关单

一、进出口货物报关单的格式

我国海关出口货物报关单的格式见表 10-1。

表 10-1　　　　中华人民共和国海关出口货物报关单

预录入编号：　　　　　　　　　　　　海关编号：

出口口岸	备案号	出口日期		申报日期
经营单位	运输方式	运输工具名称		提运单号
发货单位	贸易方式	征免性质		结汇方式
许可证号	运抵国（地区）	指运港		境内货源地
批准文号	成交方式	运费	保费	杂费
合同协议号	件数	包装种类	毛重（公斤）	净重（公斤）
集装箱号	随附单据			生产厂家
标记唛头及备注				
项号 商品编号 商品名称、规格型号 数量及单位 最终目的国（地区）单价 总价 币制 征免				

续表

<table>
<tr><td colspan="3">税费征收情况</td></tr>
<tr><td>录入员
录入单位</td><td>兹证明以上申报无讹并承担法律责任</td><td>海关审单批注及放行日期（签章）</td></tr>
<tr><td colspan="2" rowspan="2">报关员

单位地址　　　　申报单位（签章）</td><td>审单　　　审价</td></tr>
<tr><td>征税　　　统计</td></tr>
<tr><td colspan="2">邮编　　电话　　填制日期</td><td>查验　　　放行</td></tr>
</table>

我国海关进口货物报关单的格式见表10-2。

表10-2　　　　**中华人民共和国海关进口货物报关单**

预录入编号：　　　　　　　　　　　海关编号：

<table>
<tr><td>进口口岸</td><td>备案号</td><td colspan="2">进口日期</td><td>申报日期</td></tr>
<tr><td>经营单位</td><td>运输方式</td><td colspan="2">运输工具名称</td><td>提运单号</td></tr>
<tr><td>收货单位</td><td>贸易方式</td><td colspan="2">征免性质</td><td>征税比例</td></tr>
<tr><td>许可证号</td><td>起运国（地区）</td><td colspan="2">装货港</td><td>境内目的地</td></tr>
<tr><td>批准文号</td><td>成交方式</td><td>运费</td><td>保费</td><td>杂费</td></tr>
<tr><td>合同协议号</td><td>件数</td><td>包装种类</td><td>毛重（公斤）</td><td>净重（公斤）</td></tr>
<tr><td>集装箱号</td><td colspan="3">随附单据</td><td>用途</td></tr>
<tr><td colspan="5">标记唛头及备注</td></tr>
<tr><td colspan="5">项号 商品编号 商品名称、规格型号 数量及单位 原产国（地区）单价 总价 币制 征免</td></tr>
<tr><td colspan="5"></td></tr>
<tr><td colspan="5"></td></tr>
<tr><td colspan="5"></td></tr>
<tr><td colspan="5"></td></tr>
<tr><td colspan="5"></td></tr>
</table>

续表

<table>
<tr><td colspan="3">税费征收情况</td></tr>
<tr><td>录入员
录入单位</td><td>兹证明以上申报无讹并承担法律责任</td><td rowspan="2">海关审单批注及放行日期（签章）

审单　　审价</td></tr>
<tr><td colspan="2">报关员</td></tr>
<tr><td colspan="2">单位地址　　　　申报单位（签章）</td><td>征税　　统计</td></tr>
<tr><td colspan="2">邮编　　电话　　填制日期</td><td>查验　　放行</td></tr>
</table>

二、进出口货物报关单的缮制要求

1. 预录入编号

预录入编号指申报单位或预录入单位对该单位填制录入的报关单的编号，用于该单位与海关之间引用其申报后尚未批准放行的报关单。报关单录入凭单的编号规则由申报单位自行决定。预录入报关单及EDI报关单的预录入编号由接受申报的海关决定编号规则，计算机自动打印。

2. 海关编号

指海关接受申报时给予报关单的编号，应标示在报关单的每一联上。

H2000通关系统下，报关单海关编号为18位数字，其中第1~4位为接受申报海关的编号（《关区代码表》中相应海关代码），第5~8位为海关接受申报的公历年份，第9位为进出口标志（“1”为进口，“0”为出口），后9位为顺序编号。

3. 申报口岸

新增显示栏目，在原H883系统中只录入不显示，在H2000审单系统中增加了本项的显示。

4. 进口口岸/出口口岸

进口（出口）口岸指货物实际进（出）我国关境口岸海关的名称。本栏应根据货物实际进（出）口的口岸海关选择填报《关区代码表》中相应的口岸海关名称及代码。

加工贸易合同项下货物在海关核发的登记手册（或分册，下同）限定或指定的口岸与货物实际进出境口岸不符的，应向合同备案主管海关办理登记手册的变更手续后填报。

进口转关运输货物应填报货物进境地海关名称及代码，出口转关运输货物应填报货物出境地海关名称及代码。按转关运输方式监管的跨关区深加工结转货物，出口报关单填报转出地海关名称及代码，进口报关单填报转入地海关名称及代码。

其他未实际进出境的货物，填报接受申报的海关名称及代码。

5. 关联报关单号

该栏目用于填报与本报关单有关联关系的报关单号，如加工贸易结转的进口和出口报关单，按照H883系统业务管理要求，应先办理进口报关，并在出口报关单的“运输工具名称”栏填报转入方关区代码（前两位）及进口报关单号，如转入××（关区代码）××××××××××（进口报关单号）。而在H2000系统中，应直接将进口报关单号填入“关联报关单号”栏；进出口修理物品等返修类货物的原进出口报关单号也应填入“关联报关单号”栏。

6. 关联备案号

该栏目用于填报与本报关单有关联关系的备案号，如原H883系统中结转类报关单需要在“备注”栏填报“转自××××手册”，在H2000系统中直接填入“关联备案号”栏。

7. 监管仓号

该栏目用于填报保税仓库或监管仓库的相关内容，目前暂不要求填报。

8. 法定单位、法定数量、第二单位、第二数量

上述栏目在H883系统中只录入保存但不显示，在H2000系统中报关单界面都能直观地显示。

9. 申报总价、海关估定单价

H2000系统中增加申报总价栏和海关估定单价栏的显示，凡涉及报关单总价栏和海关估定单价栏的修改时，可作相应的修改。

10. 备案号

备案号指进出口企业在海关办理加工贸易合同备案或征、减、免税审批备案等手续时，海关给予《进料加工登记手册》、《来料加工及中小型补偿贸易登记手册》、《外商投资企业履行产品出口合同进口料件及加工出口成品登记手册》（以下均简称《登记手册》）、《进出口货物征免税证明》（以下简称《征免税证明》）或其他有关备案审批文件的编号。

一份报关单只允许填报一个备案号。

具体填报要求如下：

（1）加工贸易合同项下货物，除少量低价值辅料按规定不使用《登记手册》外，必须在报关单备案号栏目填报《登记手册》的12位编码。

加工贸易成品凭《征免税证明》转为享受减免税进口货物的，进口报关单填报《征免税证明》编号，出口报关单填报《登记手册》编号。

(2) 凡涉及减免税备案审批的报关单，本栏目填报《征免税证明》编号，不得为空。

(3) 无备案审批文件的报关单，本栏目免予填报。

备案号长度为12位，其中第1位是标记代码。备案号的标记代码必须与“贸易方式”及“征免性质”栏目相协调，例如，贸易方式为来料加工，征免性质也应当是来料加工，备案号的标记代码应为“B”。

11. 进口日期/出口日期

进口日期指运载所申报货物的运输工具申报进境的日期。本栏目填报的日期必须与相应的运输工具进境日期一致。

出口日期指运载所申报货物的运输工具办结出境手续的日期。本栏目供海关打印报关单证明联用。预录入报关单及EDI报关单均免予填报。无实际进出境的报关单填报办理申报手续的日期。

在H883/EDI通关系统中，本栏目为6位数字，顺序为年、月、日各2位；在H2000通关系统中，本栏目为8位数字，顺序为年（4位）、月（2位）、日（2位）。

12. 申报日期

申报日期指海关接受进（出）口货物的收、发货人或其代理人申请办理货物进（出）口手续的日期。

预录入及EDI报关单填报向海关申报的日期，与实际情况不符时，由审单关员按实际日期修改批注。

在H883/EDI通关系统中，本栏目为6位数字，顺序为年、月、日各2位；在H2000通关系统中，本栏目为8位数字，顺序为年（4位）、月（2位）、日（2位）。

13. 经营单位

经营单位指对外签订并执行进出口贸易合同的中国境内企业或单位。

本栏目应填报经营单位名称及经营单位编码。经营单位编码为10位数字，指进出口企业在所在地主管海关办理注册登记手续时，海关给企业设置的注册登记编码。

特殊情况下确定经营单位的原则如下：

(1) 援助、赠送、捐赠的货物，填报直接接受货物的单位。例如：湖北省民政厅接受香港地区捐赠的御寒物资一批，本栏应填报为“湖北省民政厅”+“4201990000（临时经营单位编码）”。

(2) 进出口企业之间相互代理进出口，或没有进出口经营权的企业委托有进出口经营权的企业代理进出口的，填报代理方。如上海城建局委托上海土产进出口公司（3101915031）进口黄桐木材，“经营单位”栏应填报为“上海土产进出口公司”+“3101915031”。

（3）外商投资企业委托外贸企业进口投资设备、物品的，填报外商投资企业的中文名称及编码，并在“标记唛码及备注”栏注明委托××公司进口。例如，上海协通针织有限公司（3101935039）委托上海机械进出口公司进口圆形针织机5台，“经营单位”栏应填报：“上海协通针织有限公司”+“3101935039”，并在“标记唛码及备注”栏注明：“委托上海机械进出口公司进口”。

（4）经营单位编码第6位数为“8”的单位是只有报关权而没有进出口经营权的企业，不得作为经营单位填报。

（5）境外企业不得作为经营单位填报。

（6）合同的签订者和执行者不是同一企业的，经营单位应按执行合同的企业填报。

（7）有代理报关权的进出口企业在本企业进出口或代理其他企业进出口时，填报本企业的中文名称及编码；代理其他企业办理进出口报关手续时，填报委托方的中文名称及编码。

14. 运输方式

运输方式指载运货物进出关境所使用的运输工具的分类。

本栏目应根据实际运输方式按海关规定的《运输方式代码表》选择填报相应的运输方式。

特殊情况下运输方式的填报原则如下：

（1）非邮政方式进出口的快递货物，按实际运输方式填报。

（2）进出境旅客随身携带的货物，按旅客所乘运输工具填报。

（3）进口转关运输货物，按载运货物抵达进境地的运输工具填报；出口转关运输货物，按载运货物驶离出境地的运输工具填报。

（4）无实际进出境的，根据实际情况选择填报《运输方式代码表》中的运输方式“0”（非保税区运入保税区和保税区退仓）、“1”（境内存入出口监管仓库和出口监管仓库退仓）、“7”（保税区运往非保税区）、“8”（保税仓库转内销）或“9”（其他运输）。

15. 运输工具名称

指载运货物进出境的运输工具的名称或运输工具编号。

本栏目填报内容应与运输部门向海关申报的载货清单所列相应内容一致。一份报关单只允许填报一个运输工具名称。直接在进出境地办理报关手续的报关单具体填报要求如下（H2000通关系统）：

(1) 江海运输填报船舶编号（来往港澳的小型船舶为监管簿编号）或者船舶英文名称。

(2) 汽车运输填报该跨境运输车辆的国内行驶车牌号，深圳提前报关模式为填报国内行驶车牌号+“/”+“提前报关”(4个汉字)。

(3) 铁路运输填报车厢编号或交接单号。

(4) 航空运输填报航班号。

(5) 邮政运输填报邮政包裹单号。

(6) 其他运输方式填报具体运输方式名称，例如：管道、驮畜等。

(7) 对于“清单放行，集中报关”的货物填报“集中报关”(4个汉字)。

16. 航次号

指载运货物进出境的运输工具的航次编号。本栏仅限H2000通关系统填报，使用H883/EDI通关系统的，本栏内容与运输工具名称合并填报。直接在进出境地办理报关手续的报关单具体填报要求如下：

(1) 江海运输：填报船舶的航次号。

(2) 汽车运输：填报该跨境运输车辆的进出境日期（8位数字，顺序为年(4位)、月（2位)、日（2位)，下同)。

(3) 铁路运输：填报进出境日期。

(4) 航空运输：免予填报。

(5) 邮政运输：填报进出境日期。

(6) 其他各类运输方式：免予填报。

上述规定以外无实际进出境的，本栏目免予填报。

17. 提运单号

提运单号指进出口货物提单或运单的编号。本栏目填报的内容应与运输部门向海关申报的载货清单所列相应内容一致。

一份报关单只允许填报一个提运单号，一票货物对应多个提运单时，应分单填报。直接在进出境地办理报关手续的报关单具体填报要求如下（H2000通关系统)：

(1) 江海运输：填报进出口提运单号。如有分提运单的，填报进出口提运单号+“*”+分提运单号。

(2) 汽车运输：免予填报。

(3) 铁路运输：填报运单号。

(4) 航空运输：填报总运单号+“_”（下画线）+分运单号，无分运单的填报总运单号。

(5) 邮政运输：填报邮运包裹单号。

(6) 无实际进出境的，本栏目免予填报。

18. 收货单位/发货单位

收货单位指已知的进口货物在境内的最终消费、使用单位，包括：

（1）自行从境外进口货物的单位。

（2）委托有外贸进出口经营权的企业进口货物的单位。

发货单位指出口货物在境内的生产或销售单位，包括：

（1）自行出口货物的单位。

（2）委托有外贸进出口经营权的企业出口货物的单位，本栏目应填报收、发货单位的中文名称或其海关注册编码。加工贸易报关单的收、发货单位应与《登记手册》的“货主单位”一致。减免税货物报关单的收、发货单位应与《征免税证明》的申请单位一致。

19. 贸易方式（监管方式）

本栏目应根据实际情况，并按海关规定的《贸易方式代码表》选择填报相应的贸易方式简称或代码。

一份报关单只允许填报一种贸易方式。

加工贸易报关单特殊情况下的填报要求如下：

（1）少量低值辅料（即 5 000 美元以下、78 种以内的低值辅料）按规定不使用《登记手册》的，辅料进口报关单填报“低值辅料”。使用《登记手册》的，按《登记手册》上的贸易方式填报。

（2）三资企业按内外销比例为加工内销产品而进口的料件或进口供加工内销产品的料件，进口报关单填报“一般贸易”。

三资企业为加工出口产品全部使用国内料件的出口合同，成品出口报关单填报“一般贸易”。

（3）加工贸易料件结转或深加工结转货物，按批准的贸易方式填报。

（4）加工贸易料件转内销货物（及按料件补办进口手续的转内销成品）应填制进口报关单，本栏目填报“（来料或进料）料件内销”；加工贸易成品凭《征免税证明》转为享受减免税进口货物的，应分别填制进出口报关单，本栏目填报“（来料或进料）成品减免”。

（5）加工贸易出口成品因故退运进口及复出口以及复运出境的原进口料件退换后复运进口的，填报与《登记手册》备案相应的退运（复出）贸易方式简称或代码。

（6）备料《登记手册》中的料件结转入加工出口《登记手册》的，进出口报关单均填报为“进料余料结转”。

（7）保税工厂加工贸易进出口货物，根据《登记手册》填报相应的来料或进料加工贸易方式。

20. 征免性质

征免性质指海关对进出口货物实施征、减、免税管理的性质类别。本栏目应按照海关核发的《征免税证明》中批注的征免性质填报，或根据实际情况按海关规定的《征免性质代码表》选择填报相应的征免性质简称或代码。

加工贸易报关单本栏目应按照海关核发的《登记手册》中批注的征免性质填报相应的征免性质简称或代码。特殊情况下的填报要求如下：

(1) 保税工厂经营的加工贸易，根据《登记手册》填报“进料加工”或“来料加工”。

(2) 三资企业按内外销比例为加工内销产品而进口料件，填报“一般征税”或其他相应征免性质。

(3) 加工贸易转内销货物，按实际应享受的征免性质填报（如一般征税、科教用品、其他法定等）。

(4) 料件退运出口、成品退运进口货物填报“其他法定”。

(5) 加工贸易结转货物本栏目为空。

一份报关单只允许填报一种征免性质。

21. 征免比例/结汇方式

征免比例仅用于“非对口合同进料加工”贸易方式下（代码“0715”）进口料件的进口报关单，填报海关规定的实际应征税比率，例如5%填报5，15%填报15。

出口报关单应填报结汇方式，即出口货物的发货人或其代理人收结外汇的方式。本栏目应按海关规定的《结汇方式代码表》选择填报相应的结汇方式名称或代码。

22. 许可证号

应申领进（出）口许可证的货物，必须在此栏填报外经贸部及其授权发证机关签发的进（出）口货物许可证的编号，不得为空。

一份报关单只允许填报一个许可证号。

23. 起运国（地区）/运抵国（地区）

起运国（地区）指进口货物起始发出的国家（地区）。

运抵国（地区）指出口货物直接运抵的国家（地区）。

对发生运输中转的货物，如中转地未发生任何商业性交易，则起、抵地不变；如中转地发生商业性交易，则以中转地作为起运/运抵国（地区）填报。

本栏目应按海关规定的《国别（地区）代码表》选择填报相应的起运国（地区）或运抵国（地区）中文名称或代码。

无实际进出境的，本栏目填报“中国”（代码“142”）。

24. 装货港/指运港

装货港指进口货物在运抵我国关境前的最后一个境外装运港。指运港指出口货物运往境外的最终目的港。最终目的港不可预知的，可按尽可能预知的目的港填报。

本栏目应根据实际情况按海关规定的《港口航线代码表》选择填报相应的港口中文名称或代码。

对于直接运抵货物，以货物实际装货的港口为装货港，货物直接运抵的港口为指运港；对于发生运输中转的货物，中转港就是装货港，指运港不受中转影响。

无实际进出境的，本栏目填报“中国境内”（代码“0142”）。

25. 境内目的地/境内货源地

境内目的地指已知的进口货物在国内的消费、使用地或最终运抵地。

境内货源地指出口货物在国内的产地或原始发货地（包括供货地点）。

生产厂家是指出口货物的境内生产企业名称。

本栏目应根据进口货物的收货单位、出口货物生产厂家或发货单位所属国内地区，并按海关规定的《国内地区代码表》选择填报相应的国内地区名称或代码，代码含义与经营单位前5位的定义相同。

26. 批准文号

进口报关单本栏目用于填报《进口付汇核销单》编号。

出口报关单本栏目用于填报《出口收汇核销单》编号。

27. 成交方式

本栏目应根据实际成交价格条款按海关规定的《成交方式代码表》选择填报相应的成交方式代码。

无实际进出境的，进口填报CIF价，出口填报FOB价。

28. 运费

本栏目用于成交价格中不包含运费的进口货物或成交价格中含有运费的出口货物，应填报该份报关单所含全部货物的国际运输费用。可按运费单价、总价或运费率三种方式之一填报，同时注明运费标记，并按海关规定的《货币代码表》选择填报相应的币种代码。

运保费合并计算的，运保费填报在本栏目。

运费标记“1”表示运费率，“2”表示每吨货物的运费单价，“3”表示运费总价。

29. 保费

本栏目用于成交价格中不包含保险费的进口货物或成交价格中含有保险费的出口货物，应填报该份报关单所含全部货物国际运输的保险费用。可按保险费总价或保险费率两种方式之一填报，同时注明保险费标记，并按海关规定的《货币代码表》选择填报相应的币种代码。运保费合并计算的，运保费填报在运费栏目中。

保险费标记“1”表示保险费率，“3”表示保险费总价，例如，3‰的保险费率填报为0.3；10 000港元保险费总价填报为110/10 000/3。

30. 杂费

杂费指成交价格以外的、应计入完税价格或应从完税价格中扣除的费用，如手续费、佣金、回扣等，可按杂费总价或杂费率两种方式之一填报，同时注明杂费标记，并按海关规定的《货币代码表》选择填报相应的币种代码。

应计入完税价格的杂费填报为正值或正率，应从完税价格中扣除的杂费填报为负值或负率。

杂费标记“1”表示杂费率，“3”表示杂费总价。

31. 合同协议号

本栏目应填报进（出）口货物合同（协议）的全部字头和号码。

32. 件数

本栏目应填报有外包装的进（出）口货物的实际件数。特殊情况下的填报要求如下：

（1）舱单件数为集装箱（TEU）的，填报集装箱个数。

（2）舱单件数为托盘的，填报托盘数。

本栏目不得填报为零，裸装货物填报为1。

33. 包装种类

本栏目应根据进（出）口货物的实际外包装种类，按海关规定的《包装种类代码表》选择填报相应的包装种类代码。

34. 毛重（公斤）

毛重指货物及其包装材料的重量之和。

本栏目填报进（出）货物实际毛重，计量单位为公斤，不足1公斤的填报为1。

35. 净重（公斤）

净重指货物的毛重减去外包装材料后的重量，即商品本身的实际重量。

本栏目填报进（出）口货物的实际净重，计量单位为公斤，不足1公斤的填报为1。

36. 集装箱号

集装箱号是在每个集装箱箱体两侧标示的全球唯一的编号。

本栏目用于填报和打印集装箱编号及数量。集装箱数量四舍五入填报整数，非集装箱货物填报为“0”。

H2000通关系统下，填报在集装箱表中，一个集装箱填一条记录，分别填报集装箱号、规格和自重。

37. 随附单据

随附单据指随进（出）口货物报关单一并向海关递交的单证或文件，合同、发票、装箱单、许可证等必备的随附单证不在本栏目填报。

H2000通关系统下，本栏目分为随附单据代码和随附单据编号两项，其中代码栏应按海关规定的《监管证件名称代码表》选择相应证件的代码填报，编号栏应填报许可证件编号。

38. 用途/生产厂家

进口货物填报用途，应根据进口货物的实际用途按海关规定的《用途代码表》选择填报相应的用途代码，如“以产顶进”填报“13”。

生产厂家指出口货物的境内生产企业，本栏目供必要时手工填写。

39. 标记唛码及备注

H2000通关系统下：

(1) 应填报标记唛码中除图形以外的文字、数字。

(2) 应填报受外商投资企业委托代理其进口投资设备、物品的进出口企业名称。

(3) 与本报关单有关联关系的，同时在业务管理规范方面又要求填报的备案号，如加工贸易结转货物及凭《征免税证明》转内销货物，其对应的备案号应填报在“关联备案”栏。

(4) 与本报关单有关联关系的，同时在业务管理规范方面又要求填报的报关单号，应填报在“关联报关单”栏。

加工贸易结转类的报关单，应先办理进口报关，并将进口报关单号填入出口报关单的“关联报关单号”栏。

40. 项号

本栏目分两行填报及打印。第一行打印报关单中的商品排列序号。第二行专用于加工贸易等已备案的货物，填报和打印该项货物在《登记手册》中的项号。加工贸易合同项下进出口货物，必须填报与《登记手册》一致的商品项号，所填报项号用于核销对应项号下的料件或成品数量。特殊情况下的填报要求如下：

(1) 深加工结转货物，分别按照《登记手册》中的进口料件项号和出口成品项号填报。

(2) 料件结转货物，出口报关单按照转出《登记手册》中进口料件的项号填报；进口报关单按照转进《登记手册》中进口料件的项号填报。

(3) 料件复出货物，出口报关单按照《登记手册》中进口料件的项号填报。

(4) 成品退运货物，退运进境报关单和复运出境报关单按照《登记手册》原出口成品的项号填报。

(5) 加工贸易料件转内销货物（及按料件补办进口手续的转内销成品）应填制进口报关单，本栏目填报《登记手册》进口料件的项号。

(6) 加工贸易成品凭《征免税证明》转为享受减免税进口货物的，应先办理进口报关手续。进口报关单本栏目填报《征免税证明》中的项号，出口报关单本栏目填报《登记手册》原出口成品项号，进出口报关单货物数量应一致。

41. 商品编号

商品编号指按海关规定的商品分类编码规则确定的进（出）口货物的商品编号。

加工贸易《登记手册》中商品编号与实际商品编号不符的，应按实际商品编号填报。

42. 商品名称、规格型号

本栏目分两行填报及打印。第一行打印进（出）口货物规范的中文商品名称，第二行打印规格型号，必要时可加注原文。

具体填报要求如下：

(1) 商品名称及规格型号应据实填报，并与所提供的商业发票相符。

(2) 商品名称应当规范，规格型号应当足够详细，以能满足海关归类、审价以及监管的要求为准。禁止、限制进出口等实施特殊管制的商品，其名称必须与交验的批准证件上的商品名称相符。

(3) 加工贸易等已备案的货物，本栏目填报录入的内容必须与备案登记中同项号下货物的名称与规格型号一致。

43. 数量及单位

数量及单位指进（出）口商品的实际数量及计量单位。本栏目分三行填报及打印。具体填报要求如下：

(1) 进出口货物必须按海关法定计量单位填报。法定第一计量单位及数量，打印在本栏目第一行。

(2) 凡海关列明第二计量单位的，必须报明该商品第二计量单位及数量，打印在本栏目第二行。无第二计量单位的，本栏目第二行为空。

(3) 成交计量单位与海关法定计量单位不一致时，还需填报成交计量单位及数量，打印在商品名称、规格型号栏下方（第三行）。成交计量单位与海关法定计量单位一致时，本栏目第三行为空。

加工贸易等已备案的货物，成交计量单位必须与备案登记中同项号下货物的计量单位一致，不相同时必须修改备案或转换一致后填报。

44. 原产国（地区）/最终目的国（地区）

原产国（地区）指进口货物的生产、开采或加工制造国家（地区）。

最终目的国（地区）指已知的出口货物的最终实际消费、使用或进一步加工制造国家（地区）。

本栏目应按海关规定的《国别（地区）代码表》选择填报相应的国家（地区）名称或代码。

加工贸易报关单特殊情况下的填报要求如下：

（1）料件结转货物，出口报关单填报“中国”（代码“142”），进口报关单填报原料件生产国。

（2）深加工结转货物，进出口报关单均填报“中国”（代码“142”）。

（3）料件复运出境货物，填报实际最终目的国；加工出口成品因故退运境内的，填报“中国”（代码“142”），复运出境时填报实际最终目的国。

45. 单价

本栏目应填报同一项号下进（出）口货物实际成交的商品单位价格。

无实际成交价格的，本栏目填报货值。

46. 总价

本栏目应填报同一项号下进（出）口货物实际成交的商品总价。

无实际成交价格的，本栏目填报货值。

47. 币制

指进（出）口货物实际成交价格的币种。

本栏目应根据实际成交情况按海关规定的《货币代码表》选择填报相应的货币名称或代码，如《货币代码表》中无实际成交币种，需转换后填报。

48. 征免

征免指海关对进（出）口货物进行征税、减税、免税或特案处理的实际操作方式。本栏目应按照海关核发的《征免税证明》或有关政策规定，对报关单所列每项商品选择填报海关规定的《征减免税方式代码表》中相应的征减免税方式。

加工贸易报关单应根据《登记手册》中备案的征免规定填报。

49. 税费征收情况

本栏目供海关批注进（出）口货物税费征收及减免情况。

50. 录入员

本栏目用于预录入和EDI报关单，打印录入人员的姓名。

51. 录入单位

本栏目用于预录入和EDI报关单，打印录入单位名称。

52. 申报单位

指报关单左下方用于填报申报单位有关情况的总栏目。

申报单位指对申报内容的真实性直接向海关负责的企业或单位。自理报关的，应填报进（出）口货物的经营单位名称及代码；委托代理报关的，应填报经海关批准的专业或代理报关企业名称及代码。

本栏目还包括报关单位地址、邮编和电话等分项目，由申报单位的报关员填报。

53. 填制日期

指报关单的填制日期。电子数据报关单的填制日期由计算机自动打印。

在 H883/EDI 通关系统中，本栏目为 6 位数字，顺序为年、月、日，各 2 位。

在 H2000 通关系统中，本栏目为 8 位数字，顺序为年（4 位）、月（2 位）、日（2 位）。

54. 海关审单批注栏

指供海关内部作业时签注的总栏目，由海关关员手工填写在预录入报关单上。其中“放行”栏填写海关对接受申报的进出口货物做出放行决定的日期。

第二节 核 销 单

一、出口收汇核销单

出口收汇核销单，简称核销单，是由国家外汇管理局制发，出口单位凭以报关、向银行输出口收汇、向外汇管理局输出口收汇核销及向税务机关输出口退税申报的有统一编号及使用期限的凭证。它是外管部门、出口单位、银行及税务机关共同对出口收汇进行监督管理的一种单据，出口单位在货物报关后，将核销单送交外汇管理部门，以备核销。

出口收汇核销单的格式见表 10-3。

出口收汇核销单分为存根、正联、退税联三部分，各部分缮制要求是：

1. 存根

（1）编号。应与出口报关单的编号一致。

（2）出口单位。填对外签订并执行合同的有出口经营权的外贸单位（包括外商投资企业）的全称。委托报关时，填委托单位的名称；委托出口并以代理出口单位名义签订出口合同并负责收汇时，填负责报关的出口单位的名称。

表 10-3

<table>
<tr><td>出口收汇核销单
存根
编号：</td><td colspan="5">出口收汇核销单
编号：</td><td colspan="3">出口收汇核销单
出口退税专用
编号：</td></tr>
<tr><td>出口单位：</td><td colspan="5">出口单位：</td><td colspan="3">出口单位：</td></tr>
<tr><td>单位代码：</td><td colspan="5">单位代码：</td><td colspan="3">单位代码：</td></tr>
<tr><td>出口币种总价：</td><td rowspan="6">银行签注栏</td><td>类别</td><td>币种金额</td><td>日期</td><td>盖章</td><td>货物名称</td><td>数量</td><td>币种总价</td></tr>
<tr><td>收汇方式：</td><td rowspan="5"></td><td rowspan="5"></td><td rowspan="5"></td><td rowspan="5"></td><td rowspan="5"></td><td rowspan="5"></td><td rowspan="5"></td></tr>
<tr><td>预计收款日期：</td></tr>
<tr><td>报关日期：</td></tr>
<tr><td>备注：</td></tr>
<tr><td>此单报关有效期截至</td></tr>
<tr><td></td><td colspan="5">海关签注栏：　海关盖章</td><td colspan="3">报关单编号：</td></tr>
<tr><td></td><td colspan="5">外汇局签注栏：
年　月　日（盖章）</td><td colspan="3">外汇局签注栏：
年　月　日
（盖章）</td></tr>
</table>

（未经核销此联不准撕开）

（3）单位代码。填写出口单位在外汇管理局备案的号码。

（4）出口币种总价。此栏填写出口成交货物总价及使用币种。一般情况下，须与报关单一致。溢短装出口时，可以不一致，但须提供该笔出口的货运提单副本（提单上有实际出口的数量和重量，根据发票或报关单上的单价与提单上的重量或数量相乘，即可得出实际出口的总金额）。

（5）收汇方式。按合同要求从信用证、托收、汇付等收汇方式中选填，并列明即期或远期。如为远期收汇，还须列明相应的远期收汇天数；如为分期付款，则须列明每次付款日期和付款金额。

（6）预计收款日期。依付款期限、地点不同按规定填写：

①即期信用证和即期托收项下的货款，从寄单之日起，近洋地区（香港和澳门）20 天内，远洋地区（香港和澳门以外的地区）30 大内结汇或收账。如 2008 年 6 月 1 日寄单，香港地区预计收款日期应填写 2008 年 6 月 21 日。

②远期信用证和远期托收项下货款，从汇票规定的付款日起，港澳地区30天内，远洋地区40天内结汇或收账。如港澳地区，预计收款日期为寄单日期加上邮程日期加上汇票规定的远期天数加上30天。如寄单日期为2008年6月1日，汇票为远期180天，则预计收款日期应为2008年6月1日+10天+180天+30天，则为2009年1月8日。

(7) 报关日期。同出口报关单右上角的出单日期。

(8) 备注。填写出口单位就该核销单项下需说明的事项。

①如委托出口使用代理出口单位的核销单时，代理出口单位须在此栏注明委托单位名称，并加盖代理单位公章。如北京甲进出口公司代广西乙进出口公司出口，收汇后，原币划转广西进出口公司，则该事项连同该受托公司的联系地址和电话应批注在备注栏内并加盖批注单位的公章。

②如两个或两个以上单位联合出口时，应由报关单位在此栏加注联合出口单位名称和各单位的出口金额，并加盖报关单位公章。

③填写出口货物的发票编号、合同号等核销过程中须附加说明的内容。原出口商品调整或部分退货、部分更换的，还应填写原出口商品核销单的编号等情况。

(9) 有效期。自领单日起4个月。此栏由外汇管理局填。

2. 正联

(1) 出口单位。同存根。

(2) 单位代码。同存根。

(3) 银行签审（类别、币种金额、日期、公章）。填写收汇方式、币种总价、收结汇日期、银行盖章。

(4) 海关签注栏。海关验放该核销单项下的出口货物后，在该栏目内加盖“放行”或“验讫”章，并填写放行日期。如遇退关，海关需在该栏目加盖有关更正章。

(5) 外汇管理局签注栏。外汇管理部门将核销单、报关单、发票等配对审核无误后，在该栏内签注意见，并由核销人员签字，加盖“已核销”章。

3. 退税联

(1) 编号。同存根。

(2) 出口单位。同存根。

(3) 单位代码。同存根。

(4) 货物名称。同报关单。

(5) 出口数量。同报关单。

(6) 币种总价。同存根。

(7) 报关单编号。按报关单左上角号码填写。

（8）外汇局签注栏。同正联。

二、进口付汇核销单

类似出口收汇核销单，进口付汇核销单是用来保证国内进口商对外支付的每一笔货款下，都有合理时间内的进口到货相对应。无论是先到货，还是先付款，只要二者在规定的时间内取得，就能够去外管局办理进口付汇核销手续。

当进口商需要通过银行支付货款时，银行要求进口商填写进口付汇核销单，并做付款签注，退还一联给进口商，备核销时使用。另一方面，在进口商于目的港（地）报关提货时，取得的进口货物报关单是证明货物到达的重要证明。这样，就取得了进口付汇核销的两项关键单证。

进口付汇核销单（代申报单）的格式见表10-4。

表10-4　**进口付汇核销单（代申报单）**

印单局代码：　　　　　　　　　　核销单编号：

单位代码	单位名称	所在地外汇局名称
付汇银行名称	收汇人国别	交易编码□□□□
收款人是否在保税区：是□ 否□	交易附言	
对外付汇币种　对外付汇总金额 其中：购汇金额　现汇金额　其他方式金额 人民币账号　外汇账号		
付汇性质 □ 正常付汇 □ 不在名录　□90天以上信用证　□90天以上托收　□异地付汇 □ 90天以上到货　□转口贸易　□境外工程师用物资　□真实性审查 备案表编号		
预计到货日期 / /	进口批件号	合同/发票号
结算方式 信用证 90天以内□ 90天以上□　承兑日期 / / 付汇日期 / / 期限 天		
托收　90天以内□ 90天以上□　承兑日期 / / 付汇日期 / / 期限 天		

续表

<table>
<tr><td rowspan="6">汇
款</td><td>预付货款□　　货到付款（凭报关单付汇）□ 付汇日期／／</td></tr>
<tr><td>报关单号　　报关日期／／报关单币种　　金额</td></tr>
<tr><td>报关单号　　报关日期／／报关单币种　　金额</td></tr>
<tr><td>报关单号　　报关日期／／报关单币种　　金额</td></tr>
<tr><td>报关单号　　报关日期／／报关单币种　　金额</td></tr>
<tr><td>报关单号　　报关日期／／报关单币种　　金额

（若报关单填写不完，可另附纸）</td></tr>
<tr><td colspan="2">其他　□　　付汇日期／／</td></tr>
<tr><td colspan="2">以下由付汇银行填写</td></tr>
<tr><td colspan="2">申报号码：□□□□□□ □□□□ □□ □□□□□□ □□□□</td></tr>
<tr><td colspan="2">业务编号：　　审核日期：／／　　（付汇银行签章）</td></tr>
</table>

进口单位签章

第三节　出入境货物通关单

2001 年 12 月 30 日，国家质量监督检验检疫总局、海关总署发布了海关凭出入境检验检疫机构签发的《入境货物通关单》和《出境货物通关单》办理进出口手续的公告（2001 年第 49 号）：根据《商品名称及编码协调制定制度》调整情况，国家质量监督检验检疫总局对《出入境检验检疫机构实施检验检疫的进出境商品目录》和《进口许可证制度民用商品入境验证目录》进行了相应调整，自 2002 年 1 月 1 日起施行。对列入上述目录的进出境商品，必须经出入境检验检疫机构实施检验检疫和监管，海关凭出入境检验检疫机构签发的《入境货物通关单》和《出境货物通关单》办理进出口手续。凡与上述目录不一致的，以上述目录为准。

根据《中华人民共和国进出口商品检验法》规定，凡是列入《商检机构实施检验的进出口商品种类表》的进出口商品，必须向商检机构申请商品检验，海关凭商检部门出具的通关单接受申报。

一、出境货物通关单

出境货物通关单是我国出入境检验检疫管理制度中，对列入法检目录中属出境管理的商品在办理出口报关手续前，依照有关规定口岸检验检疫机构接受报检后签发的单据，同时也是出口报关的专用单据，是海关验放该类货物的重要依据之一。

1. 出境货物通关单的签发

在本地报关的出境货物，经检验检疫合格后，签发《出境货物通关单》(两联)。正本由报检人持有，供海关通关。

2. 属于产地检验检疫并由产地放行的注意事项

(1) 检验检疫所需的对外贸易合同、信用证、发票、装箱单等是否齐全。

(2)《出境货物通关单》上的发货人与对外贸易合同的卖方是否一致，与信用证上的受益人是否相符。

(3) 合同号和信用证号是否与所附的合同号和信用证号相符。

(4) 金额、唛头、输出国家是否与所附单据相符。

(5) 品名、规格、H. S 编码、数（重）量、包装是否与施检部门出具的检验检疫结果报告单或有关证书相一致。

3. 属于产地检验检疫而由口岸查验放行的注意事项

(1) 检验检疫查验所需的对外贸易合同、信用证、发票、装箱单等是否齐全。

(2) 产地检验检疫机构出具的《出境货物换证凭单》等单据是否齐全。

(3) 经口岸查验无问题的货物，应仔细核对所出具的《出境货物通关单》上的发货人、合同、信用证、金额、输出国家、品名、数（重）量、包装、H. S. 编码等是否与《出境货物换证凭单》和其他单据相一致，不一致的不予放行。

《出境货物换证凭单》可以并批和分批使用。涉及两个或两个以上部门施检的货物，放行人员凭检验检疫结果或证书和本局指定施检部门负责人的签字签发《出境货物通关单》。

4. 对输往特殊国家的木质包装的注意事项

自 2000 年 1 月 1 日起，海关凭出入境检验检疫机构签发的《出境货物通关单》验放，对木质包装也应出具《出境货物通关单》。具体做法如下：

根据《出境木质包装除害处理结果单》出具《出境货物通关单》，放行时对其进行核销，一次核销完毕的，正本收回归档。核销有剩余的，将核销后的《出境木质包装除害处理结果单》复印件附在申请单据中。正本由报检人持有。

木质包装盛装的货物属于法检的，与法检货物一并放行。木质包装盛装的货物属于非法检的，根据《出境木质包装除害处理结果单》出具《出境货物通关单》。在《出境货物通关单》备注栏注明“仅供木质包装”字样，金额栏不注明价值，数（重）量栏只标明木质包装数量单位。

二、入境货物报关单

入境货物通关单是我国出入境检验检疫管理制度中，对列入法检目录中属入境管理的商品在办理进口报关手续前，依照有关规定口岸检验检疫机构接受报检后签发的单据，同时也是进口报关的专用单据，是海关验放该类货物的重要依据之一，是国家对实施进境检验检疫的货物许可进境的证明。

自2000年1月1日起，对实施进境检验检疫的货物，正式启用《入境货物通关单》并在通关单上加盖检验检疫专用章。对列入《出入境检验检疫机构实施检验检疫的进出境商品目录》范围内的进口货物（包括转关运输货物），海关一律凭货物报关地出入境检验检疫局签发的《入境货物通关单》验放。

美国、日本输华货物入境时，进口商须向出入境检验检疫机构报检并提交植物检疫证书、使用非针叶树木质包装或无木质包装声明，出入境检验检疫机构按有关规定进行抽查和检疫。海关凭出入境检验检疫机构在报关单上加盖的印章或签发的《入境货物通关单》验放。

对进口（包括过境、转口、转动方式入境）的动物和动物产品、肉骨粉等动物性饲料和动物性生物制品，海关要严格凭检验检疫局签发的《入境货物通关单》验放。

第四节 课内实践

一、根据所给的资料缮制出口货物报关单

1. 以下是上海东方股份有限公司的一份出口资料（表10-5），请根据该资料缮制出口货物报关单一份。

表 10-5

上海东方股份有限公司 3109915020

SHANGHAI DONGFANG CORPORATION

B/L No. ：HJSHB142939

SHANGHAI 200002 CHINA

To ：GOLDEN MOUNTAIN TRADING LTD.
ROOM 611. TOWER B. HUNGHOM COMM CENTRE. 37-39
MA TAU WAI ROAD HUNG HOM. KOWLOON. HONGKONG
发票号码 Invoice Number03A702758
售货合约号码 Sales Confirmation No. 03A3272

INVOICE/PACKING LIST

From……SHANGHAI…………To…………LOS ANGELES………………
信用证号码　　　　　　开证银行
Letter of Credit No. …………………T/T………… Issued by
Vessel：HANJIN DALIAN/014E

唛头号码 Marks & Nos	数量与货品名称 Quantities and Descriptions	总值 Amount
RNS NO. ：7920 MADE IN CHINA PORT ： LOS ANGELES C/NO：1-117	FOOTWEAR 皮鞋 ART NO. CC10758-112 ORDER NO. RNS7920 COL：WHITE SZ：5-10 2 106 PRS HS CODE 64039900 TOTAL G. WT：1 638. 000 KGS TOTAL N. WT：1 404. 000 KGS TOTAL MEAS：5. 616M^3 TOTAL PACKED IN 117CARTONS ONLY 计量单位：双 手册：C22077100502 列手册第 2 项非对口合同 外销核销单编号：28/155451 出口商检证：03-12-020E 上海东方股份有限公司（黄埔区）发货 该货于 2003. 12. 20 出口，委托上海久盛报关公司于 2003. 12. 18 向吴淞海关申报	CIF LOS ANGELES @ USD3. 15 USD6 633. 90 USD6 633. 90 F：USD 800 I：0. 27%

上海东方股份有限公司
SHANGHAI DONGFANG CORPORATION

出口货物报关单的填写分析：

（1）出口口岸：吴淞。

（2）备案号：填制规范要求，如申领了加工贸易手册，该栏目应填写手册编号。在中文提示中有手册号：C22077100502。

（3）出口日期：2003. 12. 20。

（4）申报日期：2003. 12. 18。

（5）经营单位：中文提示说明经营单位为上海东方股份有限公司。

（6）经营单位代码：3109915020。

（7）运输方式：在发票中注明 Vessel，即船运，江海运输。

（8）运输工具名称：HANJIN DALIAN/014E。

（9）提运单号：HJSHB142939。

（10）发货单位：上海东方股份有限公司。

（11）贸易方式：手册号的第一位数表示贸易方式代码，资料中手册号的第一位数为 C，应为进料加工，在资料中特别注明是非对口，因此可以确定贸易方式为进料非对口。

（12）征免性质：贸易方式为进料非对口，其征免性质与贸易方式对应也为进料加工。

（13）结汇方式：在信用证号一栏为 T/T。

（14）许可证号：根据规范，只有出口需申领出口许可证的商品才能填写本栏目。资料中未显示有许可证号，因此不应填写。

（15）运抵国：在发票中显示为 LOS ANGELES，因此应为美国。

（16）指运港：依据同上。

（17）境内货源地：上海黄埔区。

（18）批准文号：应填写外汇核销单号，资料中显示为 28/155451。

（19）成交方式：应填写实际成交方式，资料中显示为 CIF。

（20）运费：以 CIF 成交，应填写运费，发票中显示为 800 美元，应填写为 502/800/3。

（21）保费：以 CIF 成交，应填写保费，发票中显示为 0. 27%，根据规范应填写为 502/0. 27/1。

（22）杂费：资料中未显示有杂费，故可以不填。

（23）合同协议号：03A3272。

（24）件数：应填写货物外包装数量。在数量与货品名称中显示一共有 117 个纸箱，故件数应为 117。

（25）包装种类：纸箱。

（26）毛重：1 638。

（27）净重：1 404。

（28）集装箱号：资料中未显示集装箱运输，故不存在集装箱号。

（29）随附单据：根据规范应填写监管证件的编码，资料中显示需提供出口商检证，故出口商检证的代码 B 应填写在该栏中。

（30）生产厂家：资料中未显示实际生产厂家，故可不予填写。

（31）标记唛头及备注：根据规范应包括标记中除图案外所有的文字、字符，唛头中所有内容均应填写在此栏，同时，如有监管证件，还应将监管证件的编码写在此栏，故 03-12-020E 应填写在备注栏中。

（32）项号：根据规范，加工贸易进出口货物应存在两个项号。其中一个为货物在报关单中的项号，另一个为货物在加工贸易手册中的项号。在中文提示中显示该批货物列手册第 2 项，故在项号一栏除报关单的一项外应在此下方填入 02。

（33）商品编号：应为 8 位数编码，在中文提示中显示为 64039900。

（34）商品名称：应填写 FOOTWEAR 皮鞋，ARI. NO. CC10758-112，ORDER NO. RNS7920，COL：WHITE，SZ：5-10。

（35）数量及单位：2 106PRS。

（36）最终目的国：美国。

（37）单价：3. 15。

（38）总价：6 633. 90。

（39）币制：USD。

（40）征免：照章征税。

按照以上分析，已经缮制完成的出口货物报关单如表 10-6 所示。

表 10-6 **中华人民共和国海关出口货物报关单**

预录入编号：527642076　　　　　　　　海关编号：

出口口岸 上海吴淞海关	备案号 C22077100502	出口日期 2003. 12. 20	申报日期 2003. 12. 18
经营单位 上海东方股份有限公司 （3109915020）	运输方式 江海	运输工具名称 HANJIN DALIAN/014E	提运单号 HJSHB 142939
发货单位 上海东方股份有限公司	贸易方式 进料非对口	征免性质 进料加工	结汇方式 电汇
许可证号	运抵国（地区） 美国	指运港 洛杉矶	境内货源地 上海黄埔区

批准文号 28/1555451	成交方式 CIF	运费 502/800/3	保费 502/0. 27/1	杂费
合同协议号 03A3272	件数 117	包装种类 纸箱	毛重（公斤） 1 638	净重（公斤） 1 404
集装箱号	随附单据　B：03-12-020E			生产厂家

标记唛头及备注
RNS NO.：7920
MADE IN CHINA
PORT：
LOS ANGELES
C/NO：1-117

项号	商品编号	商品名称、规格型号	数量及单位	最终目的国（地区）	单价	总价	币制	征免
01 02	64039900	皮鞋　FOOTWEAR ART NO. CC10758-112 ORDER NO. RNS 7920 COL：WHITE　SIZE：5-10	2106 双	美国	3. 15	6 633.00	USD	照章

税费征收情况

录入员 录入单位	兹证明以上申报无讹并承担法律责任	海关审单批注及放行日期（签章） 审单　审价
报关员 单位地址	申报单位（签章）上海久盛报关公司	征税　统计
邮编　电话	填制日期	查验　放行

2. 以下是大连海天服装有限公司的商业发票（表10-7）与装箱单（表10-8），请根据该资料缮制出口货物报关单。

表10-7

大连海天服装有限公司（2115930064）

DALIAN HAITIAN GARMENT CO., LTD.

COMMERCIAL INVOICE No.: HT01A08

FOR Account & Risk of Messrs: WAN DO APPAREL CO., LTD.

550-17, YANGCHUN-GU, SEOUL, KOREA

Notify Party: SAME AS ABOVE

Port of Loading: DALIAN CHINA Carrier: DAIN/431E

Final Destination: INCHON KOREA Terms of Payment: D/A

MARKS AND NUMBERS OF PACKAGES	DESCRIPTIONS	QUANTITY	UNIT PRICE	AMOUNT
TTL: 260CTNS	LADY'S JUMPER	1 300PCS	FOB DALIAN USD 11.00	USD 14 300.00
	MAN'S JUMPER	1 300PCS	USD 11.00	USD 14 300.00
TOTAL:		2 600 PCS		USD28 600.00

SAY TOTAL: SAY US DOLLARS TWENTY EIGHT THOUSAND SIX HUNDRED ONLY.

REMARKS: 该公司在来料加工合同9911113项下出口男、女羽绒短上衣，分列手册（编号：B09009301018）第2、3项，外汇核销单号：215157263。

大连海天服装有限公司

DALIAN HAITIAN GARMENT CO., LTD.

表 10-8

大连海天服装有限公司（2115930064）

DALIAN HAITIAN GARMENT CO.，LTD.

PACKING LIST Ivo No.：HT01A08

FOR Account & Risk of Messrs：WAN DO APPAREL CO.，LTD.

550-17，YANGCHUN-GU，SEOUL，KOREA

Port of Loading：DALIAN CHINA Carrier：DAIN/431E

Final Destination：INCHON KOREA B/L NO.：DAINE 431227

MARKS AND NUMBERS OF PACKAGES	DESCRIPTIONS	N. W.	G. W.	MEAS.
TTL：260CTNS 1×20′ CONTAINER NO.： EASU9608490 TAREWEIGHT 2 200kg	LADY'S JUMPER 1 300PCS MAN'SJUMPER 1 300PCS 计量单位：件/千克	1 300KGS 1 300KGS ---- 2 600KGS	1 690 KGS 1 690 KGS ---- 3 380KGS	
SAY TOTAL：SAY TWO HUNDRED AND SIXTY CARTONS ONLY. 大连海天服装有限公司 DALIAN HAITIAN GARMENT CO.，LTD.				

根据课内实践 1 的单据制作思路，对照第一节进出口货物报关单的缮制要求，缮制完成的出口货物报关单如表 10-9 所示。

表 10-9

出口口岸 大连海关	备案号 B09009301018	出口日期	申报日期
经营单位 115930064 大连海天服装有限公司	运输方式 江海	运输工具名称 DAIN/431E	提运单号 DAINE431227
发货单位 大连海天服装有限公司	贸易方式 来料加工	征免性质 来料加工	结汇方式 D/A
许可证号	运抵国（地区） 韩国	指运港 仁川	境内货源地

批准文号 215157263	成交方式 FOB	运费	保费	杂费
合同协议号 9911113	件数 260	包装种类 纸箱	毛重（公斤） 3 380	净重（公斤） 2 600
集装箱号 EASU9608490/20/2200		随附单据		生产厂家
标记唛头及备注				

项号 商品编号 商品名称、规格型号 数量及单位 最终目的国（地区）单价 总价 币制 征免

项号	商品编号	商品名称、规格型号	数量及单位	最终目的国（地区）	单价	总价 币制	征免
01		羽绒短上衣	1 300 件	韩国	11.00	14 300.00USD	全免
02		MAN'S JUMPER	1 300 千克				
02		羽绒短上衣	1 300 件	韩国	11.00	14 300.00USD	全免
03		LADY'S JUMPER	1 300 千克				

税费征收情况

录入员 录入单位	兹证明以上申报无讹并承担法律责任	海关审单批注及放行日期（签章）
报关员 单位地址	申报单位（签章）上海久盛报关公司	审单 审价 征税 统计
邮编 电话	填制日期	查验 放行

二、根据所给的资料缮制进口货物报关单

资料 1：

ABC（广州）有限公司位于广州经济技术开发区，海关注册编号为 440124××××。申报商品位列 B52084400153 号登记手册料件第 13 项，法定计量单位为千克。货物于 2004 年 7 月 16 日运抵口岸，当日向黄埔海关新港办（关区代码 5202）办理进口申报手续。保险费率为 2.7‰。

资料 2：发票/装箱单（表 10-10）

表 10-10

INVOICE & PACKING LIST

CONSIGNEE：
ABC（Guangzhou）Co., Ltd.
No. ×× Fenghua Road
Guangzhou, China
Invoice No.：BL04060643
Date：07/07/04

SHIPPER：
ABC（HongKong）Co., Ltd.
Room ×××, Shatin, Gallera
Mei Street, Fotan, Shatin, N. t. HongKong
Contract No.：ABC-1001
Reference No.：HB184004

货品名称	数量	单价（USD）	总值（USD）	N. W.（KG）	G. W.（KG）	产地
"HI-Q" BRAND ART PAPER 039-44	16 314KG 16ROLLS	0.8040	CFR HUANGPU USD13 116.45	16 314	16 362	KOREA
TOTAL			USD13 116.45	16 314	16 362	

1×20'CONTAINER
TEXU2263978 TAREWGT2280 kg

ABC（HongKong）Co., Ltd.
Signed by____________

资料 3：原产地证明（表 10-11）

表 10-11

1. Exporter（Name，address，country）

HANSOL PARER CO.，LTD.
21ST FL.，HANSOL BLDG
×××，YOKSAM-DONG，KANGNAM-GU
SEOUL，KOREA

ORIGINAL

CERTIFICATE OF ORIGIN
Issued by
THE KOREA CHAMBER OF COMMERCE & INDUSTRY
SEOUL，REPUBLIC OF KOREA

2. Consignee（Name，address，country）

TO ORDER

3. Country Of Origin
THE REPUBLIC OF KOREA

4. Transport Details
FROM：KUNSAN，KOREA
TO：HUANGPU，CHINA
VIA：HONGKONG
BY：HEUNG-ANAGOYA 413S
ON：JNL. 01，2004

5. Remarks
—APPLICANT：
ABC（HONGKONG）CO.，LIMITED
Room ×××，Shatin，Gallera
Mei Street，Fotan，Shatin，N. t.
HongKong

6. Marks & numbers：number and kind of packages；description of goods
"HI-Q" BRAND ART PAPER
HB184004

SUB	SIZE	NET WEIGHT	GROSS WEIGHT	PACKAGE
80gsm	1 090mm	16. 3140MT	16. 3620 MT	16ROLLS

7. Quantity

8. Declaration by the Exporter
The undersigned，as an authorized signatory，
Hereby declares that the abovementioned goods were produced or manufactured in the country shown in box 3.
(**Signature**)
(**Name**)

9. Certification
The undersigned authority hereby certifies that the goods described above originate in the country shown in box 3 to the best of its knowledge and belief.

Certificate No. 23037473

THE KOREA CHAMBER OF COMMERCE & INDUSTRY

资料4：入境货物通关单（表10-12）

表10-12　　**中华人民共和国出入境检验检疫**

入境货物通关单

编号：442100104064457

<table>
<tr><td colspan="3">1. 收货人：
ABC（广州）有限公司
＊＊＊</td><td rowspan="3">5. 标记及号码
N/M</td></tr>
<tr><td colspan="3">2. 发货人：
ABC（HONGKONG）LTD.</td></tr>
<tr><td colspan="2">3. 合同/提（运）单号
ABC-1001/SG40746</td><td>4. 输出国家或地区
韩国</td></tr>
<tr><td colspan="2">6. 运输工具名称及号码
船舶 穗顺航30/4Y0708</td><td>7. 目的地
广东省广州市</td><td>8. 集装箱规格及数量
海运20尺普通1个</td></tr>
<tr><td>9. 货物名称及规格
韩松铜版纸
＊＊＊
＊＊＊
（以下空白）</td><td>10. H. S. 编码
48101300. 10
＊＊＊
＊＊＊
（以下空白）</td><td>11. 申报总值
＊13 116. 45 美元
＊＊＊
＊＊＊
（以下空白）</td><td>12. 数/重量、包装数量及种类
＊16卷
＊16 314千克
（以下空白）</td></tr>
<tr><td colspan="4">13. 证明

上述货物业已报检/申报，请海关予以放行。
签字：×××　　日期：2004年7月16日</td></tr>
<tr><td colspan="4">备注</td></tr>
</table>

仔细阅读理解资料1～4，对照进口货物报关单各项目的缮制要求，具体分析如下：

（1）进口口岸：黄浦新港办5202。

分析：从资料1中“当日向黄埔海关新港办（关区代码5202）”得出。

（2）备案号：B52084400153。

分析：由资料1中“所列商品位列B52084400153号登记手册第13项”可

得出。

（3）进口日期：2004/7/16。

分析：由资料 1“货物于 2004 年 7 月 16 日运抵口岸”可得出。

（4）申报日期：2004/7/16。

分析：由资料 1“当日向海关申报”得出。

（5）经营单位：ABC（广州）有限公司 440124 ××××。

分析：由资料 1、2 中的 CONSIGNEE 得出。

（6）运输方式：江海运输。

分析：从资料 4 中“船舶”可得出。

（7）运输工具的名称：穗顺航 30/4Y0708。

分析：从资料 4 中“运输工具名称及号码”可得出。

（8）提运单号：SG40746。

分析：从资料 4 中“合同/提（运）单号”可得出。

（9）收货单位：440124××××。

分析：由资料 1 可得出。

（10）贸易方式：来料加工。

分析：由备案号 B520884400153 的第一个字母 B 得出。

（11）征免性质：来料加工。

分析：由报关单填制规范和贸易方式、征免性质、用途以及征免逻辑关系对照表得出。

（12）征税比例：空。

分析：征税比例免填。

（13）许可证号：空。

分析：资料中未给出进出口许可证编号，所以为空。

（14）起运国（地区）：中国香港。

分析：由资料 3 中的“VIA”可以判断在香港发生了中转，而且通过资料 2 中的“SHIPPER”可以判断开发票的是香港客商，所以在香港还发生了商业性交易，因此起运国（地区）变为中国香港。

（15）装运港：香港。

分析：从资料 3 中的“VIA HONGKONG”说明货物在香港发生中转，则香港为装运港。

（16）境内目的地：广州经济技术开发区。

分析：从资料 1“ABC（广州）有限公司位于广州经济技术开发区”可以得出。

（17）批准文号：空。

分析：资料中未给出，所以为空。

(18) 成交方式：CFR。

分析：根据资料 2 中的总值栏下所对应的内容可得出。

(19) 运费：空。

分析：使用 CFR 术语，买方不负责运费，所以本栏目为空。

(20) 保费：0. 27。

分析：由资料 1 “保险费率为 0. 27%” 得出。

(21) 杂费：空。

分析：资料中没有给出。

(22) 合同协议号：ABC-001。

分析：由资料 2 中的 “Contract NO.” 可以得出。

(23) 件数：16。

分析：由资料 2 中的 “数量 ” 栏显示的内容可得出。

(24) . 包装种类：卷。

分析：由资料 2 中的 “16ROLLS” 可以得出。

(25) 毛重：16 362。

分析：从资料 3 中的 “GROSS WEIGHT” 可以得出。

(26) 净重：16 314。

分析：从资料 3 中的 “NET WEIGHT” 得出。

(27) 集装箱号：TEXU2263978/20/2280。

分析：由资料 2 中的 CONTAINER 可以得出。

(28) 随附单据：A：442100104064457。

分析：由资料 4 得出。

(29) 用途：价格返销。

分析：由贸易方式、征免性质、用途以及征免逻辑关系对照表得出。

(30) 标记唛码及备注：N/M。

分析：由资料 3 中的 “Marks” 栏下所提示的内容可以得出。

(31) 项号：01 13。

分析：一般贸易，而且资料中没有特殊的提示，所以项号为 01。

(32) 商品编码：48101300. 10。

分析：由资料 4 可以得出。

(33) 商品名称、规格型号：韩松铜版纸 “HI-Q” BRAND ART PAPER 039-44。

分析：由资料 2 中的 “货品名称” 项下的内容可以得出。

(34) 数量及单位 ：16 314 千克。

表 10-13

中华人民共和国海关进口货物报关单

预录入编号： 海关编号：

出口口岸 黄埔新港办 5202	备案号 B52084400153	出口日期 2004. 07. 16	申报日期 2004. 07. 16
经营单位 ABC（广州）有限公司 440124××××	运输方式 江海运输	运输工具名称 穗顺航 30/4Y0708	提运单号 SG40746
收货单位 440124××××	贸易方式 来料加工	征免性质 来料加工	征税比例
许可证号	起运国（地区） 中国香港	装货港 香港	境内目的地 广州经济技术开发区

批准文号	成交方式 CFR	运费	保费 0. 27	杂费
合同协议号 ABC-1001	件数 16	包装种类 卷	毛重（千克） 16 362	净重（千克） 16 314

集装箱号 TEXU2263978/20/2280	随附单据 A：442100104064457	用途 加工返销

标记号码及备注
N/M

项号	商品编号	商品名称、规格型号	数量及单位	最终目的地（地区）	单价	总价	币制	征免
		韩松铜版纸						
01 13	48101300. 10	"HI-Q" BRAND ART PAPER 039-44	16 314 千克	韩国	0. 8040	13 116. 45	美元	全免

税费征收情况

录入员 录入单位	兹声明以上申报无讹并承担法律责任	海关审单批注及放行日期（签章）
报关员 单位地址	申报单位（签章）	审单 审价 征税 统计
邮编 电话	填制日期	查验 放行

分析：由资料 2 的“数量”项下的内容可以得出。

(35) 原产国：韩国。

分析：由资料 2 的“产地”可以得出。

(36) 单价：0. 8040。

分析：由资料 2“单价”所显示的内容可以得出。

(37) 总价：13 116. 45 。

分析：由资料 2 的“总值”栏所对应的内容可以得出。

(38) 币制：美元。

分析：从资料 2 中单价、总值栏可以得出。

(39) 征免：全免。

分析：由贸易方式、征免性质、用途以及征免逻辑关系对照表得出。

因此，进口货物报关单缮制如表 10-13 所示。

【本章小结】

本章介绍了进出口货物报关单、核销单及出入境货物通关单的签发与填制。

进出口货物报关单是报关员代表报关单位向海关办理货物进出境手续的主要单证。完整、准确、有效地填制进出口货物报关单是报关员从业所必备的基本技能。

出口收汇核销单由外汇管理局制发，货物报关时由出口企业填制提交，海关凭以受理报关，外汇管理部门凭以核销收汇，经审核无误后，海关在专为出口收汇核用的报关单和核销单上加盖“验讫”章。进口付汇核销单用来保证国内进口商对外支付的每一笔货款下，都有合理时间内的进口到货相对应。无论是先到货，还是先付款，只要二者在规定的时间内取得，就能够去外管局办理进口付汇手续。

根据《中华人民共和国进出口商品检验法》规定，凡是列入《商检机构实施检验的进出口商品种类表》的进出口商品，必须向商检机构申请商品检验，海关凭商检部门出具的通关单接受申报。通关单由商检部门出具。

【强化训练】

1. 根据以下合同资料，缮制出口货物报关单一份。

Sales Contract

No. BR2001218

Date: May 20. 2001

Seller: Ningbo Huadong Food Co. Ltd. (宁波华东食品有限公司)

Buyer: Toko Trade Corporation

Name of Commodity: Frozen Peapods

Quantity: 30M/T

Unit Price : CIF Osaka USD 1 020. 00 Per M/T

Amount : USD30 600. 00

Shipment : From Ningbo , China To Osaka , Japan Not Later Than June 15, 2001

Packing: By Seaworthy Cartons

N. W: 20kgs/ctn

G. W: 21kgs/ctn

Payment: By Irrevocable Letter of Credit at Sight

Shipping Marks:

Toko/ Made in China/ No. 1-up

其他制单材料:

出口口岸:宁波海关

出口单位编码:3103945120

贸易方式:一般贸易

运输工具名称:Lirong, E33

配舱回单号码:COSU211

境内货源地:宁波

运费总价为220美元,保险费总价为210美元。

第十一章 单证缮制综合实践

【导入思考】

案例1 2001年，A进出口公司出口一批货物至荷兰。2001年6月24日，开证行开来一张金额为447 160.00美元、装期为7月、效期为8月13日的信用证，在“单据要求”中写明：FULL SET OF CLEAN ON BOARD OCEAN BILL OF LADING...AND CERTIFICATE OF ORIGIN FORM A；在“附加条件”中写明：ALL DOCUMENTS EXCEPT DRAFT AND COMMERCIAL INVOICE MUST NOT SHOW THE CREDIT AND INVOICE NUMBER。A进出口公司制单人员在缮制单据时发现，FORM A中发票号码为必填栏目，不得留空。A进出口公司向进口商去电要求改证，得到答复：请立即装船，信用证正在修改中。A进出口公司于7月22日装船并缮制单据。单据遭到开证行拒付，其中列明的一个不符点是：FORM A表示了发票号码，与信用证不符。

A进出口公司向开证行多次申辩未果，恰逢货物行情看涨，买方才决定付款。付款时间比正常收汇晚3个月，A进出口公司损失利息14 000美元。问：此案给我们什么教训？

案例2 2003年9月，Y公司向东南亚客商ABC公司出口磷矿石，L/C的货描为：50 000MT ROCK PHOSPHATE FOB FANGCHENG，CHINA AS PER PROFORMA INVOICE NO. NV032-1。单据要求如下：1. COMMERCIAL INVOICE IN TRIPLICATE；2. 3/3 CLEAN ON BOARD BILL OF LADING CONSIGNED TO THE ORDER OF ISSUING BANK；3. CERTIFICATE OF ORIGIN ISSUED BY CIQ；4. BENEFICIARY'S CERTIFICATE REQUIRED IN TRIPLICATE STATING THAT THE APPLICANT HAS BEEN ADVISED OF THE COMPLETE DETAILS OF SHIPMENTS BY TELEX NO. 575757 AND COPY OF TELEX ADVICE IS REQUIRED FOR NEGOTIATION。

Y公司单证员缮制的单据部分细节如下：

1. COMMERCIAL INVOICE

DESCRIPTION OF GOODS：50 000MT ROCK PHOSPHATE FOB FANGCHENG，CHINA

2. BILL OF LADING

CONSIGNEE：TO THE ORDER OF ISSUING BANK

3. CERTIFICATE OF ORIGIN

CONSIGNEE：ABC COMPANY

4. BENEFICIARY' S CERTIFICATE

WE HEREBY CERTIFY THAT THE APPLICANT HAS BEEN ADVISED OF THE COMPLETE DETAILS OF SHIPMENTS BY TELEX NO. 575757 .

问：Y 公司单证员缮制的单据会遭到开证行的拒付吗？请说明原因。

第一节　审证实践

受益人在将货物出运之前，必须首先仔细审查来证，一旦发现信用证中有对己方不利的表述，甚至使得受益人履行信用证义务成为“不可能的任务”时，必须坚决要求开证申请人向开证行申请改证，从而确保己方在缮制单证之时，能够保持与信用证高度一致，以便顺利迅速收取货款。

请根据下列合同资料和信用证资料进行审证实践。

1. 合同资料（表 11-1）

表 11-1

SALES CONFIRMATION

BUYER BOOMING L. L.　　NO. BLL070501
PUERTO MADERO 8978 PRIMER PISO　　DATE：12-MAY-2007
PUDAHUEL，SANTIAGO，CHILE　　SIGNED AT：WUHAN，CHINA

SELLER AAA DISPLAY TECHNOLIGICAL WUHAN CO.，LTD .
UNIQUE NO. 18 OF ZHUANKOU DEVELOPMENT
DISTRICT OF ECONOMIC TECHNOLOGICAL
DEVELOPMENT ZONE，WUHAN CITY，P. R. CHINA

This Contract is made by the Seller, whereby the Buyers agree to buy and the Seller agrees to sell the under-mentioned commodity according to the terms and conditions stipulated below：

1. COMMODITY：19″ LCD Monitor
UNIT PRICE：USD 300 /set CIF Valparaiso
TOTAL QUANTITY：1 656 sets
PAYMENT TERM：By Irrevocable Sight L/C
Total Value：USD496 800. 00
PACKING：One set in one carton，69 cartons in one package，24 packages in 1×40′ GP
Gross weight：5. 68kg/ctn，Net weight：4. 68kg/ctn
Measurement：48cm×14cm×49cm/ctn

续表

SHIPPING MARK：DEH-000592 CHILE C/NO. 0001A-0024A MADE IN CHINA 2. TIME OF SHIPMENT：Before June 24，2007 3. PORT OF SHIPMENT：Any Chinese Port 4. PORT OF DESTINATION：Valparaiso，Chile 5. INSURANCE： Covering war risks，T. P. N. D. Risks from warehouse to warehouse Institute Cargo Clauses（All Risks）or full invoice value plus 10% irrespective of percentage. 6. DOCUMENTS： + Original signed commercial invoice in triplicate certified by CCPIT + Full set of clean on board marine bill of lading made out to the order blank endorsed，marked Freight Prepaid and notify applicant indicating the full name，address and Tel No. + Detailed packing list in triplicate. + Certificate of Chinese origin Form F for China-Chile FTA original issued by authorized party. 7. OTHER CONDITIONS REQD IN L/C： + All banking charges outside the opening bank are for beneficiary's a/c + Partial shipments and transshipment allowed + Do not mention any shipping marks in issuing bank's L/C 8. REMARKS：Latest date of L/C opening：MAY 24，2007

2. 信用证资料（表 11-2）

表 11-2

ISSUE OF A DOCUMENTARY CREDIT	
APPLICATION HEADER	BANCO DE CHILE
FORM OF DOC. CREDIT	＊40A：IRREVOCABLE
DOC. CREDIT NUMBER	＊20：070001
DATE OF ISSUE	31C：070521
EXPIRY	＊31D：DATE 070624 PLACE CHILE
APPLICANT	＊50：BOOMING L. L. PUERTO MADERO 8978 PRIMER PISO PUDAHUEL，SANTIAGO，CHILE

续表

BENEFICIARY	*59: AAA DISPLAY TECHNOLIGICAL WUHAN CO., LTD. UNIQUE NO. 18 OF ZHUANKOU DEVELOPMENT DISTRICT OF ECONOMIC TECHNOLOGICAL DEVELOPMENT ZONE, WUHAN CITY, P. R. CHINA
AMOUNT	*32B: CURRENCY USD AMOUNT 496 800.00
AVAILABLEWITH/BY	*41D: ANY BANK IN CHINA BY NEGOTIATION
DRAFT AT...	42C: 30 DAYS AFTER SIGHT
DRAWEE	42A: BANCO DE CHILE
PARTIAL SHIPMENTS	43P: PROHIBITED
TRANSSHIPMENT	43T: ALLOWED
LOADING IN CHARGE	44A: ANY CHINESE PORT
FOR TRANSPORT TO...	44B: MAIN PORTS OF CHILE
LATEST DATE OF SHIP	44C: BEFORE JUNE 24, 2007
DESCRIPTION OF GOODS	45A: ABOUT 1 656 SETS OF 19" LCD MONITOR HKD 300/SET CIF VALPARAISO
DOCUMENTS REQUIRED	46A: 1. SIGNED COMMERCIAL INVOICE IN TRIPLICATE ORIGINAL CERTIFIED BY C. C. P. I. T; 2. FULL SET CLEAN MARINE BILL OF LADING MADE OUT TO THE ORDER OF ISSUING BANK MARKED FREIGHT COLLECT AND NOTIFY APPLICANT; 3. DETAILED PACKING LIST IN TRIPLICATE; 4. CERTIFICATE OF CHINESE ORIGIN FORM F FOR CHINA-CHILE FTA ORIGINAL ISSUED BY ENTRY-EXIT INSPECTION AND QUARANTINE BUREAU OF P. R. CHINA; 5. NEGOTIABLE INSURANCE POLICY/CERTIFICATE FOR FULL INVOICE VALUE PLUS 20% IRRESPECTIVE OF PERCENTAGE SHOWING CLAIMS PAYABLE IN VALPARAISO TO THE ORDER OF ISSUING BANK AND COVERING THE FOLLOWING RISKS WAR AND S. R. C. C. AND T. P. N. D. RISKS.
ADDITIONAL COND.	47A: 1. ALL DOCUMENTS SHOULD BE MANUALLY SIGNED; 2. DOCUMENT ISSUED PRIOR TO THE DATE OF ISSUANCE OF CREDIT NOT ACCEPTABLE; 3. ALL DOCUMENTS MUST BEAR OUR L/C NUMBER; 4. A FLAT FEE OF USD 50.00 OR EQUIVALENT WILL BE DEDUCTED FROM EACH SET OF DISCREPANT DOCUMENTS PRESENTED TO US; 5. SHIPMENT CAN ONLY BE EFFECTED UPON RECEIPT OF BUYER'S SHIPMENT INSTRUCTIONS IN THE FORM OF CABLE AMENDMENT THROUGH ADVISING BANK;

续表

	6. SHIPPING MARKS：DEH-000592 CHILE C/NO. 0001A-0024A MADE IN CHINA
PRESENTATION PERIOD 48：15 DAYS	
CONFIRMATION	*49：WITHOUT
INSTRUCTIONS	78：WE WILL CREDIT THE NEGOTIATING BANK' S ACCOUNT AT ANY BANK OF THEIR CHOICE FIVE WORKING DAYS FROM THE DATE OF RECEIVING YOUR TESTED TELEX/AUTHENTICATED SWIFT BY US STATING LC NO.，AMOUNT，VALUE DATE，DHL/COURIER NO. AND DATE.

经审查，该信用证存在以下问题：

（1）信用证有效期不应与最迟装船日期相同。在本信用证中，有效期为DATE 070624，而合同最迟装船期限为：BEFORE JUNE 24，2007。效期与装期相同，此为双到期。卖方要做到在装船完毕时便立即议付完毕是十分困难的，因此，不能接受该种信用证。一般而言，信用证有效期应在其规定的最迟装运期限后10~15天。

（2）信用证的到期地点不应在智利，而应在中国。因为如果信用证的到期地点不在受益人所在地，则意味着受益人须在该时间之前将全套单据提交至国外开证行的柜台，这对受益人是明显不利的。

（3）关于转船，应为“ALLOWED”，而非“PROHIBITED”。

（4）目的港与合同不符。应为VALPARAISO，而非MAIN PORTS OF CHILE。

（5）信用证中货物单价与合同不符。应为USD300 /SET CIF VALPARAISO，而非HKD 300 /SET CIF VALPARAISO 。

（6）合同中未允许数量有10%的增减幅度，但信用证中却显示“ABOUT 1 656 SETS OF 19” LCD MONITOR”，这与合同规定不符。

（7）汇票期限有误。应为SIGHT DRAFT，而非30 DAYS AFTER SIGHT。

（8）提单缺少“ON BOARD”，同时，其抬头应为“TO ORDER”，而非“TO THE ORDER OF ISSUING BANK”。

（9）保险加成应为“10%”，同时，在保险险别中，应去掉S. R. C. C。此外，该信用证未列合同内的基本险。

（10）附加条件 47A 6 是一个软条款，受益人不能接受此类条款。该条款的意思是：卖方只有在收到以信用证修改书的形式电传过来的买方装船指示后，方可装船。如此，卖方的装船行为能否实现，完全被买方操控。如果买方不发装船指示，卖方就不能装船，这样，卖方不仅不能按期装船，而且议付也成了大问题。

（11）信用证上出现唛头，与合同规定不符。在合同的第 7 项关于对信用证的其他要求中，特别要求" Do not mention any shipping marks in issuing bank's L/C"。

（12）运费到付有误。本次交易采用 CIF 成交，应为 FREIGHT PREPAID，而非 FREIGHT COLLECT。

第二节 单据缮制实践

受益人审查信用证无误或提出改证申请并且收到开证行发出的信用修改通知书后，锁证完毕，就可出运货物。待货物出运完成，即可进行出口结汇单据的缮制工作。

根据通知行发出的信用证通知书，请为受益人缮制出口结汇单据。

一、采集制单信息

1. 信用证通知书（表 11-3）

表 11-3

BANK OF CHINA，HANGZHOU BRANCH

TO：SEA FLOWER BIOTECH CO.，LTD.
258 XINFU RD，HAPPY INDUSTRIAL PARK
HANGZHOU，P. R. CHINA

DEARS SIRS，
IN ACCORDANCE WITH THE VERSION OF THE UCP RULES ISSUED BY ICC AS SPECIFIED IN THE CREDIT，WE HEREBY ADVISE HAVING RECEIVED THE FOLLOWING DOCUMENTARY CREDIT IN YOUR FAVOUR.
FROM JAMUNA BANK LIMITED（SWIFT ADDRESS：JAMUBDDH039）
40A FORM OF DOC. CREDIT　　　　IRREVOCABLE

续表

20 DOC. CREDIT NUMBER	3039-07-01-0284
31C DATE OF ISSUE	06SEP07
40E APPLICABLE RULES	UCP LATEST VERSION
31D EXPIRY DATE AND PLACE	03DEC07 CHINA
50 APPLICANT	BROTHERS CORPORATION 12, SEGUN BAGICHA SHAJAN TOWER 18 DHAKA-1000, BANGLADESH
59 BENEFICIARY	SEA FLOWER BIOTECH CO., LTD. 258 XINFU RD, HAPPY INDUSTRIAL PARK HANGZHOU, P. R. CHINA
32B AMOUNT CURRENCY	AMOUNT USD13 710.00
41D AVAILABLE WITH/BY	ANY BANK IN CHINA BY NEGOTIATION
42C DRAFT AT...	AT SIGHT
42A DRAWEE	JAMUNA BANK LIMITED
43P PARTIAL SHIPMENTS	ALLOWED
43T TRANSSHIPMENT	ALLOWED
44A TAKE CHARGE/RECEIPT/DISP FM	ANY SEA PORT OF CHINA
44B FINAL DEST/DELIVERY/TRNSP TO	CHITTAGONG PORT, BANGLADESH
44C LATEST DATE OF SHIP	12NOV07

45A DESCRIPTION OF GOODS

DIAGNOSTIC REAGENT FOR INVITRO USE, HS CODE NO.: 3 822.00.00

DESCRIPTION QUANTITY AND ALL OTHER DETAILS ARE AS PER P/I NO.

SEA FLOWER N007850024 DATED 23.08.2007. TOTAL USD13 710.00

DELIVERY TERMS: CFR CHITTAGONG, BANGLADESH

46A DOCUMENTS REQUIRED

01) YOUR SIGNED COMMERCIAL INVOICE IN SIX COPIES CERTIFYING MERCHANDISE TO BE OF CHINA ORIGIN.

02) SIGNED PACKING LIST REQUIRED IN 06 COPIES INDICATING THE NET AND GROSS WEIGHT OF GOODS.

03) FULL SET OF ORIGINAL CLEAN ON BOARD BILLS OF LADING MADE OUT OR ENDORSED TO ORDER OF JAMUNA BANK LIMITED MARKED FREIGHT PREPAID NOTIFYING OPENERS AND US GIVING FULL NAME AND ADDRESS. B/L SHALL INDICATE THE NET AND GROSS WEIGHT OF GOODS.

续表

04) INSURANCE COVERED BY OPENERS. ALL SHIPMENTS UNDER THIS CREDIT MUST BE ADVISED BY THE BENEFICIARY WITHIN 05 DAYS AFTER SHIPMENT DIRECTLY TO M/S, TAKAFUL ISLAMI INSURANCE LIMITED, HEAD OFFICE:
42 DILKUSHA COMMERCIAL AREA (7TH FLOOR), DHAKA-1000
FAX NO.: 880-2-9568212
AND THE OPENRES REFERING COVER NOTE NO. TITL/LO/MC-0137/09/2007 DTD. 05. 09. 2007 GIVING FULL DETAILS OF SHIPMENT. A COPY OF THIS ADVICE SHALL ACCOMPANY EACH SET OF DOCUMENTS.

05) CERTIFICATE OF ORIGIN FROM CHAMBER OF COMMERCE, AND/OR ANY SIMILAR INSTITUTION REQUIRED.

47A ADDITIONAL COND.

01) ALL DOCUMENTS SHALL BEAR THIS CREDIT NUMBER.

02) HS CODE NO. 3822. 00. 00, LCA NO. JBL9551, P/I NO. SEA FLOWER N007850024, VAT REG. NO. 9021149314, TIN NO. 008-300-4102, IRC NO. BA-0178431 SHALL APPEAR IN ALL DOCUMENTS EXCEPT BILL OF EXCHANGE.

03) BILL OF EXCHANGE MUST BE DATED NOT LATER THAN 12. 11, 2007 AND MUST BE MARKED DRAWN UNDER JANUNA BANK LIMITED CREDIT NO. 3039-07-01-0284 DATED 06. 09. 2007.

04) DOCUMENTS EVIDENCING SHIPMENT FROM ANY CHINA SEA PORT TO CHITTAGONG PORT, BANGLADESH BY SHIP.

05) SHORT FORM BLANK BACKED, STALE AND CHARTERED PARTY BILL OF LADING NOT ACCEPTABLE.

06) PACKING MUST BE IN SEA WORTHY EXPORT STANDARD.

07) DOCUMENTS EVIDENCING SHIPMENT MUST NOT BE DATED EARLIER THAN THE DATE OF OPENING OF THIS CREDIT.

08) ONE SET OF NON-NEGOTIABLE SHIPPING DOCUMENTS TO BE SENT BY FAX TO OPENER WITHIN 05 DAYS OF SHIPMENT AND A CONFIRMATION TO THIS EFFECT SHALL ACCOMPANY THE SHIPPING DOCUMENTS.

09) SHIPMENT BY ANY ISRAELI/SERBIA/MONTEGNERO VESSEL IS STRICTLY PROHIBITED AND A CERTIFICATE TO THIS EFFECT FROM THE BENEFICIARY ACCOMPANY THE SHIPPING DOCUMENTS.

10) BENEFICIARY MUST CERTIFY ON THE INVOICE TO THE EFFECT THAT THEY HAVE SHIPPED THE GOODS IN ACCORDANCE WITH THE ABOVE MENTIONED P/I.

11) COUNTRY OF ORIGIN MUST BE MENTIONED ON EACH PRODUCT/PACKET/CARTON/BAG/CONTAINER OF GOODS AND A CERTIFICATE TO THIS EFFECT FROM THE BENEFICIARY MUST ACCOMPANY THE ORIGINAL SHIPPING DOCUMENTS.

续表

12) SHIPPING MARK:	BROTHERS CHITTAGTONG C/NO: 1-UP 07850024 MADE IN CHINA
48 PRESENTATION PERIOD	DOCUMENTS TO BE PRESENTED WITHIN 21 DAYS AFTER THE DATE OF SHIPMENT BUT WITHIN THE VALIDITY OT THE CREDIT.
71B DETAILS OF CHARGES	ALL BANK CHARGES OUTSIDE BANGLADESH INCLUDING REIMBURSEMENT CHARGES ARE FOR ACCOUNT OF BENEFICIARY.
49 CONFIRMATION	WITHOUT
78 INFO TO PRESENTING BK 1 DOCUMENTS CONTAINING ANY DISCREPANCY MUST NOT BE NEGOTIATED AGAINST GUARANTEE OR UNDER RESERVE. 2 AMOUNT OF DRAFT NEGOTIATED SHOULD BE ENDORSED ON THE REVERSE OF THIS CREDIT. 3 ORIGINAL AND DUPLICATE SET OF DOCUMENTS TO BE SENT BY SUCCESSIVE COURIER SERVICE WITHIN 03 DAYS AFTER NEGOTIATION DIRECTLY TO JAMUNA BANK LTD. SONARGOAN ROAD BRANCH, NATIONAL PLAZA, 109 BIR UTTAM C. R. DATTA ROAD, DHAKA -1025, BANGLADESH. 4 DISCREPANCY CHARGE FOR USD 50. 00 AND SWIFT/MAIL CHARGE FOR USD 50. 00 WILL BE DEDUCTED FROM DOC. CREDIT AMOUNT FOR EACH PRESENTATION OF DISCREPANCY DOCS. 5 WE SHALL ARRANGE REMITTANCE OF THE BILL AS PER INSTRUCTION OF NEGOTIATING BANK ON RECEIPT OF DOCS AT OUR COUNTER CERTIFYING ALL TERMS COMPLIED WITH. HERE ENDS THE FOREGONG CABLE	

2. 货物描述及装箱详细信息

（1）货物描述（表 11-4）。

表 11-4

Article Number and Goods Description	Quantity	Unit Price
IMA-402-DBC03 Malaria P. f. Rapid Test Device (Whole Blood)	6 000PCS	USD0. 30/PC
FHC-102-DBC01 hCG One Step Pregnancy Test Device (Urine)	9 000PCS	USD0. 07/PC
IHC-302- DBC01 HCV Hepatitis C One Step Test Device (Serum/Plasma)	9 000PCS	USD0. 14/PC
IHI-U302-DBC01 HIV 1/2 Ultra Rapid Test Device (Serum/Plasma)	15 000PCS	USD0. 15/PC
CTI-402- DBC05 cTnl Troponin Rapid Test Device (Whole Blood/ Serum/Plasma)	3 000PCS	USD0. 35/PC
IHBsg-301- DBC01 HBsAg One Step Hepatitis B Surface Antigen Test Strip (Serum/Plasma)	96 000PCS	USD0. 07/PC

（2）装箱要求。对于 IMA-402-DBC03、FHC-102-DBC01、IHC-302-DBC01、IHI-U302-DBC01 和 CTI-402- DBC05 四种规格的商品，要求每 3 000 件装一个纸箱；对于最后一种规格 IHBsg-301- DBC01，要求每 8 000 件装一个纸箱。纸箱尺寸为：69×39×55cm，毛重与净重如表 11-5 所示：

表 11-5

Article Number	G. W. (kg) per carton	N. W. (kg) per carton
IMA-402-DBC03	28. 14	25. 64
FHC-102-DBC01	28. 08	25. 58
IHC-302- DBC01	28. 82	26. 32
IHI-U302-DBC01	29. 04	26. 54
CTI-402- DBC05	28. 40	24. 50
IHBsg-301- DBC01	25. 46	22. 96

（3）船名航次：HYUNDAI VLADIVOSTOK V. 221W。

二、分析信用证

首先，受益人认真审查该信用证后，认为该信用证不存在对我方不利的条款。因此，决定按照该信用证执行。

其次，受益人仔细审证后，确定该信用证要求的单据的种类和份数，该信用证要求的单据分别是：汇票、商业发票、装箱单、原产地证书、提单、装船通知、受益人证明和证实书，共8种单据，明细如表11-6所示。

表11-6

份数	单据	份数	单据
1/1	Draft	6	Commercial Invoice
	Customs Certificate		Customs Invoice
	Insurance Policy	6	Packing List
	Weight Note	1/1	Certificate of Origin
3	Bill of Lading		Air Waybill
	Inspection Certificate		Export Licence
	Non-negotiable Bill of Lading		GSP Form A

Other Documents:

1	Shipping Advice
1	Confirmation
2	Certificate

然后，受益人还需要明确信用证对每种单据的具体或特别要求。该信用证为孟加拉国开来的，其对单据的附加要求很多，因此，需要仔细阅读，认真分析。具体如下：

1. 汇票（draft）

（1）议付行：自由议付。

（2）汇票付款期限：AT SIGHT。

（3）根据47A 01要求，汇票必须显示L/C NO.。

（4）根据47A 03要求，出票条款应为：

Drawn under JANUNA BANK LIMITED CREDIT NO. 3039-07-01-0284 DATED 06. 09. 2007。

（5）根据47A 03要求，汇票日期应不迟于2007年11月12日。

2. 商业发票（commercial invoice）

（1）必须签署。

（2）根据46A要求，商业发票必须证实"MERCHANDISE ARE OF CHINA ORIGIN"。

（3）根据47A 01要求，商业发票必须显示L/C NO.。

（4）根据 47A 02 要求，商业发票还必须显示：

HS CODE NO. 3822. 00. 00，LCA NO. JBL9551，P/I NO . SEA FLOWER N007850024 ，VAT REG. NO. 9021149314，TIN NO. 008-300-4102，IRC NO. BA-0178431

（5）根据 47A 04 要求，商业发票必须证实“SHIPMENT FROM SHANGHAI SEA PORT TO CHITTAGONG PORT，BANGLADESH BY SHIP”。

（6）根据 47A 07 要求，商业发票日期不能早于 L/C 开立日期 SEP. 06, 2007。

（7）根据 47A 10 要求，商业发票必须证实：

WE HAVE SHIPPED THE GOODS IN ACCORDANCE WITH THE ABOVE MENTIONED P/I.

3. 装箱单（packing list）

该信用证对装箱单的要求部分显示在 46A 中，部分通过附加条件 47A 体现。

（1）根据 46A 02 要求，装箱单必须签署，一式 6 份。装箱单还必须显示毛重和净重。

（2）根据 47A 01 要求，装箱单必须显示 L/C NO. 。

（3）根据 47A 02 要求，装箱单还必须显示：

HS CODE NO. 3822. 00. 00，LCA NO. JBL9551，P/I NO. SEA FLOWER N007850024，VAT REG. NO. 9021149314，TIN NO. 008-300-4102，IRC NO. BA-0178431

（4）根据 47A 04 要求，装箱单必须证实：

SHIPMENT FROM SHANGHAI SEA PORT TO CHITTAGONG PORT, BANGLADESH BY SHIP

（5）根据 47A 06 要求，装箱必须按照适合海运标准进行。

4. 提单（bill of lading）

（1）根据 46A 03 要求，提单抬头应做成：TO THE ORDER OF JANUNA BANK LIMITED，通知方有两个，分别是买方和开证行。提单还必须显示毛重和净重。

（2）根据 47A 01 要求，提单必须显示 L/C NO. 。

（3）根据 47A 02 要求，提单还必须显示：

HS CODE NO. 3822. 00. 00 ，LCA NO. JBL9551，P/I NO. SEA FLOWER N007850024，VAT REG. NO. 9021149314，TIN NO. 008-300-4102，IRC NO. BA-0178431

（4）根据 44C 要求，提单日期不能迟于 2007 年 11 月 12 日。

（5）根据 47A 04 要求，提单必须证实：

SHIPMENT FROM SHANGHAI SEA PORT TO CHITTAGONG PORT, BANGLADESH BY SHIP

（6）根据 47A 05 要求，提单不能为简式提单，且过期提单和租船提单均不可接受。

5. 原产地证书（certificate of origin）

该信用证对原产地证书的要求部分显示在 46A 中，部分通过附加条件 47A 体现。

（1）根据 46A 05 要求，原产地证书应由中国商会或任何类似的机构出具，因此，可选择由中国国际贸易促进委员会签发的一般原产地证书。

（2）根据 47A 01 要求，原产地证书必须显示 L/C NO.。

（3）根据 47A 02 要求，原产地证书还必须显示：

HS CODE NO. 3822. 00. 00 ，LCA NO. JBL9551，P/I NO. SEA FLOWER N007850024，VAT REG. NO. 9021149314，TIN NO. 008-300-4102，IRC NO. BA-0178431

（4）根据 47A 04 要求，原产地证书必须证实：

SHIPMENT FROM SHANGHAI SEA PORT TO CHITTAGONG PORT, BANGLADESH BY SHIP

6. 装船通知（shipping advice）

（1）根据 46A 04 要求，装船通知须在装船后 5 天内发出，对象是 M/S TAKAFUL ISLAMI INSURANCE LIMITED 和开证申请人。

（2）根据 47A 01 要求，装船通知必须显示 L/C NO.。

（3）根据 47A 02 要求，装船通知还必须显示：

HS CODE NO. 3822. 00. 00 ，LCA NO. JBL9551，P/I NO. SEA FLOWER N007850024，VAT REG. NO. 9021149314，TIN NO. 008-300-4102，IRC NO. BA-0178431

（4）根据 47A 04 要求，装船通知必须证实：

SHIPMENT FROM SHANGHAI SEA PORT TO CHITTAGONG PORT, BANGLADESH BY SHIP

7. 确认书（confirmation）

根据 47A 08 要求，受益人应该在装船后 5 日内用传真的方式寄送一套副本运输单据，并且需要确认该种行为。因此，受益人应提供确认书（confirmation），前述附加条件 47A 01、02、04 对该确认书均适用，即确认书上需要显示 L/C NO.，HS CODE NO. 3822. 00. 00 ，LCA NO. JBL9551，P/I NO. SEA FLOWER N007850024，VAT REG. NO. 9021149314，TIN NO. 008-300-

4102，IRC NO. BA-0178431 以及 SHIPMENT FROM SHANGHAI SEA PORT TO CHITTAGONG PORT，BANGLADESH BY SHIP。

8. 证明书 1（certificate）

根据 47A 09 要求，该信用证禁止使用以色列、塞尔维亚或黑山的船舶装船或转船，且受益人需要证明此种行为。因此，受益人应提供证明书（certificate），前述附加条件 47A 01、02、04 对其均适用，即证明书上需要显示 L/C NO.，HS CODE NO. 3822. 00. 00，LCA NO. JBL9551，P/I NO. SEA FLOWER N007850024，VAT REG. NO. 9021149314，TIN NO. 008-300-4102，IRC NO. BA-0178431，SHIPMENT FROM SHANGHAI SEA PORT TO CHITTAGONG PORT，BANGLADESH BY SHIP。

9. 证明书 2（certificate）

根据 47A 11 要求，每件产品、每包、每箱或每集装箱上须显示货物的原产国，并需要受益人证明该行为。该证明书的缮制要求与上述相同。

三、缮制出口结汇单据

1. 汇票（表 11-7）

表 11-7

<table>
<tr><td colspan="4">BILL OF EXCHANGE
Drawn under JANUNA BANK LIMITED CREDIT NO. 3039-07-01-0284 DATED 06. 09. 2007.</td></tr>
<tr><td>At</td><td>* * * * * *</td><td colspan="2">Sight of this FIRST Exchange（SECOND being unpaid）</td></tr>
<tr><td colspan="4">Pay to the order of BANK OF CHINA，HANGZHOU BRANCH Exchange for USD13 710. 00</td></tr>
<tr><td colspan="4">the sum of SAY US DOLLARS THIRTEEN THOUSAND SEVEN HUNDRED AND TEN ONLY</td></tr>
<tr><td>L/C No.</td><td>3039-07-01-0284</td><td>Dated</td><td>06. 09. 2007</td></tr>
<tr><td colspan="3">To：JAMUNA BANK LIMITED</td><td>For and on behalf of
SEA FLOWER BIOTECH CO.，LTD.
雪飘飘</td></tr>
</table>

2. 商业发票（表 11-8）

表 11-8

ISSUER	SEA FLOWER BIOTECH CO., LTD.
SEA FLOWER BIOTECH CO., LTD. 258 XINFU RD, HAPPY INDUSTRIAL PARK HANGZHOU, P. R. CHINA	COMMERCIAL INVOICE
TO BROTHERS CORPORATION 12, SEGUN BAGICHA SHAJAN TOWER 18 DHAKA-1000, BANGLADESH	NO. DATE 07850024 Sep. 13, 2007
	P/I NO. L/C NO. SEA FLOWER N007850024 3039-07-01-0284
TRANSPORT DETAILS FROM SHANGHAI SEA PORT, CHINA TO CHITTAGONG, BANGLADESH.	TERMS OF PAYMENT L/C AT SIGHT

SHIPPING MARKS	ARTICLE NO. AND GOODS DESCRIPTION	QUANTITY	UNIT PRICE	AMOUNT USD
BROTHERS CHITTAGTONG C/NO: 1-26 07850024 MADE IN CHINA	IMA-402-DBC03 Malaria P. f. Rapid Test Device (Whole Blood)	6 000PCS	USD0.30/PC	1 800.00
	FHC-102-DBC01 hCG One Step Pregnancy Test Device (Urine)	9 000 PCS	USD0.07/PC	630.00
	IHC-302- DBC01 HCV Hepatitis C One Step Test Device (Serum/Plasma)	9 000 PCS	USD0.14/PC	1 260.00
	IHI-U302-DBC01 HIV 1/2 Ultra Rapid Test Device (Serum/Plasma)	15 000 PCS	USD0.15/PC	2 250.00
	CTI-402- DBC05 cTnl Troponin Rapid Test Device (Whole Blood/ Serum/Plasma)	3 000 PCS	USD0.35/PC	1 050.00
	IHBsg-301- DBC01HBsAg One Step Hepatitis B Surface Antigen Test Strip (Serum/Plasma)	96 000 PCS	USD0.07/PC	6 720.00

SAY TOTAL: US DOLLARS THIRTEEN THOUSAND SEVEN HUNDRED AND TEN ONLY.
HS CODE NO. 3822.00.00, LCA NO. JBL9551, P/I NO. SEA FLOWER N007850024
VAT REG. NO. 9021149314, TIN NO. 008-300-4102, IRC NO. BA-0178431
WE HEREBY CERTIFY THAT MERCHANDISE ARE OF CHINA ORIGIN.
WE HEREBY CERTIFY THAT WE HAVE SHIPPED THE GOODS IN ACCORDANCE WITH THE ABOVE MENTIONED P/I.
SHIPMENT FROM SHANGHAI SEA PORT TO CHITTAGONG PORT, BANGLADESH BY SHIP.

SEA FLOWER BIOTECH CO., LTD.
雪飘飘

3. 装箱单（表 11-9）

表 11-9

ISSUER SEA FLOWER BIOTECH CO.，LTD. 258 XINFU RD，HAPPY INDUSTRIAL PARK HANGZHOU，P. R. CHINA TO BROTHERS CORPORATION 12，SEGUN BAGICHA SHAJAN TOWER 18 DHAKA-1000，BANGLADESH	SEA FLOWER BIOTECH CO.，LTD. PACKING LIST NO. PD07850024　DATE Sep. 13，2007 P/I NO. SEA FLOWER N007850024　L/C NO. 3039-07-01-0284

C/NO.	ARTICLE NO.	PACKAGES (cartons)	G. W. per Carton	N. W. per Carton	MEASUREMENT per Carton
1-2	IMA-402-DBC03	2	28.14	25.64	69×39×55cm
3-5	FHC-102-DBC01	3	28.08	25.58	69×39×55cm
6-8	IHC-302- DBC01	3	28.82	26.32	69×39×55cm
9-13	IHI-U302-DBC01	5	29.04	26.54	69×39×55cm
14	CTI-402- DBC05	1	28.40	24.50	69×39×55cm
15-26	IHBsg-301- DBC01	12	25.46	22.96	69×39×55cm
SAY TOTAL: TWENTY SIX CARTONS ONLY		26	706.1	639.7	

HS CODE NO. 3822. 00. 00，LCA NO. JBL9551，P/I NO. SEA FLOWER N007850024，VAT REG. NO. 9021149314，TIN NO. 008-300-4102，IRC NO. BA-0178431
SHIPMENT FROM SHANGHAI SEA PORT TO CHITTAGONG PORT，BANGLADESH BY SHIP.
PACKING ARE IN SEA WORTHY EXPORT STANDARD.

SEA FLOWER BIOTECH CO.，LTD.
雪飘飘

4. 提单（表 11-10）

表 11-10

<table>
<tr><td colspan="2">1）SHIPPER
SEA FLOWER BIOTECH CO.，LTD.
258 XINFU RD，HAPPY INDUSTRIAL PARK
HANGZHOU，P. R. CHINA</td><td rowspan="7">10）B/L NO. L111700

COSCO
中国远洋运输（集团）总公司
CHINA OCEAN SHIPPING
（GROUP）CO.
ORIGINAL

COMBINED TRANPORT BILL OF LADING</td></tr>
<tr><td colspan="2">2）CONSIGNEE
TO ORDER OF JAMUNA BANK LIMITED</td></tr>
<tr><td colspan="2">3）NOTIFY PARTY
1. BROTHERS CORPORATION
12，SEGUN BAGICHA
SHAJAN TOWER 18
DHAKA-1000，BANGLADESH
2. JAMUNA BANK LIMITED</td></tr>
<tr><td>4）PLACE OF RECEIPT</td><td>5）OCEAN VESSEL
HYUNDAI VLADIVOSTOK</td></tr>
<tr><td>6）VOYAGE NO.
V. 221W</td><td>7）PORT OF LOADING
SHANGHAI SEA PORT, CHINA</td></tr>
<tr><td>8）PORT OF DISCHARGE
CHITTAGONG，BANGLADESH</td><td>9）PLACE OF DELIVERY</td></tr>
</table>

11）MARKS	12）NOS. &KINDS OF PKGS	13）DESCRIPTION OF GOODS	14）G. W.（kg）	15）MEAS（m3）
BROTHERS CHITTAGTONG C/NO：1-26 07850024 MADE IN CHINA	26CARTONS	DIAGNOSTIC REAGENT FOR INVITRO USE，HS CODE NO. 3822. 00. 00 DESCRIPTION QUANTITY AND ALL OTHER DETAILS ARE AS PER P/I NO. SEA FLOWER N007850024 DATED 23. 08. 2007. TOTAL USD13 710. 00 DELIVERY TERMS：CFRCHITTAGONG，BANGLADESH L/C NUMBER 3039-07-01-0284 HS CODE NO. 3822. 00. 00，LCA NO. JBL9551，P/I NO. SEA FLOWER N007850024，VAT REG. NO. 9021149314，TIN NO. 008-300-4102，IRC NO. BA-0178431 SHIPMENT FROM SHANGHAI SEA PORT TO CHITTAGONG PORT，BANGLADESH BY SHIP. GROSS WEIGHT：706. 1KGS，NET WEIGHT：639. 7KGS	706. 1	3. 85

续表

<table>
<tr><td colspan="6">16）TOTAL NUMBER OF CONTAINERS OR PACKAGES（IN WORDS）
SAY TWENTY SIX CARTONS ONLY</td></tr>
<tr><td>FREIGHT & CHARGES</td><td>REVENUE TONS</td><td>RATE</td><td>PER</td><td>PREPAID
PREPAID</td><td>COLLECT</td></tr>
<tr><td>PREPAID AT
SHANGHAI</td><td colspan="2">PAYABLE AT</td><td colspan="3">17）PLACE AND DATE OF ISSUE
16 OCT.，2007</td></tr>
<tr><td>TOTAL
PREPAID</td><td colspan="2">18）NUMBER OF ORIGINAL B（S）L
THREE（3）</td><td colspan="3" rowspan="2">20）BY 中远发

CHINA OCEAN SHIPPING（GROUP）CO.

AS CARRIER</td></tr>
<tr><td colspan="3">LOADING ON BOARD THE VESSEL
HYUNDAI VLADIVOSTOK，V. 221W
19）DATE　　16 OCT.，2007</td></tr>
</table>

5. 原产地证书（表 11-11）

表 11-11

<table>
<tr><td>1. Exporter
SEA FLOWER BIOTECH CO.，LTD.
258 XINFU RD，HAPPY INDUSTRIAL PARK
HANGZHOU，P. R. CHINA</td><td rowspan="2">Certificate No. CCPIT 073919889
CERTIFICATE OF ORIGIN
OF
THE PEOPLE'S REPUBLIC OF CHINA</td></tr>
<tr><td>2. Consignee
BROTHERS CORPORATION
12，SEGUN BAGICHA
SHAJAN TOWER 18
DHAKA-1000，BANGLADESH</td></tr>
<tr><td>3. Means of transport and route
FROM SHANGHAI SEA PORT，CHINA
TO CHITTAGONG PORT，BANGLADESH
BY SEA</td><td rowspan="2">5. For certifying authority use only</td></tr>
<tr><td>4. Country/region of destination
BANGLADESH</td></tr>
</table>

续表

<table>
<tr><td>6. Marks and numbers
BROTHERS
CHITTAGTONG
C/NO.: 1-26
07850024
MADE IN
CHINA</td><td colspan="2">7. Number and kind of packages; description of goods
TWENTY SIX (26) CARTONS OF DIAGNOSTIC REAGENT FOR INVITRO USE, HS CODE NO. 3822. 00. 00 DESCRIPTION QUANTITY AND ALL OTHER DETAILS ARE AS PER P/I NO. SEA FLOWER N007850024 DATED 23. 08. 2007. TOTAL USD13 710. 00
DELIVERY TERMS: CFRCHITTAGONG, BANGLADESH
L/C NUMBER 3039-07-01-0284
HS CODE NO. 3822. 00. 00, LCA NO. JBL9551, P/I NO. SEA FLOWER N007850024, VAT
REG. NO. 9021149314, TIN NO. 008-300-4102, IRC NO. BA-0178431
SHIPMENT FROM SHANGHAI SEA PORT TO CHITTAGONG PORT, BANGLADESH BY SHIP.
* * * * * * * * * * * * * * * * * * * *</td><td>8. HS code
3822. 00. 00</td><td>9. quantity
110 000PCS</td><td>10. Number date of invoices
07850024
SEP. 13, 2007</td></tr>
<tr><td colspan="2">11. Declaration by the exporter
The undersigned hereby declares that the above details and statement are correct, that all the goods were produced in China and that they comply with the Rules of Origin of the People's Republic of China.
SEA FLOWER BIOTECH CO., LTD. 雪飘飘
HANGZHOU, CHINA OCT. 16, 2007

Place and date, signature of authorized signatory</td><td colspan="4">12. Certification
It is hereby certified that the declaration by the exporter is correct.

CCPIT 周娟娟
HANGZHOU, CHINA OCT. 16, 2007

Place and date, signature and stamp of certifying authority</td></tr>
</table>

6. 装船通知（表 11-12）

表 11-12

SEA FLOWER BIOTECH CO. , LTD.
258 XINFU RD, HAPPY INDUSTRIAL PARK HANGZHOU, P. R. CHINA

DATE: OCT. 17, 2007

TO: M/S TAKAFUL ISLAMI INSURANCE LIMITED, HEAD OFFICE:
42 DILKUSHA COMMERCIAL AREA (7TH FLOOR), DHAKA-1000
FAX NO. : 880-2-9568212

SHIPPING ADVICE

RE: L/C NUMBER: 3039-07-01-0284
HS CODE NO. 3822. 00. 00 , LCA NO. JBL9551, P/I NO. SEA FLOWER N007850024
VAT REG. NO. 9021149314, TIN NO. 008-300-4102, IRC NO. BA-0178431
SHIPMENT FROM SHANGHAI SEA PORT TO CHITTAGONG PORT, BANGLADESH BY SHIP.

TO WHOM IT MAY CONCERN
PLS NOTE THAT TWENTY SIX (26) CARTONS OF DIAGNOSTIC REAGENT FOR INVITRO USE HAVE BEEN SHIPPED OUT ON OCT . 16, 2007 FROM SHANGHAI SEA PORT TO CHITTAGONG PORT, BANGLADESH BY SEA. THE B/L NO. : L111700, THE VESSEL NAME/DATE: HYUNDAI VLADIVOSTOK V. 221W/OCT. 16, 2007-11-18.
COVER NOTE NO. : TITL/LO/MC-0137/09/2007 DTD. 05. 09. 2007

CC: BROTHERS CORPORATION
12, SEGUN BAGICHA
SHAJAN TOWER 18
DHAKA-1000, BANGLADESH

SEA FLOWER BIOTECH CO. , LTD.
雪飘飘

Authorized Signature

7. 确认书 (表 11-13)

表 11-13

SEA FLOWER BIOTECH CO. , LTD.
258 XINFU RD, HAPPY INDUSTRIAL PARK HANGZHOU, P. R. CHINA

DATE: OCT. 17, 2007

TO: BROTHERS CORPORATION
12, SEGUN BAGICHA
SHAJAN TOWER 18
DHAKA-1000, BANGLADESH

CONFIRMATION

RE: L/C NUMBER: 3039-07-01-0284
HS CODE NO. 3822. 00. 00 , LCA NO. JBL9551, P/I NO. SEA FLOWER N007850024
VAT REG. NO. 9021149314, TIN NO. 008-300-4102, IRC NO. BA-0178431
SHIPMENT FROM SHANGHAI SEA PORT TO CHITTAGONG PORT, BANGLADESH BY SHIP.

TO WHOM IT MAY CONCERN
WE HEREBY CONFIRM THAT ONE SET OF NON-NEGOTIABLE SHIPPING DOCUMENTS HAS BEEN FAXED TO YOU WITHIN 05 DAYS OF SHIPMENT.

SEA FLOWER BIOTECH CO. , LTD.
雪飘飘

Authorized Signature

8. 证明书 1（表 11-14）

表 11-14

SEA FLOWER BIOTECH CO. , LTD.
258 XINFU RD, HAPPY INDUSTRIAL PARK HANGZHOU, P. R. CHINA

DATE: OCT 17, 2007

TO: BROTHERS CORPORATION
12, SEGUN BAGICHA
SHAJAN TOWER 18
DHAKA-1000, BANGLADESH

CERTIFICATE

RE: L/C NUMBER: 3039-07-01-0284
HS CODE NO. 3822. 00. 00 , LCA NO. JBL9551, P/I NO. SEA FLOWER N007850024
VAT REG. NO. 9021149314, TIN NO. 008-300-4102, IRC NO. BA-0178431

续表

SHIPMENT FROM SHANGHAI SEA PORT TO CHITTAGONG PORT，BANGLADESH BY SHIP.

TO WHOM IT MAY CONCERN
WE HEREBY CERTIFY THAT SHIPMENT BY ANY ISRAELI/SERBIA/MONTEGNERO VESSEL IS STRICTLY PROHIBITED.

SEA FLOWER BIOTECH CO.，LTD.
雪飘飘

Authorized Signature

9. 证明书 2（表 11-15）

表 11-15

SEA FLOWER BIOTECH CO.，LTD.
258 XINFU RD，HAPPY INDUSTRIAL PARK HANGZHOU，P. R. CHINA

DATE：OCT. 17，2007

TO：BROTHERS CORPORATION
12，SEGUN BAGICHA
SHAJAN TOWER 18
DHAKA-1000，BANGLADESH

CERTIFICATE

RE：L/C NUMBER：3039-07-01-0284
HS CODE NO. 3822. 00. 00，LCA NO. JBL9551，P/I NO. SEA FLOWER N007850024
VAT REG. NO. 9021149314，TIN NO. 008-300-4102，IRC NO. BA-0178431
SHIPMENT FROM SHANGHAI SEA PORT TO CHITTAGONG PORT，BANGLADESH BY SHIP.

TO WHOM IT MAY CONCERN

WE HEREBY CERTIFY THAT COUNTRY OF ORIGIN HAS BEEN MENTIONED ON EACH PRODUCT/PACKET/CARTON/BAG/CONTAINER OF GOODS.

SEA FLOWER BIOTECH CO.，LTD.
雪飘飘

Authorized Signature

第三节 审单实践

买方应根据合同和信用证资料，审查受益人缮制的单据，以决定是否履行义务。

根据下列资料，审查受益人缮制的单据。

一、合同和信用证资料

浙江浙海服装进出口公司于 2003 年 3 月 10 日与巴西 APUCACOUROS IND. EXPORT. DE COUROS 签订了一份总金额为 52 324. 91 美元的蓝湿牛皮进口合同（CONTRACT NO. E0683），双方约定：中方进口蓝湿牛皮 9 包 1 个 20 尺干柜，共 48 004. 50 平方英尺，每平方英尺 1. 09 美元 CFR 上海。L/C 支付，最迟装船时间为：2003 年 3 月 30 日。包装明细如表 11-16 所示：

表 11-16

Goods Description	Bale	Grade	Sq. Ft	G. W	N. W
Cow Wet blue unsplitted	1	TR1	5 185. 75	1 892. 62	1 863. 45
Wet blue unsplitted	2	TR1	5 127. 00	1 871. 18	1 842. 34
Cow Wet blue unsplitted	3	TR1	5 135. 00	1 874. 10	1 845. 22
Cow Wet blue unsplitted	4	TR1	5 372. 25	1 960. 69	1 930. 47
Cow Wet blue unsplitted	5	TR1	5 492. 25	2 004. 48	1 973. 59
Cow Wet blue unsplitted	6	TR1	5 220. 50	1 905. 30	1 875. 94
Cow Wet blue unsplitted	7	TR1	5 446. 50	1 987. 79	1 957. 16
Cow Wet blue unsplitted	8	TR1	5 491. 75	2 004. 30	1 973. 41
Cow Wet blue unsplitted	9	TR1	5 533. 50	2 019. 54	1 988. 42

我方申请开立给卖方的信用证见表 11-17。

表 11-17

ISSUE OF A DOCUMENTARY CREDIT

FORM OF DOC. CREDIT	*40A：IRREVOCABLE
DOC. CREDIT NUMBER	*20：LC31290909
DATE OF ISSUE	31C：20030312
EXPIRY	*31D：DATE 20030415 PLACE BRAZIL
APPLICANT	*50：ZHEJIANG ZHEHAI GARMENTS IMP. AND EXP. CO. NO. 265 CHANGDAI RD.，HAINING CITY ZHEJIANG，CHINA 314400
BENEFICIARY	*59：APUCACOUROS IND. EXPORT. DE COUROS S/A RODOVIA CONTORNO SUL，S/N86808220 APUCARANA-PR. BRAZIL
AMOUNT	*32B：CURRENCY USD AMOUNT52 324. 91
AVAILABLE WITH/BY	*41D：ANY BANK IN BRAZIL BY NEGOTIATION
DRAFT AT…	42C：30 DAYS AFTER SIGHT
DRAWEE	42A：INDUSTRIAL AND COMMERCIAL BANK OF CHINA， ZHEJIANG BRANCH
PARTIAL SHIPMENTS	43P：ALLOWED
TRANSSHIPMENT	43T：ALLOWED
LOADING IN CHARGE	44A：PARANAGUA，BRAZILIAN PORT
FOR TRANSPORT TO…	44B：SHANGHAI PORT，CHINA
LATEST DATE OF SHIP	44C：20030330
DESCRIPTION OF GOODS	45A：COW WET BLUE UNSPLITTED，TR1 SELECTION， MEDIUM SIZE：42 SQUARE FEET，MINIMUM：38 SQUARE FEET，FREE OF HUMP，MAX：10PCT HOLES IN BELLY. TOTAL QUANTITY：48 004. 50 SQUARE FEET UNIT PRICE：USD1. 09 PER SQUARE FEET CFRSHANGHAI PORT
DOCUMENTS REQUIRED	46A： 1. SIGNED COMMERCIAL INVOICE IN 3 COPIES CERTIFYING THAT GOODS ARE IN STRICT CONFORMITY WITH CONTRACT NO. E0683； 2. FULL SET CLEAN MARINE BILL OF LADING MADE OUT TO ORDER MARKED FREIGHT PREPAID AND NOTIFY THE APPLICANT INDICATING THE FULL NAME，ADDRESS；

续表

	3. SIGNED PACKING LIST IN TRIPLICATE INDICATING THE NET WEIGHT AND GROSS WEIGHT OF EACH BALE; 4. ALL SHIPMENTS UNDER THIS CREDIT MUST BE ADVISED BY THE BENEFICIARY WITHIN 3 DAYS AFTER SHIPMENT DIRECTLY TO THE APPLICANT
DETAILS OF CHARGES	71B: ALL BANK CHARGES OUTSIDE CHINA INCLUDING REIMBURSEMENT CHARGES ARE FOR ACCOUNT OF BENEFICIARY.
ADDITIONAL COND.	47A: 1. ALL DOCUMENTS SHALL BEAR L/C NUMBER AND CONTRACT NO. E0683; 2. DRAFT MUST BE MARKED DRAWN UNDER CREDT NO. LC31290909 DATED MAR. 12, 2003; 3. SHIPPING MARK: ZHEHAIE0683/SHANGHAI/PACKAGE NO.: 1-9 4. GOODS MUST BE OF BRAZILIAN ORIGIN AND A CONFIRMATION TO THIS EFFECT BY MANUFACTURER SHALL ACCOMPANY THE SHIPPING DOCUMENTS.
PRESENTATION PERIOD	48: DOCUMENTS TO BE PRESENTED WITHIN 21 DAYS AFTER THE DATE OF SHIPMENT BUT WITHIN THE VALIDITY OT THE CREDIT.
CONFIRMATION	*49: WITHOUT

二、受益人提交的单据

1. 商业发票（表 11-18）

表 11-18

APUCACOUROS IND. EXPORT. DE COUROS
S/A RODOVIA CONTORNO SUL, S/N86808220
APUCARANA-PR. BRAZIL

COMMERCIAL INVOICE

DATE: MAR. 10, 2003
CONTRACT NO.: E0683
L/C NO. LC31290909

TO ZHEJIANG ZHEHAI GARMENTS IMP. AND EXP. CO.
NO. 265 CHANGDAI RD., HAINING CITY
ZHEJIANG, CHINA 314400

TRANSPORT DETAILS

FROM PARANAGUA, BRAZILIAN PORT TO SHANGHAI PORT, CHINA

TERMS OF PAYMENT L/C 30 DAYS AFTER SIGHT

SHIPPING MARKS	ARTICLE NO. AND GOODS DESCRIPTION	QUANTITY	UNIT PRICE	AMOUNT
			CFR SHANGHAI PORT, CHINA	
ZHEHAI E0683 SHANGHAI PACKAGE NO.: 1-9	COW WET BLUE UNSPLITTED, TR1SELECTION, MEDIUM SIZE: 42 SQUAREFEET, MINIMUM: 38 SQUARE FEET, FREE OF HUMP, MAX: 10PCT HOLES IN BELLY	48 004.50 SQUARE FEET	USD1.09/SQ, FT	USD52 324.91

SAY TOTAL: SAY US DOLLARS FIFTY TWO THOUSAND THREE HUNDRED AND TWENTY FOUR AND NINTY ONE CENTS ONLY.

APUCACOUROS IND. EXPORT. DE COUROS

Edison Arantes

Authorized Signature

2. 装箱单（表 11-19）

表 11-19

APUCACOUROS IND. EXPORT. DE COUROS

S/A RODOVIA CONTORNO SUL，S/N86808220

APUCARANA-PR. BRAZIL

PACKING LIST

DATE：MAR. 10，2003

TO：ZHEJIANG ZHEHAI GARMENTS IMP . AND EXP. CO.
NO. 265 CHANGDAI RD.，HAINING CITY
ZHEJIANG，CHINA 314400

MARKS	ARTICLE NO.	PKGS	SQUARE FEET	G. W.	N. W.
ZHEHAI E0683 SHANGHAI PACKAGE NO.：1-9	COW WET BLUE UNSPLITTED, TR1SELECTION, MEDIUM SIZE：42 SQUAREFEET, MINIMUM：38 SQUARE FEET, FREE OF HUMP, MAX：10PCT HOLES IN BELLY	1	5 185. 75	1 892. 62	1 863. 45
		2	5 127. 00	1 871. 18	1 842. 34
		3	5 135. 00	1 874. 10	1 845. 22
		4	5 372. 25	1 960. 69	1 930. 47
		5	5 492. 25	2 004. 48	1 973. 59
		6	5 220. 50	1 905. 30	1 875. 94
		7	5 446. 50	1 987. 79	1 957. 16
		8	5 491. 75	2 004. 30	1 973. 41
	IN ONE 20' CONTAINER	9	5 533. 50	2 019. 54	1 988. 42
TOTAL：			48 004. 50	17520. 00	17250. 00

SAY TOTAL：

SAY NINE BALES IN ONE 20' CONTAINER，NO. CRXU2216065/20/1100KG

APUCACOUROS IND. EXPORT. DE COUROS

Edison Arantes

Authorized Signature

3. 提单（表 11-20）

表 11-20

<table>
<tr><td colspan="2">SHIPPER/EXPORTER
APUCACOUROS IND. EXPORT. DE COUROS
S/A RODOVIA CONTORNO SUL, S/NO.
86808220 APUCARANA-PR. BRAZIL</td><td colspan="2" rowspan="2">B/L NO. K2456789

KIEN HUNG SHIPPING CO. LTD.

BILL OF LADING</td></tr>
<tr><td colspan="2">Consignee
TO ORDER</td></tr>
<tr><td colspan="3">Notify Party
ZHEJIANG ZHEHAI GARMENTS IMP. AND EXP. CO.
NO. 265 CHANGDAI RD., HAINING CITY
ZHEJIANG, CHINA 314400</td><td>Combined Transport</td></tr>
<tr><td colspan="3">Port of Loading
PARANAGUA BRAZILIAN PORT</td><td>Pre-Carriage by</td></tr>
<tr><td colspan="2">Port of Discharge
SHANGHAI PORT, CHINA</td><td colspan="2">Vessel
M/V "NORTHERN ENTERPRISE" /302N</td></tr>
<tr><td colspan="2">MARKS</td><td>NUMBERS OF PKGS; DESCRIPTION OF GOODS</td><td>G. W. (KG)</td></tr>
<tr><td colspan="2">ZHEHAI E0683
SHANGHAI
PACKAGE NO.: 1-9</td><td>NINE (9) BALES OF COW WET BLUE UNSPLITTED, TR1SELECTION, MEDIUM SIZE: 42SQUAREFEET, MINIMUM: 38 SQUARE FEET, FREE OF
HUMP, MAX: 10PCT HOLES IN BELLY
9 BALES IN ONE 20' CONTAINER</td><td>17 520.00</td></tr>
<tr><td>Ex. Rate</td><td>FREIGHT&CHARGES
Laden on board the vessel dated MAR. 10, 2003</td><td>Payable at
PARANAGUA, BRAZIL</td><td>Place and date of issue
PARANAGUA, BRAZIL
MAR. 10, 2003</td></tr>
<tr><td></td><td>Total Prepaid</td><td>No. of Original B/L (S)

THREE (3)</td><td>Signed for the carrier
KIEN HUNG SHIPPING CO. LTD.

As Carrier</td></tr>
</table>

4. 装船通知（表 11-21）

表 11-21

SHIPPING ADVICE

DATE：MAR. 10，2003
CONTRACT NO.：E0683
L/C NO.：LC31290909

TO：ZHEJIANG ZHEHAI GARMENTS IMP. AND EXP. CO.
NO. 265 CHANGDAI RD.，HAINING CITY
ZHEJIANG，CHINA 314400

FROM：APUCACOUROS IND. EXPORT. DE COUROS
S/A RODOVIA CONTORNO SUL，S/NO. 86808220
APUCARANA-PR. BRAZIL
COMMODITY：COW WET BLUE UNSPLITTED，TR1SELECTION，MEDIUM SIZE：42SQUAREFEET，MINIMUM：38 SQUARE FEET，FREE OF HUMP，MAX：10PCT HOLES IN BELLY
PACKING：9 BALES IN 1×20' CONTAINER
GROSS WEIGHT：17 520. 00 KGS
NET WEIGHT：17 250. 00 KGS
TOTAL VALUE：USD52 324. 91
PLEASE BE INFORMED THAT THESE GOODS HAVE BEEN SHIPPED FROM PARANAGUA，BRAZILIAN PORT TO SHANGHAI PORT，CHINA BY NORTHERN ENTERPRISE . SHIPMEMT DATE MAR. 10，2003，B/L NO：K2456789.

APUCACOUROS IND. EXPORT. DE COUROS
Edison Arantes
Authorized Signature

三、审单要点

1. 汇票

（1）信用证项下汇票，应有出票条款（drawn clause）。

（2）汇票金额应与信用证规定相符；金额的大小写应一致；国外开来汇

票也可以只有小写。

(3) 信用证项下汇票付款人应为开证行或指定的付款行。若信用证未规定，应为开证行，不应以申请人为付款人；托收项下汇票付款人应为买方。

(4) 出票人应为信用证受益人，通常为出口商，收款人通常为议付银行。

(5) 付款期限应与信用证规定相符。

(6) 出票日期必须在信用证有效期内，并不早于发票日期。

2. 提单

(1) 提单应注明承运人名称，并经承运人或其代理人签名或船长或其代理人签名。

(2) 除非信用证特别规定，提单应为清洁已装船提单。若为备运提单，则必须加已装船批注（shipped on board），并由船方签署。

(3) 以 CFR 或 CIF 成交，提单上应注明运费已付（freight prepaid）。

(4) 提单的日期不得迟于信用证所规定的最迟装运日期。

(5) 提单上所载件数、唛头、数量、船名等应和发票相一致，货物描述可用总称，但不得与发票相抵触。

3. 商业发票

(1) 发票应由信用证受益人出具。除非信用证另有规定，无需签字。若有声明文句，则发票必须签署。

(2) 发票的货描应与信用证严格一致。

(3) 发票抬头一般应为开证申请人。

4. 保险单

(1) 保险金额与保险险别应符合信用证规定。

(2) 保险单上所列船名、航线、港口、起运日期应与提单一致。

(3) 保险单日期不应迟于提单日期。

5. 产地证

(1) 应由信用证指定机构签署。

(2) 货物名称、品质、数量及价格等有关商品的记载应与发票一致。

(3) 签发日期不能迟于装船日期。

四、审核单据，发现不符点

(1) 商业发票未显示“WE HEREBY CERTIFY THAT GOODS ARE IN STRICT CONFORMITY WITH CONTRACT NO. E0683”。

(2) 装箱单未显示信用证号和合同号。

(3) 提单未显示信用证号和合同号；未标明“FREIGHT PREPAID”。

(4) 缺少证明货物原产于巴西的确认书。

【本章小结】

本章主要是训练学生在审证、缮制单证和审单方面的能力，培养学生缮制全套结汇单据的实践操作技能，强化学生处理一笔出口或进口业务单据的能力，提高我方的出口收汇能力和进口付汇质量水平。

【强化训练】

根据下列资料缮制全套单据。

2006NOV28 13：03：41 LOGICAL TERMINAL H020

MT S700 ISSUE OF A DOCUMENTARY CREDIT PAGE 00001

FUNC MSG700

UMR 28219881

MSGACK DWS 7651 AUTH OK, KEY B10603191264B2AA, BKCHCNBJ MICBMMMY RECORD

BASIC HEADER F 01 BKCHCNBJA910 1448 600244

APPLICATION HEADER 0 700 1131 061128 MICBMMMYA××× 5492 093619 061128 1302 N

＊MYANMA INVESTMENT AND COMMERCIAL BANK

＊YANGON

USER HEADER	SERVICE CODE	103：
	BANK. PRIORITY	113：
	MSG USER REF.	108：
	INFO. FROM CI	115：

SEQUENCE OF TOTAL	＊27：1/1
FORM OF DOC. CREDIT	＊40 A：IRREVOCABLE
DOC. CREDIT NUMBER	＊20：MIC/18/CH/554
DATE OF ISSUE	31C：061127
APPLICABLE RULES	＊40E：UCP LATEST VERSION
EXPIRY	＊31 D：DATE 070208 PLACE CHINA
APPLICANT	＊50：WIND LEE TRADING CO.，LTD. NO. 789 YONG ROAD，MYAYNIGONE SANCHUANG TOWNSHIP，YANGON
BENEFICIARY	＊59：FLYING BIRD CO. LTD. NO. 68，FUTURE STAR ROAD，FUTURE MANSION WUHAN，CHINA
AMOUNT	＊32 B：CURRENCY EUR AMOUNT 8. 033，66
AVAILABLE WITH/BY	＊41 D：ANY BANK IN CHINA BY NEGOTIATION
DRAFTS AT ...	42 C：AT SIGHT

续表

DRAWEE	42 D：	MYANMA INVESTMENT AND COMMERCIAL BANK NO. 170-176，BO AUNG KYAW. STREET，BOTATANG TOWNSHIP，YANGON MYANMAR.
PARTIAL SHIPMENTS	43 P：	ALLOWED
TRANSHIPMENT	43 T：	ALLOWED
TAKING CHARGE PLACE	44A：	CHINA
FINAL DESTINATION	44B：	YANGOON MYNANMAR
LATEST DATE OF SHIP.	44C：	070208
DESCRIPT. OF GOODS	45A：	MEDICAL EQUIPMENT（300 000）T HCG URINE RAPID TEST（2. 55MM） AT TOTAL PRICE OF EUR 8 033. 66 CIF YANGON.
DOCUMENTS REQUIRED	46A：	

+1）SIGNED INVOICES IN（6）COPIES CERTIFYING THAT：

A. GOODS ARE OF CHINA ORIGIN

B. GOODS SPECIFIED ON THE INVOI CES ARE IN STRICT CONFORMITY WITH THE GOODS MENTIONED IN PROFORMA INVOICE NO. 07560001

DATE：31/10/06 INDICATING IMPORT LICENCE NO. IL－1/06－07－1417 DATE：09/11/06.

+2）AIR WAYBILL CONSIGNED TO MYANMA INVESTMENT AND COMMERCIAL BANK，YANGON AND ALSO MARKED FREIGHT PAID NOTIFY APPLICANT：WIN LEE TRADING CO.，LTD.

+3）AIR AND WAR RISK INSURANCE POLICIES/CERTIFICATES WITH CLAIMS PAYABLE IN YANGON FOR THE C. I. F VALUE PLUS 10 PCT COVERING WPA INCLUDING SRCC THEFT PILFERAGE NON DELIVERY WAREHOUSE TO WAREHOUSE AND ADDITIONAL RISKS AGAINST RAIN OR FRESH WATER DAMAGE，DAMAGE BY OTHER CARGO，IRRESPECTIVE OF PERCENTAGE WAR CLAUSE AND ALL RISKS.

2006NOV28 13：03：41　　LOGICAL TERMINAL H020

MT S700　　ISSUE OF A DOCUMENTARY CREDIT　　PAGE 00002

FUNC MSG700

UMR 28219881

ADDITIONAL COND.　　47A：

+1）EACH DRAFT MUST STATE THAT IT IS DRAWN UNDER MYANMA

续表

INVESTMENT AND COMMERCIAL BANK, YANGON LETTER OF CREDIT NO. MIC/18/CH/554, DATE: 27/11/06.

+2) ALL BANKING CHARGES INCLUDING REIMBURSEMENT CHARGES OUTSIDE MYANMAR AND OUR BANK CHARGES STIPULATED BELOW ARE FOR THE ACCOUNT OF BENERICIARY.

(A) CHARGES RELATING TO REIMBURSEMENT AND PAYMENT.

(B) DISCREPANCY FEE OF EUR 50 OR ITS EQUIVALENT FOR EACH PRESENTATION OF DISCREPANT DOCUMENTS.

(C) HANDLING FEE OF EUR 10 OR USD 10 FOR EACH PRESENTATION OF DOCUMENTS.

+3) ALL DRAFTS AND DOCUMENTS MUST BE ISSUED IN ENGLISH.

+4) ALL DOCUMENTS MUST SHOW L/C NUMBER AND DATE.

+5) THIS DOCUMENTARY CREDIT IS SUBJECT TO UNIFORM CUSTOMS AND PRACTICE FOR DOCUMENTARY CREDIT ICC NO. 500 1993 REVISION.

+6) REIMBURSEMENT IS SUBJECT TO ICC URR 525.

CONFIRMATION *49: WITHOUT

INSTRUCTIONS 78:

+1) THE AMOUNT OF ANY DRAFT DRAWN UNDER THIS CREDIT MUST BE ENDORSED HEREON BY THE NEGOTIATING BANK AND THE PRESENTATION OF EACH DRAFT IF NAGOTIATED SHALL BE A WARRANTY BY THE NEGOTIATING BANK THAT SUCH ENDORSEMENT HAS BEEN MADE.

+2) THE NEGOTIATING BANK MUST SEND ALL DOCUMENTS INCLUDING DRAFTS DIRECT TO MYANMA INVESTMENT AND COMMERCIAL BANK BY COURIER SERVICES IN (1) LOTS.

+3) UPON RECEIPT OF DOCUMENTS IN STRICT COMPLIANCE WITH L/C TERMS, AT OUR COUNTER WE UNDERTAKE TO PAY AS PER NEGOTIATING BAKN'S INSTRUCTIONS.

+4) PLEASE DO NOT COMBINE THE DOCUMENTS FOR DIFFERENT L/C.

TRAILER ORDER IS <MAC: ><PAC: ><ENC: ><CHK: ><TNG: ><PDE: >

MAC: B80113E1

CHK: CB06B42E88BB

附　录

2006 年全国国际商务单证员培训认证考试

国际商务单证缮制与操作试题（A）

（考试时间：6 月 18 日上午 9：00—11：00）

题　号	一	二	三	总　分	阅读组长
得　分					

得分	评卷人

一、根据合同审核信用证（20 分）

售 货 确 认 书

SALES CONFIRMATION

NO.　LT07060

DATE：AUG. 10,2005

The sellers:	**AAA IMPORT AND EXPORT CO.**	**The buyers:**	**BBB TRADING CO.**
	222 JIANGUO ROAD		**P.O.BOX 203**
	DALIAN,CHINA		**GDANSK,POLAND**

下列签字双方同意按以下条款达成交易：

The undersigned Sellers and Buyers have agreed to close the following transactions according to the terms and conditions stipulated below:

品名与规格 COMMODITY AND SPECIFICATION	数量 QUANTITY	单价及价格条款 UNIT PRICE & TERMS	金额 AMOUNT
65% POLYESTER 35% COTTON		CIF GDANSK	
LADIES SKIRTS			
STYLE NO.A101	200DOZ	USD60/DOZ	USD12000.00
STYLE NO.A102	400DOZ	USD84/DOZ	USD33600.00
ORDER NO.HMW0501			
			TOTAL USD45600.00

总值 TOTAL VALUE: U.S.DOLLARS FORTY FIVE THOUSAND AND SIX HUNDRED ONLY.

装运口岸 PORT OF LOADING:DALIAN
目的地 DESTINATION: GDANSK
转　运 TRANSSHIPMENT :ALLOWED
分批装运 PARTIAL SHIPMENTS:ALLOWED
装运期限 SHIPMENT: DECEMBER, 2005
保 险 INSURANCE:BE EFFECTED BY THE SELLERS FOR 110% INVOICE VALUE COVERING F.P.A. RISKS OF PICC CLAUSE
付款方式 PAYMENT: BY TRANSFERABLE L/C PAYABLE 60 DAYS AFTER B/L DATE, REACHING THE SELLERS 45 DAYS BEFORE THE SHIPMENT

一般条款
GENERAL TERMS:

1. 合理差异：质地、重量、尺寸、花型、颜色均允许合理差异，对合理范围内差异提出的索赔，概不受理。
   Reasonable tolerance in quality, weight, measurements, designs and colors is allowed, for which no claims will be entertained.
2. 卖方免责：买方对下列各点所造成的后果承担全部责任：
   （甲）使用买方指定包装、花型图案等；
   （乙）不及时提供生产所需的商品规格或其他细则；
   （丙）不按时开信用证；
   （丁）信用证条款与售货确认书不符合而不及时修改。
   The buyers are to assume full responsibilities for any consequences arising from:
   (a) the use of packing, designs or pattern made of order;
   (b) late submission of specifications or any other details necessary for the execution of this sales confirmation;
   (c) late establishment of L/C;
   (d) late amendment to L/C inconsistent with the previsions of this sales confirmation.

David King　　　　　　　　　　　　苏　进

---------------------------------　　　　---------------------------------

买　方（The buyers）　　　　　　　　卖　方（The sellers）

请在本合同签字后寄回一份
Please sign, and return one copy

LETTER OF CREDIT

FORM OF DOC. CREDIT	*40A	: IRREVOCABLE
DOC. CREDIT NUMBER	*20	: 70/1/5822
DATE OF ISSUE	31	: 051007
EXPIRY	*31D	: DATE 060115 PLACE POLAND
ISSUING BANK	51D	: SUN BANK, P.O.BOX 201 GDANSK, POLAND.
APPLICANT	*50	: BBB TRADING CO. P.O.BOX 203 GDANSK,POLAND
BENEFICIARY	*59	: AAA IMPORT AND EXPORT CO. 222 JIANGUO ROAD, DALIAN,CHINA
AMOUNT	*32B	: CURRENCY USD AMOUNT 45,600.00
AVAILABLE WITH/BY	*41A	: BANK OF CHINA DALIAN BRANCH BY DEF PAYMENT
DEFERRED PAYM.DET.	*42P	: 60 DAYS AFTER B/L DATE
PARTIAL SHIPMENTS	43P	: NOT ALLOWED
TRANSSHIPMENT	43T	: ALLOWED
LOADING IN CHARGE	44A	: SHANGHAI
FOR TRANSPORT TO…	44B	: GDANSK
LATEST DATE OF SHIP.	44C	: 051231
DESCRIPT. OF GOODS	45A	: 65% POLYESTER 35% COTTON LADIES SHIRTS STYLE NO. 101 200DOZ @USD60/PCE SYTLE NO. 102 400DOZ @USD84/PCE ALL OTHER DETAILS OF GOODS ARE AS PER CONTRACT NO. LT07060 DATED AUG10, 2005. DELIVERY TERMS:CIF GDANSK (INCOTERMS 2000)
DOCUMENTS REQUIRED	46A	:

1. COMMERCIAL INVOICE MANUALLY SIGNED IN 2 ORIGINALS PLUS 1 COPY MADE OUT TO DDD TRADING CO.,P.O.BOX 211,GDANSK,POLAND
2. FULL SET (3/3)OF ORIGINAL CLEAN ON BOARD BILL OF LADING PLUS 3/3 NON NEGOTIABLE COPIES, MADE OUT TO ORDER OF ISSUING BANK AND BLANK ENDORSED, NOTIFY THE APPLICANT, MARKED FREIGHT PREPAID, MENTIONING GROSS WEIGHT AND NET WEIGHT.
3. ASSORTMENT LIST IN 2 ORIGINALS PLUS 1 COPY.
4. CERTIFICATE OF ORIGIN IN 1 ORIGINAL PLUS 2 COPIES SIGNED BY CCPIT.

5. MARINE INSURANCE POLICY IN THE CURRENCY OF THE CREDIT ENDORSED IN BLANK FOR CIF VALUE PLUS 30 PCT MARGIN COVERING ALL RISKS OF PICC CLAUSES INDICATING CLAIMS PAYABLE IN POLAND

ADDITIONAL COND. 47A :

+ALL DOCS MUST BE ISSUED IN ENGLISH .

+SHIPMENTS MUST BE EFFECTED BY FCL.

+B/L MUST SHOWING SHIPPING MARKS:BBB,S/C LT07060,GDAND,C/NO.

+ALL DOCS MUST NOT SHOW THIS L/C NO.70/1/5822.

+FOR DOCS WHICH DO NOT COMPLY WITH L/C TERMS AND CONDITIONS,WE SHALL DEDUCT FROM THE PROCEEDS A CHARGE OF EUR 50,00 PAYABLE IN USD EQUIVALENT PLUS ANY INCCURED SWIFT CHARGES IN CONNECTION WITH.

DETAILS OF CHARGES	71B	:ALL BANKING COMM/CHRGS OUTSIDE POLAND ARE ON BENEFICIARY'S ACCOUNT.
PRESENTATION PERIOD	48	: 15 DAYS AFTER B/L DATE, BUT WITHIN L/C VALIDITY.
CONFIRMATION	*49	: WITHOUT
INSTRUCTIONS	78	:WE SHALL REIMBURSE AS PER YOUR INSTRUCTIONS.
SEND TO REC.INFO	72	:CREDIT SUBJECT TO ICC PUBL. 500//1993 REV.

经审核信用证存在的问题如下：

得分	评卷人

二、根据第一大题已经全部修改正确的信用证和以下补充资料，审核下列装箱单、提单和保险单，指出这些单据中的错误之处（30 分）

补充资料：货物数量 7 200 件（600 打）装 740 箱，GROSS WEIGHT：3 700KGS，NET WEIGHT：2 960KGS，MEASUREMENT：22. 2CBM，于 12 月 10 日备妥，装 12 月 15 日 NEW RIVER 船 V. 001 航次出运，贸易方式为一般贸易，装箱方式为自送，杂费支付方式为预付，出口商托运联系人是章立，12 月 10 日制作发票（号码为 CBA001）。

1. 装箱单：

AAA IMPORT AND EXPORT CO.

222 JIANGUO ROAD,DALIAN,CHINA

PACKING LIST

INVOICE NO. CBA001
S/C NO. LT07060
DATE DEC.10,2005
L/C NO.70/1/5822

GOODS DESCRIPTION: LADIES SHIRTS

CARTON NO.	CTNS	STYLES/ COLOURS	SIZE ASSORTMENT PER CARTON						PCS/PER CTN	TOTAL PCS
			S	M	L	XL	XXL	XXXL		
1-240	200	A101/WHITE	1	2	2	2	2	1	10	2400
241-640	400	A102/NAVY	2	2	2	2	2		10	4000
641-740	100	A102/BLACK			2	2	2	2	8	800

TOTAL QUANTITY:7200PCS./600DOZ.
PACKED IN 740 CARTONS ONLY.
GROSS WEIGHT: 3700 KGS@5KGS/CTN.
NET WEIGHT: 2960 KGS@4KGS/CTN.
MEASUREMENT: 22.2 CBM@0.5x0.3x0.2CBM/CTN

SHIPPING MARKS:
BBB
S/C LT07060
GDAND
C/NO.1-740

AAA IMPORT AND EXPORT CO.
苏进

2. 提单：

<table>
<tr><td colspan="2">Shipper
AAA EXPORT AND IMPORT CO.</td><td colspan="3" rowspan="6">B/L No.KKLUSH9965115
中国外运大连公司
SINOTRANS DALIAN COMPANY
OCEAN BILL OF LADING
SHIPPED on board in apparent good order and condition (unless otherwise indicated) the goods or packages specified herein and to be discharged at the mentioned port of discharge or as near there to as the vessel may safely get and be always afloat.
The weight, measure, marks and numbers, quality, contents and value, being particulars furnished by the Shipper, are not checked by the Carrier on loading.
The Shipper, Consignee and the Holder of this Bill of Lading hereby expressly accept and agree to all printed, written or stamped provisions, exceptions and conditions of this Bill of Lading, including those on the back hereof.
IN WITNESS where of the number of original Bills of Lading stated below have been signed, one of which being accomplished, the other (s) to be void.</td></tr>
<tr><td colspan="2">Consignee
TO ORDER OF SUN BANK
P.O.BOX 201, GDANSK,POLAND</td></tr>
<tr><td colspan="2">Notify Party
BBB COMMERCIAL CO.
P.O.BOX 203
GDANSK,POLAND</td></tr>
<tr><td>Pre-carriage by</td><td>Port of loading
DALIAN</td></tr>
<tr><td>Vessel
NEW STAR V.003</td><td>Port of transshipment</td></tr>
<tr><td>Port of discharge
GENOA</td><td>Final destination</td></tr>
<tr><td>Container seal No. or marks and Nos.</td><td colspan="2">Number and kind of packages
Description of goods</td><td>Gross weight (kgs)</td><td>Measurement(M^3)</td></tr>
<tr><td></td><td colspan="2">LADIES SKIRTS

SAY SEVEN HUNDRED AND FORTY CARTONS ONLY</td><td>2700KGS</td><td>22.2CBM</td></tr>
<tr><td colspan="2">Freight and charges</td><td colspan="3">REGARDING TRANSHIPMENT INFORMATION PLEASE CONTACT</td></tr>
<tr><td rowspan="2">Ex. rate</td><td>Prepaid at</td><td>Freight payable at</td><td colspan="2">Place and date of issue
DEC.15,2005 DALIAN</td></tr>
<tr><td>Total Prepaid

FIRST ORIGINAL</td><td>Number of original Bs/l

THREE</td><td colspan="2">Signed for or on behalf of the master
ABA FORWARDER CO.
王平
as Agent for the carrier
SINOTRANS DALIAN COMPANY</td></tr>
</table>

(SINOTRANS STANDARD FORM 5)-SUBJECT TO THE TERMS AND CONDITIONS ON BACK

3. 保险单：

PICC 中国人民财产保险股份有限公司
PICC Property and Casualty Company Limited
总公司设于北京　　一九四九年创立
Head Office: BEIJING　　Established in 1949

货物运输保险单 CARGO TRANSPORTATION INSURANCE POLICY

发票号码：　CBA001　　　　保险单号次
INVOICE NO.　　　　POLICY NO.PYIE200432019300001 46

被保险人：________

中国人民财产保险股份有限公司（以下简称本公司）要求，以被保险人向本公司缴付约定的保险费为对价，按照本保险单列明条款承保下述货物运输保险，特订立本保险单。

THIS POLICY OF INSURANCE WITNESSES THAT PICC PROPERTY AND CASUALTY COMPANY LIMITED(HEREINAFTER CALLED "THE COMPANY") AT THE REQUEST OF THE INSURED AND IN CONSIDERATION OF THE AGREED PREMIUM PAID TO THE COMPANY BY THE INSURED UNDERTAKES TO INSURE THE UNDERMENTIONED GOODS IN TRANSPORATION SUBJECT TO THE CONDITIONS OF THIS POLICY AS PER THE CLAUSES PRINTED BELOW.

标记 MARKS & NO.S	包装及数量 QUANTITY	保险货物项目 GOODS	保险金额 AMOUNT INSURED
AS PER INV.NO. CBA001	740CTNS	LADIES SHIRTS	USD59,000.00

总保险金额：
TOTAL AMOUNT INSURED: USDOLLARS FIFTY NINE THOUSAND ONLY

保费　　　　启运日期
PREMIUM: AS ARRANGED　DATE OF COMMENCEMENT: AS PER B/L

装载运输工具
PER CONVEYANCE: .S.S NEW RIVER V.001

自：　　　　至：
FROM: DALIAN　TO: GDAND

CONDITIONS:
COVERING.ALL RISKS OF PICC

所保货物如发生保险单项下可能引起索赔的损失，应立即通知本公司或下述代理人查勘。如有索赔，应向本公司提交正本保险单（本保险单共有 3 份正本）及有关证件。如一份正本已用于索赔，其余正本自动失效。

IN THE EVENT OF LOSS OR DAMANGE WHICH MAY RESULT IN A CLAIM UNDER THIS POLICY, IMMEDIATE NOTICE MUST BE GIVEN TO THE COMPANY OR AGENT AS MENTIONED. CLAIMS, IF ANY, ONE OF THE ORIGINAL POLICY WHICH HAS BEEN ISSUED IN THREE ORGINALS TOGETHER WITH THE RELEVANT DOCUMENTS SHALL BE SURRENDERED TO THE COMPANY. IF ONE OF THE ORIGINAL POLICY HAS BEEN ACCOMPLISHED, THE OTHERS TO BE VOID.

SURVEY TO BE CARRIED OUT BY A LOCAL COMPETENT SURVEYOR. CLAIM DOCUMENTS TO BE MAILED TO THE UNDERWRITER, WE SHALL EFFECT PAYMENT BY REMITTANCE TO THE CLAIMANT.

DDD INSURANCE CO.
P.O.BOX 201
GDANSK,POLAND

中国人民财产保险股份有限公司大连分公司
PICC Property and Casualty Company Limited
Dalian....Branch
张宾

赔款偿付地点：
CLAIM PAYABLE AT POLAND IN USD

日期：
DATE: 2006.1.10 PLACE:DALIAN,CHINA

得分	评卷人

三、根据第一大题已经全部修改正确的信用证和第二大题的补充资料用英文制作商业发票、托运委托书和产地证（50分）

1. 商业发票：

AAA IMPORT AND EXPORT CO.
222 JIANGUO ROAD, DALIAN, CHINA

COMMERCIAL INVOICE

Invoice No.:
Date:
S / C No.:
L / C No.:

To:

From: To:

MARKS	DESCRIPTION	QUANTITY	UNIT PRICE	AMOUNT

TOTAL AMOUNT:

(SIGNATURE)

2. 托运委托书：

(出口商)国际货物运输委托书

SHIPPER (托运人)		发票编号	贸易方式	收汇方式
		运输方式	运费方式(预付/到付)	
CONSIGNEE(收货人)		货物备妥日期	杂费支付方式(预付/到付)	
		可否转运	可否分批	
NOTIFY PARTY (通知人)		装运期限	信用证效期	
		装箱方式(自送/门到门) 自送		
装 运 港	卸 货 港	门到门装箱地址 无		
目 的 地	提单份数			

标记唛码	件数及包装式样	货名规格 及货号	毛重(公斤)	体积(立方)

配载要求：

整箱

随附文件：合同及信用证副本、发票、箱单

联系人和联系方式：章 立
手机：1234567890

AAA IMPORT AND EXPORT CO.

托运人(签章) 章 立　　托运日期 NOV. 15, 2005

3. 原产地证明书：

ORIGINAL

<table>
<tr><td colspan="2">1. Exporter</td><td colspan="3" rowspan="2">Cetificate No. CCPIT 064814623

CERTIFICATE OF ORIGIN
OF
THE PEOPLE'S REPUBLIC OF CHINA</td></tr>
<tr><td colspan="2">2. Consignee</td></tr>
<tr><td colspan="2">3. Means of transport and route</td><td colspan="3" rowspan="2">5. For certifying authority use only</td></tr>
<tr><td colspan="2">4.Country / region of destination</td></tr>
<tr><td>6. Marks and numbers</td><td>7. Number and kind of packages; description of goods</td><td>8.H.S. Code
6204430090</td><td>9. Quantity</td><td>10. Number and date of invoices</td></tr>
<tr><td colspan="2">11.Declaration by the exporter
The undersigned hereby declares that the above details and statement are correct, that all the goods were produced in China and that they comply with the Rules of Origin of the People's Republic of China.

AAA IMPORT AND EXPORT CO.
ZHANG LI
DALIAN, CHINA DEC. 10, 2005

Place and date. Signature and stamp of authorized signatory</td><td colspan="3">12. Certification
It is hereby certified that the declaration by the exporter is correct.
CHINA COUNCIL FOR THE PROMOTION OF INTERNATIONAL TRADE
JIN LIAN CHENG
DALIAN , CHINA DEC. 15, 2005

Place and date. Signature and stamp of certifying authority</td></tr>
</table>

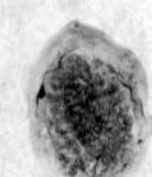

参考答案

一、审证

1. L/C 上没按合同要求做成可转让信用证。UCP500 规定没有“TRANSFER”字样的 L/C 是不可转让的。

2. 到期地点为“POLAND”，对出口方不利，无法保证单到开证行时间。

3. 合同上允许分批，而 L/C 不允许，应改证。

4. 启运地没按合同做成“大连”，应修改“上海”为“大连”或“中国”。

5. 品名应按合同为 SKIRTS 而不是 SHIRTS。

6. 货描处 STYLE NO. 漏字母 A。

7. 单价的单位误为 PIE。

8. 投保金额大于合同要求，应为 110%的发票额。

9. 保险险别范围扩大，应改为合同规定的 F. P. A OF PICC。

10. L/C 中 ADDITION COUD. 处的唛头中 GDAND 错了，应该是 GDANSK。

二、改错

装箱单：

1. 单据名称应为 Assortment List。

2. 因为信用证规定所有单据不得显示 L/C 号，此装箱单上显示 L/C 号，为错。

3. 品名错，应按修改信用证后正确品名 SKIRTS 制单。

4. 箱号第一栏 1-240 边上，箱数应为 240 箱。

5. Shipping Marks 处的目的地应为 GDANSK。

提单：

1. 收货人应是 ORDER OF SUN BANK，GDANSK POLAND。

2. 通知人地址错。

3. 启运地应为大连。

4. 唛头处 S/C 后面应接 LT07060。

5. 品名错，应为 SKIRTS。

6. 提单上没按 L/C 标明装整箱，effected by FCL。

7. 漏标明净重。

8. 提单签发日期（装运日）晚于 L/C 的最迟装运日。

9. 没有标明提单正本份数。

保险单：

1. 被保险人漏填，当L/C没有特别规定时，应在此处填上受益人名称。
2. 品名错，应为SKIRTS。
3. 余额错，应为USD 50 160。
4. 承保航程中的（终止地）目的地应为GDANSK。
5. 险别应为F. P. A. CLAUSE OF PICC。
6. 保单生效日期晚于提单日是不被银行接受的，是不符点。

三、根据合同资料用英文缮制单证

1. 商业发票略
2. 运输委托书略
3. 产地证略

主要参考文献

[1] 夏合群，周英芬. 国际贸易实务［M］. 北京：北京大学出版社，2007.

[2] Alan E. Branch. 国际贸易实务［M］. 北京：清华大学出版社，2007.

[3] 童宏祥. 新编外贸单证实务［M］. 上海：华东理工大学出版社，2007.

[4] 谢娟娟. 国际贸易单证实务与操作［M］. 北京：清华大学出版社，2007.

[5] 俞毅. 国际贸易实务教程［M］. 北京：机械工业出版社，2006.

[6] 仲鑫. 国际贸易实务——交易程序、磋商内容、案例分析［M］. 北京：机械工业出版社，2005.

[7] 袁建新. 国际贸易实务［M］. 北京：中国财政经济出版社，2004.

[8] 胡涵钧. 国际经贸实务［M］. 上海：复旦大学出版社，2002.

[9] 贺雪娟. 外贸单证实务［M］. 北京：科学出版社，2006.

[10] 陈原，叶德万，易露霞. 国际贸易单证实务［M］. 广州：华南理工大学出版社，2006.

[11] 吴国新，李元旭. 国际贸易单证实务学习指导书［M］. 北京：清华大学出版社，2006.

[12] 王莉，陈琳. 进出口业务单证操作手册［M］. 广州：广东经济出版社，2005.

[13] 吴百福. 国际货运风险与保险［M］. 对外经济贸易大学出版社，2002.

[14] 余心之，徐美荣. 新编外贸单证实务［M］. 北京：对外经济贸易大学出版社，2005.

[15] 姚大伟. 国际商务单证理论与实务［M］. 北京：中国商务出版社，2007.

[16] 阎之大. UCP600 解读与例证［M］. 北京：中国商务出版社，2007.

[17] 童宏祥. 新编国际商务单证实务 [M]. 上海：上海财经大学出版社，2006.

[18] 李元旭，吴国新. 国际贸易单证实务 [M]. 北京：清华大学出版社，2005.

[19] 刘启萍，周树玲. 外贸英文制单 [M]. 北京：对外经济贸易大学出版社，2005.

[20] 全国国际商务单证培训认证考试办公室. 国际商务单证实训教程 [M]. 北京：中国商务出版社，2007.

[21] 袁永友，柏望生. 进出口单证实务案例评析. 北京：中国海关出版社，2006.

[22] 祝卫，程洁，谈英. 国际贸易操作能力实用教程. 上海：上海人民出版社，2006.

[23] 刘启萍. 外贸英文制单 [M]. 北京：对外经济贸易大学出版社，2005.

[24] 苏定东. 国际贸易单证实务 [M]. 北京：北京大学出版社，2007.

[25] 海关总署报关员资格考试教材编写委员会. 报关员资格全国统一考试教材 [M]. 北京：中国海关出版社，2005.

[26] 姚大伟. 国际贸易单证实务. 北京：中国对外经济贸易出版社，2002.

[27] 李京. 国际贸易单证. 北京：北京理工大学出版社，2005.

[28] 张慧如. 报关单填制综合练习 [M]，北京：中国海关出版社，2006.

[29] 田俊芳. 一起单证不符引起的纠纷 [J]. 对外经贸实务，2003，(8)：28

[30] 马熙. 熟悉规则 减少失误 [J]. 对外经贸实务，2004，(11)：30.

[31] 全国国际商务单证培训网，http：//www. icd. net. cn/

[32] 中国海关网，http：//www. customs. gov. cn/

图书在版编目(CIP)数据

国际贸易单证实务/蒋燕,汪奠才主编.—武汉:武汉大学出版社,2008.8(2015.1重印)
高职高专“十一五”规划教材·市场营销系列
ISBN 978-7-307-06421-8

Ⅰ.国… Ⅱ.①蒋… ②汪… Ⅲ.国际贸易—票据—高等学校:技术学校—教材 Ⅳ.F740.44

中国版本图书馆CIP数据核字(2008)第106261号

责任编辑:柴 艺 责任校对:刘 欣 版式设计:马 佳

出版发行:**武汉大学出版社** (430072 武昌 珞珈山)
(电子邮件:cbs22@whu.edu.cn 网址:www.wdp.com.cn)
印刷:湖北民政印刷厂
开本:720×1000 1/16 印张:14.75 字数:289千字 插页:1
版次:2008年8月第1版 2015年1月第5次印刷
ISBN 978-7-307-06421-8/F·1174 定价:24.00元

高职高专“十一五”规划教材

公共课书目

☆安全警示录——大学生安全教育读本

☆应用写作实训教程

经济类书目

财会系列：

☆财务管理教程
☆财务管理全程系统训练
☆税法教程
☆税法全程系统训练
☆企业涉税会计教程
☆企业涉税会计全程系统训练
☆成本会计教程
☆成本会计全程系统训练
☆中级会计教程
☆中级会计全程系统训练
☆初级会计教程
☆初级会计全程系统训练
☆电算化会计教程
☆电算化会计全程系统训练
☆会计职业技能仿真训练
☆会计职业技能综合实训
☆行业特殊业务会计教程
☆行业特殊业务会计教程全程系统训练
☆审计实务教程
☆审计实务全程系统训练

工商企业管理系列：

☆管理学
☆现代企业管理
☆生产与运作管理实务
☆会计基础与财务报表分析
☆经济学基础
☆现代质量管理实务

市场营销系列：

☆市场营销
☆市场营销实训教程
☆电子商务物流管理
☆电子商务概论
☆市场营销策划
☆网络营销
☆推销技术
☆国际贸易单证实务
☆国际贸易实务
☆国际结算

旅游系列：

☆旅游服务礼仪
☆旅游概论
☆旅游服务心理
☆旅游英语
☆导游业务
☆旅游法规实务
☆旅游市场营销
☆旅游景区管理
☆旅行社管理与实务
☆餐厅服务与管理
☆饭店前厅客房服务与管理

物流系列：

☆货物学
☆物流基础